끝나야 할 역사전쟁

건국과 친일 논쟁에 관한 오해와 진실

대한민국역사와미래총서 1

끝나야 할 역사전쟁

건국과 친일 논쟁에 관한 오해와 진실

김형석 지음

東文選

대한민국역사와미래총서 1

끝나야 할 역사전쟁

초판 발행 2022년 8월 15일

지 은 이 김형석

펴 낸 곳 東文選
제10-64호, 1978년 12월 16일 등록
서울 종로구 인사동길 40
전화 02-737-2795
팩스 02-733-4901
이메일 dmspub@hanmail.net

ISBN 89-8038-945-2 03900

대립하는 역사 이념, 통합의 시대적 목소리

신용철(경희대학교 사학과 명예교수, 전 국사편찬위원)

지대한 관심과 치열한 경쟁을 거쳐 우리의 새로운 대통령이 선출되었다. 동아시아에서 유일하게 대통령을 국민이 직접 뽑는 대한민국은 자유민주주의를 성장시키고 3만 5천여 불의 국민소득으로 유엔이 인정한 경제적 선진국으로 우뚝 섰다.

우리는 자주 반만년의 역사를 자랑하지만, 사실 오늘의 기적 같은 성장을 이룩한 시기는 바로 1948년 우리 땅에 대한민국 정부를 수립하면서부터이다. 그리고 실제로는 3년간의 혹독한 6·25전쟁이 끝난 1953년 이후 70년간에 이룩한 역사이다. 이는 실로 역사가 토인비의 학설처럼 시련에 도전해서 성취한 대한민국의 놀라운 발전이다.

이 시기에 우리는 역사적으로 대륙의 정치·경제·문화와의 의존에서 벗어나 바다로 진출하는 개방적 세계화에 성공하였다. 그리고 이 시기에 자유민주주의와 사회주의의 세계적인 대립은 물론 국내에서도 남북 분단과 6·25전쟁을 거치는 극도의 난관을 겪어 왔다.

이 때문에 내적인 이념의 대립은 물론 매우 복잡하고 어려운 역사 인식의 갈등을 겪고 있다. 그래서 이 역사 인식은 역대 대통령들의 문제이기도 했고, 앞으로도 대통령은 물론 바람직한 미래를 위해서도 국민이 극복 통합해야 하는 매우 중요하고 시급한 과제임을 우리 모두는 절실하게 통감하고 있다.

이러한 시기에 김형석 교수가 출간하는 이 귀중한 저서는 우리 시대를 고뇌하는 지성인의 소리로 매우 반가운 소식이 아닐 수 없다. 김 교수는 부지런하고 성실한 역사학자이며 아울러 독실한 기독교의 목사이기도 하다. 김 교수는 지난날 여러 어려움 속에서도 한민족복지재단을 운영하면서 북한 어린이들을 돕는 일에 힘썼다. 역사학자일 뿐 아니라, 그 역사 인식을 토대로 현장에서 남북한의 교류와 봉사에 기독교의 사랑을 몸으로 실천하였다.

김 교수는 이 저서에서 대한민국 역대 대통령의 역사 인식, 논란이 되는 주제인 대한민국은 언제 건국되었나, 건국의 아버지 이승만과 김구, 친일 문제를 바라보는 단상, 대한민국의 건국 시기를 살다간 선구자들의 일화를 다루고 있다.

이러한 문제들은 우리가 살면서 거의 매일 접하는 시대정신이기도 하다. 저자는 이 책에서 우리 시대의 이념적 갈등을 광범하고 예리하게 관찰하면서, 서로의 주장이 자유민주주의 사회에서 함께 존재하면서도 서로를 해치지 않는 통합을 모색해야 한다고 강조한다. 역사 인식으로 진영간의 논쟁이 심한 이승만과 김구를 함께 대한민국의 건국 영웅으로 강조하는 점은 그의 가장 좋은 실례이다. 더구나 현실과 역사를 인식 비판하는 것은 누구에게나 가능한 일이지만, 이 비판을 거침없이 주장하고 글로 쓰는 것은 대단한 용기가 필요한 일이라고 생각하여 나는 이 저서를 높이 평가한다. 그리고 동아시아의 유교국가들 중 유일하게 기독교의 복음이 많이 전파된 대한민국의 성실하고 독실한 크리스천 역사학자의 귀중한 소산이라고도 생각해 본다.

김 교수의 저서가 대립하는 이 시대의 역사 인식에 훌륭한 지침과 경종이 되고, 더 나아가서 통치자는 물론 일반 국민들에게도 미래를 위해 바람직한 통합의 길이 되는 데 크게 기여하리라 믿어 나는 독자들에게 적극 권장하는 바이다.

2022년 4월 25일

국민 통합을 위한 새로운 패러다임과 역사 인식

제20대 대통령 취임식 참석을 위해 국회의사당을 찾았다. 이전에 참석한 대통령 취임식장은 겨울의 끝자락인 2월 하순이어서 한강의 찬바람을 맞으며 추위에 떨던 추억이 떠오르는데, '계절의 여왕' 5월에 치러지는 취임식은 따뜻한 햇살과 간간이 불어오는 봄바람으로 최상의 날씨를 느낄 수 있었다. 더욱이 취임식 도중에 뜬 무지개로 인해 축제 분위기를 더해 주었다. 필자가 굳이 대통령 취임식장을 찾은 이유는 향후 5년 동안 대한민국을 이끌어 갈 대통령의 국정운영 비전을 현장에서 직접 들으면서 분위기를 느끼고 싶었기 때문이다.

이날 윤석열 대통령의 취임사를 관통한 키워드는 '자유'였다. '자유'라는 단어는 35번이나 언급되었고, 이승만 대통령이 즐겨 사용하던 '자유세계 시민'이란 단어도 7번이나 등장했다. 이로 인해 언론에서는 '자유의 가치 재발견'이라는 평가와 '건국 대통령 이승만의 화신'이란 평이 어우러졌다. 그러나 '세계 시민'이란 표현은 윤석열 대통령이 애용하던 케네디 대통령 취임사에서 인용한 것으로 보인다. 그런데 '역사 속의 오늘'은 74년 전인 1948년 5월 10일 자유총선거가 처음 실시되어 '국민주권의 시대'가 열린 날이다. 윤석열 대통령이 그 역사적인 의미를 한번이라도 인용했더라면 얼마나 좋았을까 하는 아쉬움도 들었다.

이날 대통령 취임사 내용을 두고 일부 언론에서는 '통합과 협치의 실종'이란 부정적 평가를 내렸다. 국민 통합이 빠진 것을 지적했지만 실제는 그렇지가 않다. 대통령기록관에 수록된 역대 대통령 연설문을 보면 취임사에서 '통합'을 강조하였던 대통령은 노무현과 문재인 전 대통령뿐이다. 그동안 진보진영의 대통령들이 취임사에서 국민 통합을 강조한 반면, 보수진영의 대통령들은 재임중에 국민 통합을 위한 기구를 만든 공통점이 있다. (원로 언론인이자 정치학자인 남시욱은 《한국 보수세력 연구》와 《한국 진보세력 연구》에서 노무현·문재인을 제외한 역대 대통령을 모두 보수세력으로 분류한다.) 대통령 당선 후 가진 첫 인터뷰에서 국민 통합을 내세우고 대통령직인수위원회 산하에 국민대통합위원회를 설치한 윤석열 대통령이 정작 취임사에서는 통합을 거론하지 않은 것도 이 같은 전통을 따르는 것인지 모르겠다. 그에 비해 취임사에서 유난히 통합을 강조했던 문재인 대통령은 퇴임 연설에서도 후임 대통령에게 국민 통합을 당부하고 떠났다. 이 때문에 국민 편가르기 책임에서 자유로울 수 없는 문재인 대통령의 전형적인 '유체이탈 화법'이라는 지적도 나왔다.

국민 통합은 시대정신이자 역사적 과제이다. 따라서 이 책의 제1부에서는 '대통령의 역사 인식과 국민 통합'에 관해 살펴보았다. 우리 사회의 갈등은 이념·지역·계층·세대·젠더 등의 다양한 요소가 작용하지만, 그 가운데서도 가장 크고 심각한 갈등은 이념 즉 이데올로 기의 갈등이다. 흔히 보수와 진보의 갈등이라고 부르지만, 실상은 우파 와 좌파의 대립이다. 이들은 우파(친일파, 토착왜구) 또는 좌파(빨갱이, 종북세력)라고 서로를 비난한다. 이런 점에 유의하여 필자는 역대 대 통령의 취임사와 국경일 기념사에서 문제 해결의 답을 찾아보았다. 대통령의 취임사에는 그 정부가 지향하려는 시대정신과 국정의 방향 이 보이고, 국경일 기념사에는 역대 대통령의 역사 인식이 배어 있기 때문이다.

제2부에서는 '대한민국의 국가 정체성과 건국 논쟁'에 관해 살펴보 았다. 그동안 우리 사회는 2008년의 '건국 60년과 건국절 제정' 논쟁 부터 2019년의 '건국 100년' 논란까지 치열한 역사전쟁을 펼쳤다. 그 중심에는 대한민국의 건국 시점을 둘러싼 '1948년 건국설'과 '1919 년 건국설'이 대립하고, 그 이면에는 건국을 바라보는 건국과 분단의 두 담론이 자리한다. 즉 1948년의 정부 수립을 놓고 건국으로 인식 하는 건국사관과 민족 분단의 출발로 인식하는 분단사관이 대립하였 고, 이 같은 역사 인식의 차이는 대한민국 건국의 중심인물이 누구인 가의 논쟁으로 이어지면서 다시 '이승만 국부론'과 '김구 국부론'이 충돌한다.

필자는 이제까지 제기된 '1948년 건국설'과 '1919년 건국설'의 논 쟁점을 비교, 분석하였다.

1948년 8월 15일 정부 수립을 대한민국의 건국으로 보는 '1948년 건국설'은 국제사회에서 국가의 기준에 관한 관습법을 성문화한 몬테비데오협약에 따른 국민·영토·정부·주권의 네 가지 요소를 근거로 한다. 역대 대통령 가운데 '1948년 건국'을 가장 강력하게 표방한 이는 이명박 대통령이다. 그는 2008년 정부 수립 60주년을 맞아 건국절 제정을 추진하다가 광복회와 역사학계의 강력한 반대에 부딪혔다. 이에 비해 1919년 4월 11일 임시정부 수립을 건국으로 보는 '1919년 건국설'은 헌법 전문에 "임시정부의 법통을 계승한다"는 단락을 근거로 한다. 역대 대통령 가운데 문재인 대통령이 유일하게 '1919년 건국설'을 주장하면서, 2019년 4월 임정 수립 100주년을 맞아 '건국 100년'을 선포하려다가 실패했다.

이처럼 2008년 이명박 대통령의 건국 60년과 2019년 문재인 대통령의 건국 100년을 두고 벌인 역사전쟁은 우파와 좌파의 이념 대결을 가속화시켜 진영 대결을 심화시킨 결과를 낳았다. 이에 필자는 이념을 매개로 국민을 편가르는 그간의 건국 논쟁을 극복하고 국민 통합에 기여할 수 있는 방안을 모색하였다. 그 결과 건국 시점을 1948년 대한민국 정부 수립과 1919년 임시정부 수립 중에서 하나를 선택하는 이분법적 사고에서 탈피하여, 1919년의 3·1독립선언에서 1948년의 정부 수립까지의 과정으로 이해하였다. 이것은 미국이 1776년 독립선언을 시작으로 영국과의 독립전쟁에서 승리하고 1789년 워싱턴 대통령이 취임하기까지를 건국의 과정으로 이해하는 것과 동일한 관점이다. 이렇게 비교하면 미국은 독립선언부터 정부 수립까지 13년이 걸렸고, 대한민국은 3·1운동과 임시정부 수립부터 정부 수립까지 29년이 걸린 셈이다.

국부론(國父論)도 마찬가지다. 지금 우파와 좌파의 양대 진영은 이승만을 두고 '신화화'와 '악마화'의 극단적인 담론 대결을 펼치고 있다. 우파진영에서는 이승만을 신화적인 인물로 추앙하면서 '건국 대통령'으로 호칭한다. 이에 반해 좌파진영에서는 이승만에게 분단 책임을 전가하면서 '악마와 같은 독재자'로 매도하고 1948년 건국을 부정한다. 그리고 이승만 대신 김구를 '건국의 아버지'로 내세운다. 그런데 미국에서는 국부라는 호칭 대신 '미국 건국의 아버지들(Founding Fathers of the United States)'이라고 일컫는다. 우리나라의 경우에도 미국처럼 독립(건국)에 기여한 다수의 역사적 인물들을 선정하여 '건국의 아버지들'로 함께 존경하는 분위기가 조성되면 극한적인 진영 대결을 지양할 수 있을 것이다.

이런 역사 인식은 비단 필자만의 생각은 아니다. 1945년 일제로부터 해방을 맞은 선구자들은 '건국사업'이란 말을 즐겨 사용했다. 이들에게 건국은 미군정으로부터 주권을 이양받고 독립국가를 세우는 단순한 정치적인 사건이 아니라, 나라다운 나라를 세우기 위해서 다방면으로 노력을 경주하는 사업이었다. 이런 관점에서 보면 1919년 3·1운동으로 독립을 선포한 후 이를 계기로 수립된 상해 임시정부부터 미군정기를 거쳐 정부 수립에 이르는 기간은 건국의 과정이며, 민족의 독립 역량을 배양하기 위한 교육·산업·사회·문화 등의 제반 활동은 독립운동이자 건국운동이었다. 따라서 이들에게는 독립과 건국이 동의어로 여겨졌다.

역사적으로 대한민국은 1948년 8월 15일 정부 수립을 통해 미군정으로부터 주권을 이양받고 건국하였다. 여기서 광복절의 역사에 관한 문제가 제기된다. 광복절은 해방이 아니라, 독립의 완성을 뜻하는 건국절의 개념이다. 그런데 정부는 광복절의 역사를 1945년 8월 15일로부터 계산한다. 올해는 제77주년인데 역사적으로 고찰하면 잘못된 계산이다. 1949년 제헌국회에서 국경일에 관한 법률을 제정할 때, 처음의 명칭은 독립기념일로 1948년 8월 15일을 기념하여 제정되었다. 1953년까지는 그 기준에 맞춰 횟수를 산정해 왔는데, 6·25전쟁이 끝난 1954년 광복절부터 기준이 1945년으로 바뀌어 버린 것이다. 이것은 광복절의 의미를 '독립기념일'에서 '일제로부터의 해방기념일'로 변경한 역사적 사건이다. 그렇지만 정부의 어떤 문서에서도 그 근거를 발견할 수가 없다. 향후 정부와 역사학계가 밝혀내야 할 대목이다.

　제3부에는 친일파 문제를 다루었다. 일제로부터 해방된 지 70년이 지난 시점부터 대한민국은 국제사회에서 일본과 선의의 경쟁자로 거듭났다. 그럼에도 불구하고 역사 인식에서는 일본에 대한 콤플렉스를 벗어나지 못하고 있는데, 이유는 친일파 문제가 정치적으로 악용되고 있기 때문이다. 그동안 우리 사회에는 4회에 걸쳐서 친일파 명단이 발표되었다. 첫번째는 1948년 한독당 감찰위원장을 지낸 김승학이 저술한 《친일파 군상》에 등장하는 263명이고, 두번째는 2002년 제16대 국회에서 '민족정기를 세우는 국회의원 모임'이 발표한 708명이다. 세번째는 2009년 11월 8일 편찬한 《친일인명사전》에 수록된 4,776명이고, 네번째는 2009년 11월 30일 발간된 《친일반민족행위진상규명 보고서》(이하 《보고서》)의 1,005명이다.

주목할 것은 《친일인명사전》과 《보고서》의 차이점이다. 《친일인명사전》에 수록된 4,776명 중 친일반민족행위자로 판정받은 사람은 1,005명으로 대상자의 20%에 불과하다. 그 이유는 《친일인명사전》은 일제강점기 때 주요 직위에 오른 사실 자체를 적극적 친일행위의 '산물'로 본 반면, 《보고서》는 특별법에 의해 설립된 국가기관에서 법조문에 명시된 선정 기준에 따라 '행위와 결과'를 판단했기 때문이다. 친일파에 대한 단죄는 민족정기를 바로세우기 위해 필요하지만, 개인의 인권 문제에는 신중해야 한다. 이 때문에 반민특위가 반민족행위자를 선정할 때 대상을 '적극적 친일파'로 한정했다. 친일파 연구의 선구자로 인정받는 임종국도 친일파를 고발하는 것과 단죄하는 것을 구별하는 한편, 친일행위자의 '역사적 공과'를 따져서 판단했다. 그런데 《친일인명사전》에서는 '친일행위'와 '반민족행위'를 동일시하는 우(愚)를 범했다.

필자는 이런 점에 주목하여 일제강점기에 고려대학교와 〈동아일보〉를 설립하였고, 해방 후에는 부통령을 지낸 인촌 김성수가 친일파로 자리매김되는 과정을 살펴보았다. 인촌의 경우에는 1948년 반민특위에서 반민족행위자를 선정할 때, '선 항일, 후 친일인사'로 규정하여 "경찰의 박해를 면하고 신변 안전 또는 지위·사업의 유지를 위해 부득이 끌려다닌 자"로 규정했다. 따라서 '소극적 친일파'로 분류되어 반민족행위자에는 포함되지 않았다. 그러던 것이 2007년 《친일인명사전》과 《보고서》가 발간되면서 친일반민족행위자로 선정되었다. 인촌에 대한 역사적 공과(功過)를 따지지 않고, 친일행위만을 기준으로 삼은 때문이다. 필자는 인촌을 검증하면서 그의 친일행위를 고발한 내용의 일부가 의도적으로 왜곡된 사실도 발견할 수 있었다.

이와 함께 친일파의 후손으로 논란이 야기된 정치인들의 친일 문제를 고발한 언론기사 내용에 대해서도 진위 여부를 검증하였다. 이 가운데는 당사자나 선대의 친일행적으로 인해 친일파로 선정된 경우도 있지만, 개중에는 손녀사위·손자며느리 같은 먼 촌수의 친인척이라는 이유만으로 친일파의 후손이라는 누명을 쓴 경우도 적지않았다. 따라서 이들 정치인까지 '친일파 후손'으로 올무를 씌우는 것은 옳지 않다. 연좌제는 1894년 갑오개혁 때 이미 폐지된 봉건시대 유물이자, 개인의 인권을 침해하는 대표적인 사례이다. 친일반민족행위자는 조국을 배반하고 민족을 탄압한 행위에 대해 엄중한 심판을 받는 것이 '역사의 순리'이다. 그러나 부득이한 사정으로 부일(附日)한 경우나 소극적인 친일조차 반민족행위자로 못박는 것은 개선해야 한다. 그들에게는 구한말과 일제강점기를 살았던 친일파라는 용어로 충분하다. 그리고 언젠가는 프랑스가 나치협력자에 대해 사면을 행한 것처럼 우리도 친일파에 대한 관용을 고려해야 한다. 과거사 심판은 미래를 향한 수단이어야지, 목적일 수는 없기 때문이다. 그러기 위해서는 우선 5 대 5로 나뉜 극단적인 대립의 역사를 60%가 공감할 수 있는 역사 인식으로 바꾸는 일부터 선행되어야 할 것이다.

제4부에는 건국의 시기를 살았던 선구자들의 삶과 사상을 조명할 수 있는 일화들을 엮었다. 이것은 필자가 네이버에 운영하는 블로그 〈김형석의 역사산책〉에 이미 소개한 역사 에세이다. 그 대상은 이승만·

김구·안창호·이원순·유일한·박현숙·김활란·안익태·유석창·백선엽 등 10명이다. 이들의 공통점은 일제강점기와 해방정국에서 어떤 형태로든지 건국사업에 참여한 선각자라는 점이다. 이들 가운데는 항일독립운동에 평생을 바친 사람도 있고, 친일행적으로 인해 친일반민족행위자로 낙인찍힌 사람도 있다. 또 1948년 정부 수립에 주도적으로 참여한 인물도 있고, 단독정부 수립은 민족 분단을 고착시키는 것이라고 참여를 거부한 인물도 있다. 그러나 필자는 이들의 행적을 자의적으로 평가하지 않고, 역사적 사실을 객관적으로 정확하게 기술하는 데 노력을 경주하였다.

필자는 나의 조국 대한민국을 건국하는 데 공헌한 이승만 대통령을 존경한다. 동시에 평생을 독립운동을 위해 헌신한 김구 선생을 존경한다. 그리고 조국의 독립과 건국을 위해 희생당한 선구자들을 존경한다. 이들의 희생적인 헌신이 '한강의 기적'과 오늘의 대한민국을 가능케 한 원동력이다. 그럼에도 불구하고 오늘날의 대한민국은 선구자들이 꿈꾸던 새 나라는 아니다. 그들은 일제에 의해 합방되기 전의 원천국가인 대한제국의 영토와 국민으로 국권을 회복하고 민주주의가 실현되는 새로운 국가를 염원했기에 분단국가의 건설을 원하지 않았다. 그렇지만 냉전시대의 양분된 국제정치질서에서 대한민국의 건국을 부정하는 분단사관은 시대착오적이다. 건국사관 또한 항일독립운동의 성과를 경시했다는 지적에서 자유로울 수 없다. 따라서 지금은 새로운 사관의 정립이 필요한 시점이다.

모름지기 역사가의 사명은 그 시대에 주어진 '역사적 과제'를 분별하고 시대정신을 제시하는 것이다. 이런 점에서 우리 사회에 당면한 것은 국가 정체성을 재정립하여 국론이 극단적으로 분열되지 않도록 견인하는 역사 인식, 즉 국민통합사관(國民統合史觀)이다. 굳이 중국 등소평의 공칠과삼(功七過三)을 들먹이지 않아도 역사적 인물은 누구나 공과(功過)가 상존한다. 그런데 우리 사회는 일제로부터 해방된 지가 77년이나 지난 지금까지 과거사 문제로 갈등하고 있다. 이 시대를 사는 역사학자들은 그 책임에서 자유로울 수가 없다. 역사학계의 끝자락에 자리한 필자 역시 마찬가지다. 1970년대 대학에서 역사학을 공부한 필자는 민주화선언으로 해직당한 스승들을 '지사(志士)형 사가'라 부르며 존경했다. 또 《분단시대의 역사 인식》은 필자가 오랜 시간을 인도적 대북 지원활동에 헌신하게 한 삶의 지침서가 되었다.

그로부터 반세기가 지난 지금 필자는 민족사학과 통일사학에 경도되어 조국 대한민국의 존재 이유를 부정하는 서글픈 현실을 발견하고 뒤늦게나마 그 대안을 모색하게 되었다. 이제는 역사전쟁을 끝내고 국민 통합에 기여해야 할 시점이기 때문이다. 인구학자인 조영태 교수는 '저출산'이 해결되지 않으면 국가가 없어질 수밖에 없다는 《정해진 미래》를 출간하여 우리 사회에 경종을 울렸지만, 필자는 지금이라도 국민 통합을 위해 노력하지 않으면 '망국의 길'로 향할 수밖에 없다는 절박한 심정에서 이 책을 내게 되었다. 그것이 이 책을 집필하게 된 동기이다. 독자들의 많은 질정(質正, 묻거나 따져서 바로잡음)을 바란다.

2022년 5월 10일
제20대 대통령 취임식이 열리는 국회 광장에서 쓰다.

차 례

제1부

대통령의 역사 인식과 국민 통합

1. 역대 정부의 국민 통합

　오늘의 대한민국은 갈등공화국이 되었다. 2021년 6월 영국의 킹스 칼리지(King's College)가 발간한 〈세계 갈등지수 조사〉에 의하면, 한국은 12개 항목 중 이념·빈부·성별·학력·정당·세대·종교 등 7개 영역에서 갈등지수가 1위였다. 또 2020년 7월 민영통신사인 '뉴스1'이 빅데이터 분석업체인 타파크로스(TAPACROSS)와 공동 분석한 결과에 따르면, 한국사회의 '종합 갈등지수'는 4년 사이에 2배로 증가하였는데, 가장 갈등이 심한 부분은 진영 갈등으로 전체의 64%를 차지하였다. 이 시기 진영 갈등지수가 크게 늘어난 데는 소위 '조국 사태'가 큰 영향을 미쳤으며, 그 바탕에 자리한 것은 '촛불'과 '태극기'로 대변되는 이념 갈등이었다.

　전문가들은 그 이유를 국민을 통합하고 갈등을 조정해야 할 정치권이 진영 대결을 조장한 데서 찾고 있다. 그러나 이것은 위정자만의 문제는 아니다. 2006년 한국정치학회와 한국사회학회가 공동으로 '한국사회의 새로운 갈등 구조와 국민 통합'이란 학술회의를 열고, 우리 사회의 3중의 갈등 구조인 이념·세대·계층 갈등을 체계적으로 분석하고 통합을 위한 대안을 제시한 바 있다. 이외에도 갈등 해소를 주

조국 사태 당시 광화문에 모인 보수(좌)와 서초역에 모인 진보세력(우)

제로 수많은 세미나가 열리고, 사회 통합을 위한 칼럼과 연구 보고
가 발표되었지만, 이런 노력이 우리 사회의 통합을 이루는 데 기여했
다는 말을 들어 본 적이 없다. 오히려 지식인들이 진영 대결의 선봉
에서 분열과 갈등을 심화시키는 데 기여했을 따름이다. 그 결과 우리
사회는 갈등이 해소되기는커녕 시간이 흐를수록 더 심화되고 있다.

　이처럼 대한민국은 정치·사회·경제적 갈등이 매우 심하고, 정부
의 갈등관리 능력은 OECD국가 중에서 가장 낮은 수준으로 나타났
다. 따라서 망국적인 갈등을 해결하지 않으면 대한민국의 미래는 없
다. 이에 필자는 우리 사회의 이념 갈등을 치유하고 국민 통합을 이
루기 위한 새로운 접근 방법으로 역대 대통령의 역사 인식 고찰이라
는 새로운 패러다임으로 살펴보고자 한다.

1) 문재인표 국민 통합론의 실상

"저는 오늘 대한민국 제19대 대통령으로서 새로운 대한민국을 향해 첫걸음을 내딛습니다. 지금 제 두 어깨는 국민 여러분으로부터 부여받은 막중한 소명감으로 무겁습니다. 지금 제 가슴은 한번도 경험하지 못한 나라를 만들겠다는 열정으로 뜨겁습니다. 그리고 지금 제 머리는 '통합과 공존'의 새로운 세상을 열어 갈 청사진으로 가득 차 있습니다."(문재인, 〈제19대 대통령 취임사〉 중에서)

2017년 5월 10일 문재인 전 대통령이 취임식에서 행한 연설이다. 그동안 "한번도 경험하지 못한 나라를 만들겠다"는 약속은 세간에 유행어가 되어 사람들의 입에 수없이 오르내렸지만, "지금 제 머리는 통합과 공존의 새로운 세상을 열어 갈 청사진으로 가득 차 있습니다"는 말은 잊혀진 지가 오래되었다. 이처럼 문재인 대통령은 취임 당시 통합을 외쳤지만, 그의 임기가 끝나자 국민들은 문재인 정부의 편가르기로 인해 오히려 사회 분열이 훨씬 더 심화되었다고 평가한다. 그의 임기 중반 무렵인 2020년 12월 9일 〈국민일보〉가 창간 32주년을 맞아 실시한 '한국사회 갈등 인식 조사'에서는 국민 73%가 "편가르기 정치, 자산 양극화가 한국 찢었다"는 결과로 문재인 정부에 경고를 보냈다.

'편을 가르는 정치문화, 자산 양극화 심화에 따른 불평등이 우리 사회를 갈라 놨다'는 평가, 이 한 줄로 정리된다. 갈기갈기 쪼개진 나라에서 딱 하나 합치된 의견이었다. 국민 열에 일곱은 문재인 정부 3년간 사회 갈등이 더 심각해졌다고 답했다. 국민은 정치이념과 계층 갈등을 사회 분열의 근원으로 지목했다. "분열과 갈등의 정치를 바꾸겠다. 지역과 계층·세대 간 갈등을 해소하겠다"는 취임사를 허언으로 여기는 여론이 높아진 것이다.

그리고 그 결과는 오롯이 제20대 대통령 선거에 나타났다. 1위와 2위 후보는 득표율 0.73%, 득표수는 24만 7천 표 차이로 승패가 갈렸다. 그만큼 이번 대선은 진영간의 경쟁이 격렬했다. 이념·지역·정체성·세대·젠더 문제 등이 중요한 요인이지만, 역시 가장 큰 영향을 미친 것은 진보진영과 보수진영의 이념 투표였다. 이 양대 진영의 정상에는 한국 정치사에서 민족주의의 두 거두로 독립운동과 건국에 중심 역할을 담당한 이승만과 김구가 자리한다.

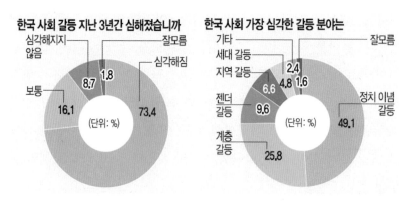

〈국민일보〉 창간 32주년 여론조사(2020년 12월 10일)

2) 역대 대통령의 국민 통합 실태

대한민국의 역대 대통령은 '국민 통합'을 외쳤다. 그러나 모든 대통령의 국민 통합은 성공하지 못했다. 이승만은 반공·승공을 내세우며 국민 통합을 외쳤고, 박정희는 부국강병을 위해 국민 통합을 주장했다. 이 시기 국민 통합은 상징 조작과 국민 계몽을 통한 권위주의적 동원 체제를 만드는 것으로 '동원된 국민 통합'이었다. 민주화 이후에도 국민 통합 의제는 주요한 국정 과제로 다루어졌고, 역대 대통령들은 국민통합기구를 만들었지만 모두 실패하고 말았다.[1]

보다 구체적으로 살펴보자. 역대 대통령 가운데 취임사에서 국민 통합을 강조하고 나선 사람은 노무현이 처음이었다. 평소 링컨 대통령을 가장 존경한다던 그는 취임사에서도 링컨의 상징과 같은 '개혁과 통합'을 주장하였다. 제16대 노무현 대통령의 취임사에서 주목받는 부분이다.

"국민 여러분. 동북아시대를 열고, 한반도에 평화를 정착시키려면,

---

[1] 김태일, "국민 통합, 잘돼야 할 텐데", 〈경향신문〉, 2020년 3월 10일: 김영삼, 김대중에 이어 노무현은 국민대통합연석회의라는 국무총리 소속의 국정협의기구를 만들었다. 이명박은 사회통합위원회를, 박근혜도 국민대통합위원회를 만들었다. 문재인은 국민 통합을 전문적으로 다루는 기구를 만들지는 않았으나, 사회 갈등 해소와 국민 통합 의제를 다루는 다양한 기구를 두고 대통령이 직접 챙기도록 했다.

우리 사회가 건강하고 미래지향적이어야 합니다. 힘과 비전을 가져야 합니다. 그러자면 개혁과 통합을 위한 지속적 노력이 필요합니다. 개혁은 '성장의 동력'이고, 통합은 '도약의 디딤돌'입니다. 새 정부는 개혁과 통합을 바탕으로, 국민과 함께하는 민주주의, 더불어 사는 균형 발전사회, 평화와 번영의 동북아시대를 열어 나갈 것입니다."

그러나 그가 취임사에서 밝힌 "개혁은 '성장의 동력'이고, 통합은 '도약의 디딤돌'입니다"는 약속은 임기중에 실현되지 못했다. 국민 통합을 위해 노력하기보다는 개혁과 기득권 청산을 내세우며 국민을 편 가르는 결과를 낳았다는 부정적 평가가 뒤따른다. 이 같은 현상은 노무현 정신을 계승하겠다고 선언한 문재인 정부에도 적용되는 말이다.

이에 비해 보수정당 출신 대통령들은 하나같이 취임사에서는 국민 통합을 언급하지 않다가 재임중에 국민 통합을 위한 기구를 설치했다. 2008년 2월 취임한 제17대 이명박 대통령은 2010년 1월 4일 대통령 직속 사회통합위원회를 설립하고, 고건 전 국무총리를 위원장으로 임명했다. 사회 각계각층의 화합과 통합 증진을 위한 정책과 사업을 효과적으로 추진한다는 취지였다. 고건을 초대 위원장으로 선임한 것은 무엇보다 상대 진영(호남 출신, 노무현 정부 국무총리)의 명망가라는 점에서였다. 그러나 이명박 정부의 사회통합위원회는 성과를 찾아보기가 어렵다. 그나마 남겨진 성과라면 우리 역사에서 사회 통합의 사례를 찾아 역사적 교훈을 얻는 노력을 기울였다는 점이다. 그 내용을 간략하게 살펴보면 이러하다.

이명박 대통령의 사회통합위원회 제1차 업무 보고(2010년 6월 8일)

신라는 통일전쟁이 끝난 뒤, 고구려 백제 유민의 마음의 상처를 치유하는 데 불교를 활용했으며, 원효대사의 화쟁사상이 그 기반이 되었다. 고려 태조 왕건이 호족연합정책과 함께 중요하게 생각한 것은 농민에 대한 시책이다. 농민 시책의 핵심은 민생 안정이었는데 왕건이 추구한 중요한 사회통합정책의 하나로, 국력의 신장을 위해서도 필요한 시책이었다. 조선 왕조는 세종의 리더십을 통해 정치 안정과 경제적 여유를 찾게 되었으며, 사회적으로 질서가 이뤄지고 문화적인 독자성을 가지게 되었다. 높은 이상과 넓은 가슴으로 민족을 품고 미래를 품고 앞날을 열어 간 세종대왕의 리더십은 오늘에도 위대한 교훈의 메시지로 우리의 가슴에 새겨지고 이어가야 할 것이다.[2]

사회통합위원회의 한국사 연구는 이외에도 영·정조의 탕평책과 일제강점기의 신간회 활동 등 한국사의 전반을 다루었지만, 정작 사회 갈등의 요인으로 작용하고 있는 현대사의 사건들은 외면했다. 이 때문에 연구 성과 또한 사회 통합의 당위성을 내세우는 명분으로 이용되었을 뿐, 현실적인 정책 대안으로 활용되지 못했다. 결과적으로 국민 통합에 관한 실천적인 의지가 없는 정부와 경세치용(經世致用)적이지 못한 역사 연구의 결과였다.

한편 2013년 2월에 취임한 박근혜 대통령은 사회통합위원회를 해산하고, 국민대통합위원회를 신설하였다. 우리 사회에 내재된 상처와 갈등을 치유하고, 공존과 상생의 문화를 정착시키며, 국가의 새로운 가치를 도출하기 위한 정책과 사업에 관해 대통령의 자문에 응하기 위한다는 취지에 따라 대통령 소속의 자문위원회로 설치되었고, 초대 위원장은 김대중 정부의 대통령 비서실장을 역임한 한광옥이 임명되었다. 이명박 정부처럼 상대 진영의 정치인들을 기용하고 국민 통합 기반 구축, 사회 갈등의 실효적 예방과 조정, 통합 가치 정립 및 상생 추구, 통합문화 확산을 내걸었다. 박근혜 대통령은 제1차 회의를 주재하면서 "국민대통합위원회는 정책자문에 그치는 것이 아니라, 현장의 소리를 많이 듣고 국민 통합을 위해서 앞장서 달라"고 주문했다.

그러나 국민대통합위원회의 역할은 갈등 현장에 개입해서 중재 노

---

2) 오성 외, '역사 속의 사회 통합', 〈사회통합위원회 보고서〉(2011년), p.19,32,74.

력을 기울이는 것이 아니고, 대통령 자문기구여서 법적으로 실행이
나 집행 권한 자체가 없었다. 박근혜 대통령이 강조한 '현장의 목소
리를 들어 달라'는 요청과는 반대의 실정이었다. 이 때문에 박근혜
정부의 국민대통합위원회도 별다른 성과를 내지 못한 채 변죽만 울
리다가 2017년 6월 30일에 해산되었다. 박근혜 정부의 국민대통합
위원회에 대한 언론의 평가는 비판적이다.

　국민대통합위원회의 활동은 고개를 갸웃거리게 만든다. 국민적 갈
등의 양상을 분석하고 해소 방안을 만들겠다는 취지로 비슷비슷한 주
제의 토론회와 간담회·세미나만 30차례 이상 실시했고, 지난해는 일
종의 국민 의식 개혁운동인 '작은 실천, 큰 보람 운동'을 선포하고 대
대적인 홍보에 나섰다. 그러나 그 사이 벌어진 우리 사회의 첨예한 갈

국민 대통합을 외치는 박근혜 대통령(2013년 10월 28일)

등 현장에 직접 개입해 중재와 해결을 도모하려는 모습은 전혀 보이지 않았다. ……박 대통령이 국민대통합위원회 전체 회의를 직접 주재한 것은 출범 직후였던 2013년 7월 8일 1차 회의가 처음이자 마지막이었다. 그 이후 열린 네 차례 회의에는 참석하지 않았다.[3]

이렇게 보수와 진보를 막론하고 역대 정부의 국민 통합은 모두 실패로 끝나고 말았다. 오히려 나날이 심해져 가는 사회적 갈등으로 인해 심각한 위기감을 느끼게 한다. 2020년 서울연구원의 조사에 의하면, 서울 시민의 88%가 우리 사회의 갈등이 심각하다고 인식하고 있다. 그 요인도 연령별로 큰 차이를 보이는데, 20대는 남성과 여성의 젠더 갈등이 가장 심각하다고 보는 반면, 30대는 부동산 정책을 둘러싼 갈등, 40대 이상은 진보와 보수의 이념 갈등이 가장 심각하다고 응답하였다. 이 이념 갈등의 중심에는 여전히 과거사에 대한 상반된 역사 인식이 자리한다.

3) 윤석열 대통령의 국민 통합론

보수진영의 대통령 후보로서 5년 만에 집권한 윤석열 당선인은 대통령직 인수위원회 산하에 국민통합위원회를 설립했다. 이것은 대통령 선거 과정에서 구 민주당계와 호남 출신 정치인을 영입하는 조직으

---

3) "박근혜 정부 2년…거꾸로 가는 국민 대통합", 〈뉴스타파〉, 2015년 2월 24일.

로 활용하다가, 당선 후 인수위원회의 특별조직으로 발전시킨 박근혜 정부의 모델을 그대로 답습한 것이었다. 2020년 4월 12일 국민통합 위원회는 사회 통합을 주제로 첫 워크숍을 열었다. 이 자리에서 김한길 국민통합위원장은 "시대정신은 국민 통합이며, 당선인이 첫 당선 소감에서 시급한 과제로 언급한 것도 국민 통합이고, 현충원 방문에서도 국민 통합을 말했는데, 국민통합위원장이 되고 보니 국민 통합이 어렵다는 것을 알게 되었다"고 발언했다. 아직까지 국민통합위원회에 대한 구체적인 복안이나 비전이 없음을 스스로 고백한 말이다.

이렇게 역대 대통령들은 모두 통합을 강조하는데, 과연 정부 주도의 통합이 가능할 것인지에 대해서는 회의적이다. 더욱이 지난 두 차

'국민 통합'을 내세우며 새 정부 출범을 준비하는 윤석열 당선인

례의 통합위원회가 아무런 성과를 거두지 못하고 용두사미로 끝나고 말았는데, 윤석열 정부는 왜 또다시 국민통합위원회를 설립하려고 할까? 아무리 그것이 시대정신이고 취지가 옳더라도 제대로 준비가 되지 않은 국민통합위원회는 국민에게 폐해로 다가올 뿐이다. 그렇다면 윤석열 정부의 국민 통합은 무엇을 통합하고, 어떻게 진행될 것인가 하는 것은 매우 중요한 문제이다.

윤석열 당선인의 대통령직 인수위원회에서 국민통합위원회 정치분과 위원장으로 참여했다가 사임한 김태일 장안대학교 총장은 칼럼에서 역대 정부의 국민 통합 사례를 이렇게 평가했다.

모든 대통령은 '국민 통합'에 실패했다. 그 이유는 간단하다. 반대자나 비판자를 전향·투항케 하여 동일 집단화하는 것을 통합이라고 생각했기 때문이다. ……국민 통합은 국민이라는 이름의 단일집단화가 아니라, 서로 다른 것들이 공존·상생할 수 있는 상태라고 생각해야 한다. 국민은 한덩어리의 사람들이 아니라 각양각색의 사회정치적 실체로 이루어진 존재다. 그리고 서로를 인정하고 다름을 관용하며 함께 어우러져 사는 것이 공화주의 국가의 국민이다. 그렇기에 '하나'가 되자고 하는 순간 국민 통합은 신기루가 되어 버릴 것이 분명하다.[4]

그의 말처럼 획일적인 통합이 아니라 '다양 속의 통합'이 민주주의

---

4) 김태일, "전향 요구 땐 국민 통합 또 실패한다", 〈경향신문〉, 2022년 4월 7일.

의 방향이다. 지난 2010년 아동문학가인 재미교포 최효섭 목사는 조국의 사회통합위원회 출범 소식을 듣고 이렇게 조언하였다.

　통합은 제도상의 문제가 아니라 마음의 문제다. 세계에서 국민 통합에 가장 성공한 국가는 미국이다. 인종시장 같은 미국은 복합인종·복합문화라는 대전제 아래 세계 각국에서 모여든 다양한 인종이 자기 것을 내놓고, 사회는 이를 포용하여 통합을 이루었다. 미국사회의 대통합 원칙은 나와 생각이 다른 사람을 받아들이는 마음, 차이점을 거부하지 않고 활용하는 아량, 다른 색깔도 조화에 따라 고차원의 예술이 될 수 있다는 모자이크 이론, 맛이 다른 채소들이 섞여 더 좋은 맛을 창출할 수 있다는 샐러드 볼(salad bowl) 이론, 서로 다른 소리들이 모여서 아름다운 화음을 만들 수 있다는 긍정적인 생각 등이다.[5]

이처럼 국민 통합은 정치적 묘수풀이나 강한 리더십의 등장 또는 법과 제도 개선에 있지 않고 국민의 마음을 여는 데에 있다. 이 물음에 답을 찾기 위해서는 역사에서 교훈을 찾을 수밖에 없다. 중요한 것은 국민 통합을 이루려는 지도자의 자세다.

미국의 제16대 대통령 링컨(Abraham Lincoln, 1809-1865)은 미국뿐 아니라 전 세계적으로 존경받는 정치지도자다. 그의 위대함은 미국 역사상 최대의 위기였던 남북전쟁의 극한 대결 속에 국민 통합을 이

---

5) 최효섭, "사회통합위원회", 〈미주한국일보〉, 2010년 1월 25일.

루어내고, 하나의 연방국가로 결속시킨 통합의 리더십에 있다. 그의 강력한 통합 리더십은 높은 도덕성에서 나왔으며, 그 뿌리는 청교도적 윤리관과 종교적 신앙심에서 나왔다. 이 같은 그의 통합정신은 자신의 정적들을 내각에 등용하는 높은 포용력으로 이어졌다.[6]

그러면 우리의 경우는 어떠한가? 2022년 3월 10일 새벽 윤석열 후보는 당선인으로서 첫 기자회견을 열고 통합을 강조했다.

"윤석열 정부는 자유민주주의와 시장경제를 바로세워 위기를 극복하고, 통합과 번영의 시대를 열어 가겠습니다. 정치적 유·불리가 아닌 국민의 이익과 국익이 국정의 기준이 된다면, 우리 앞에 진보와 보수의 대한민국도, 영·호남도 따로 없을 것입니다."

이어 4월 17일 서울 여의도순복음교회에서 열린 부활절 연합예배에 참석해서도 "국정 운영을 국익과 국민의 관점에서 풀어 가고 '국민의 뜻'을 잘 받드는 길이 통합의 첫걸음이라 생각한다"고 말했다. 너무나 당연한 말이지만 추상적이고 교과서적인 답변일 뿐, 국민 통합을 위한 성찰이나 비전이 없는 것처럼 느껴진다. 윤석열 당선인의 연설에는 대통령으로서 국정철학이 무엇인지를 가늠하기가 힘들다. 그동안 수차례 국민 통합을 언급했지만, 한번도 국민 통합에 대한 정

---

6) 리처드 카워딘; 세계와동북아평화포럼 역, 《통합의 리더 대통령 링컨》, 북스타, 2007, pp.7-16.

의도, 방법론도 찾을 수 없었는데, 또다시 다양한 이해관계가 표출되는 '국민의 뜻'을 잘 받든다는 것이 무엇을 말하는지 이해할 수가 없다. 평생을 옳고 그름만 따지는 검사로만 살아온 입장에서 '다름'을 이해하기 어려울 것이다.

윤석열 대통령은 후보 시절 목포 김대중노벨평화상기념관을 찾아 김대중 정신으로 국민 통합을 이루겠다는 입장을 표명하였다.

국민 통합이라는 김대중 정신을 새겨 저를 반대하는 분들을 다 포용하고 국민으로 모시는 국가정책을 펼칠 것이다. 김대중 대통령은 자신을 힘들게 했던 분들을 용서하고, 국민 통합이라는 큰 밑그림으로 IMF라는 국난 극복을 해나가셨다. ……대통령이라는 것은 결국 갈등과 의견차를 조정해 나가는 사람, 결국 국민의 뜻에 따라 나라가 운영돼야 한다는 것 아니겠나.

곧이어 방문한 김해 봉하마을에서도 "김대중 전 대통령과 노무현 전 대통령 두 분 다 통합을 강조했다. 국민 통합이라는 게 용서해야 통합도 있지만, 부당한 기득권을 타파함으로써 국민 통합에 기여하는 측면이 있다"고 말했다. 그런데 그의 후보 시절의 다짐과는 달리 정작 대통령 취임사에는 '통합'이라는 말이 한번도 등장하지 않았다. 이튿날 이 같은 언론의 지적에 대해 "통합은 너무 당연한 것이어서 일부러 언급할 필요가 없었다"고 설명하였다. 그리고 엿새 뒤의 국회 시정연설에서 '통합'의 메시지를 강조했다.

"제2차 세계대전이라는 절체절명의 위기 상황에서 영국 보수당과 노동당은 전시 연립내각을 구성하고 국가가 가진 모든 역량을 총동원하여 위기에서 나라를 구했습니다. 지금 대한민국에는 각자 지향하는 정치적 가치는 다르지만 공동의 위기를 극복하기 위해 기꺼이 손잡았던 처칠과 애틀리의 파트너십이 그 어느 때보다 필요합니다."

대선 기간 존경하는 인물로 윈스턴 처칠을 꼽았던 그는, 제2차 세계대전 당시 영국 보수당 출신 처칠이 경쟁자이던 노동당 출신의 애틀리와 협력하여 위기를 극복한 사례를 들어 국익을 위해 야당과의 '초당적 협력'을 강조한 것이다.

세계사에서 주목되는 사회 갈등은 인종 간, 민족 간, 종교 간의 갈등이다. 그런데 우리나라의 경우 본질이 이념과 정쟁에 의한 갈등이고, 그 바탕 위에 다양한 이해관계가 얽혀 있다. 이 때문에 국민 통합을 위한 솔루션도 달라질 수밖에 없다. 국가의 통치권자인 대통령이 링컨의 민주적 통합 리더십을 배우고 실천하도록 부단히 노력해야 하는 것은 물론이고, 지금 한국사회의 이념 지형을 치유할 바른 역사 인식을 가져야 한다. 적어도 이승만·박정희 대통령을 따르는 보수와 김구 선생과 김대중 대통령을 따르는 진보세력이 국가의 장래를 위해서 서로의 생각과 입장을 이해하고 상호 존중하는 사회 분위기를 조성하는 것이 국민 통합의 첫걸음이다. 아무튼 새롭게 출범하는 윤석열 정부가 '갈등공화국' 대한민국의 분열을 슬기롭게 극복하고 미래를 향해서 화합하는 사회로 변화되기를 기대해 본다.

2. 역대 대통령의 역사 인식

21세기에 접어들어 우리 사회는 보수와 진보진영 간의 정권 교체가 이루어질 때마다 엄청난 사회 변화와 함께 역사전쟁을 치렀다. 따라서 정권 교체기마다 어떤 사건이 일어났는지 역대 대통령의 취임사와 국경일 기념사에 나타난 역사 인식에 대해 살펴보는 것은 새롭게 출범하는 윤석열 정부의 좋은 길라잡이가 될 것이다. 대통령의 취임사를 보면 그 정부가 나아갈 비전과 방향이 보인다.[7] 또 국경일 기념사에는 역대 대통령의 역사 인식이 고스란히 배어 있다.

1) 김영삼의 역사바로세우기

정권 차원의 역사전쟁은 김영삼 정부로부터 시작되었다. 1993년 2월 25일 제14대 대통령에 취임한 김영삼은 4월 19일 '4·19혁명 제33주년'을 맞아 현직 대통령으로는 처음으로 수유리 4·19묘역을 참배하고 헌화했다. 그는 이 자리에서 "4·19혁명은 부정부패와 불

---

7) 정현규, 《대한민국 대통령 취임사(史)》, 현대의전연구소, 2022, pp.7-8.

의에 대항해서 정의사회를 구현하려는 위대한 혁명이었다. 4·19혁명
은 3·1운동 다음가는 역사적인 의거로 재평가, 복원되어야 한다"고
강조했다.

이어 5월 13일에는 광주민주화운동 13주년을 앞두고 〈5·18광주
민주화운동 관련 특별담화〉를 발표하고 "오늘의 정부는 5·18광주민
주화운동의 연장선상에 서 있는 민주정부다. 앞으로 관련 피해자의
명예회복 및 정신 계승을 위해 최선을 다하겠다"고 천명했다.

"1980년 5월, 광주의 유혈은 이 나라 민주주의의 밑거름이 되었습
니다. ……저는 처절했던 5·18광주민주화운동 때 야당 총재로서, 맨
처음 군부정권 당국에 정면으로 항의했습니다. 기자회견을 통해 그
비극적 사태를 온 세계에 알렸습니다. 광주민주화운동 3주년이 되는
1983년 5월 18일, 가택연금중에 저는 23일간 생명을 건 단식투쟁을
전개했습니다. 광주의 유혈을 막지 못한 책임을 통감하면서 잃어버린
민주주의를 되찾기 위해서였습니다. 분명히 말하거니와 오늘의 정부
는 광주민주화운동의 연장선에 있는 민주정부입니다. 광주민주화운
동의 복권과 명예회복, 그리고 그때의 상처와 아픔을 치유하기 위하
여 광주 시민 여러분과 같은 입장에 서서 고뇌하는 정부입니다. 또한
문민정부의 출범과 그 개혁은 광주민주화운동의 역사적 의미를 실현
시켜 나가는 과정입니다."(김영삼 대통령, 〈5·18광주민주화운동 관련
특별담화〉(1993년 5월 13일) 중에서)

그리고 6월 10일에는 '6월 항쟁' 6주년을 맞아 당시 항쟁을 주도한 민주헌법쟁취국민운동본부 지도부와의 오찬에서 6월 항쟁을 '명예혁명'이라고 재평가했다. 이러한 일련의 행보를 통해서 역사바로세우기의 정당성을 강조한 김영삼은, 8월 15일 제48주년 광복절 경축사에서 문민정부가 수립된 1993년은 '신한국 창조의 원년'이자 '민족사 복원의 원년'이라고 주장하면서 '제2의 광복운동'을 선언했다.

"48년 전 오늘, 우리는 벅찬 감격 속에서 조국 광복을 맞았습니다. ……이국땅에서 대한민국 임시정부를 세워 근대국가의 주춧돌을 놓았습니다. 자유·평등·인권이 보장되는 민주공화국 건설에 나섰던 것입니다. 새 문민정부는 이 같은 임시정부의 빛나는 정통성을 이어받고 있습니다. 임시정부 선열 다섯 분의 유골을 봉환하여 국립묘지에 모신 뜻이 여기에 있습니다. 옛 총독부 건물과 총독 관사를 철거키로 한 뜻도 바로 여기에 있습니다. 민족의 역사는 바로서야 합니다. 그런 의미에서 올해는 '신한국 창조'의 원년일 뿐 아니라 '민족사 복원'의 원년이기도 합니다. 이를 위해 우리는 지금 '제2의 광복운동'에 나서고 있습니다."(김영삼 대통령, 〈제48주년 광복절 경축사〉 중에서)

이 같은 분위기에 맞춰 국가보훈처는 1993년 말까지 독립유공자로 선정되어 있는 6,233명을 대상으로 친일행위자를 가려내고, 1994년 상반기까지 친일행위가 밝혀지는 사람은 서훈을 취소하겠다는 방침을 밝혔다. 결과 서춘·김희선·박연서·장용진·정광조 등 5명의 서훈이 취소되었다.

　김영삼 정부의 역사전쟁은 광복 50주년을 맞이한 1995년에 본격적으로 추진되었다. 2월부터 일제가 한반도의 정기를 끊고자 전국 방방곡곡의 명산대천에 박아뒀다는 '쇠말뚝뽑기 사업'을 실시하고, 8월 15일에는 서울 광화문 뒤에 있던 중앙청(옛 조선총독부 청사)을 폭파해 버렸다.

　이렇게 친일잔재 청산을 계속하면서 12월에는 〈5·18민주화운동 등에 관한 특별법〉을 제정하여 역사전쟁을 벌였다.[8] 특별법은 1979년 12·12쿠데타와 1980년 5·18광주민주화운동을 전후해 발생한 헌정질서 파괴행위에 대해 공소시효를 정지하고, 헌정질서 파괴범죄자에 대해 검찰이 불기소 처분한 경우에는 고소 고발인이 재정신청을 할 수 있도록 했다. 결과 전두환·노태우 전 대통령은 12·12 쿠데

조선총독부 청사(좌), 폭파 철거한 후의 광화문 전경(우)

8) 〈5·18민주화운동 등에 관한 특별법〉(시행 1995년 12월 21일), 법률 제5029호, 1995년 12월 21일 제정.

타와 부정부패 혐의로 '역사의 단죄'를 받았고, 광주에는 국립 5·18 민주묘지가 조성되었으며, 5월 18일을 국가기념일로 지정해서 정부가 공식 행사를 시작하는 계기가 되었다.

이처럼 김영삼 정부의 역사바로세우기는 친일잔재 청산, 군사독재 청산, 4·19로부터 5·18에 이르는 민주화운동의 정리 등의 세 갈래로 추진되었다. 구체적인 실행 계획으로는 조선총독부 철거 및 경복궁 복원, 하나회 숙청, 청와대 안가 철거, 5·18기념일 제정 및 기념사업 등을 단행했다. 그 결과 김영삼 정부는 출범 초 국정 지지율이 80%가 넘었고, 그의 정치적 행보는 거칠 것이 없었다.

그 다음 순서는 역사 교과서 개편으로 이어졌다. 1994년 3월 제6차 교육과정 국사 교과서 개정을 위해 마련한 〈국사 교육 내용 전개 준거안〉 시안에 따르면, '8·15광복'을 '8·15해방'으로, '6·25전쟁'을 '한국전쟁'으로, '제주 4·3사건'을 '제주 항쟁'으로, '대구 폭동'을 '10월 항쟁'으로 표기하자고 제안했다. 이에 역사학계 원로들은 단순한 용어 선택의 문제가 아니라 역사 인식의 혼란이라고 지적했다. 그러나 교육부는 1997년 고시한 제7차 교육과정에서 기존의 국사 과목을 그대로 둔 채 '한국 근·현대사'를 신설 분리하였고, 검정제를 도입하였다.[9] 한국 정치사에서 보수세력에 속하는 김영삼 대통령이 일제잔재와 군사독재 청산을 명분으로 역사바로세우기를 주창한 데는 문민정부의 국정개혁을 담당한 김정남(청와대 교육문화 수석)·한완상

---

9) 정경희, 《한국사 교과서 어떻게 편향되었나》, 비봉출판사, 2013, p.44.

김영삼 정부의 역사바로세우기로 법정에 선 전두환·노태우 대통령과 16인의 장군들

(통일 부총리)의 역할이 컸던 것으로 알려진다.

그러나 다른 한편에서는 김영삼의 역사바로세우기가 정치적 목적을 위해 역사를 이용했다고 비판한다. 문민정부의 역사적 정당성을 강조하기 위해 임시정부의 법통을 계승했다고 주장하고, '신한국 창조 원년'과 '제2의 광복운동'을 선언한 것은 1948년 대한민국 정부가 수립된 이후 역대 정권을 모두 부정하는 역사전쟁의 선포였다는 주장이다. 평생을 학술전문기자로 활동한 원로 언론인 박석흥은 그의 저서 《역사전쟁》에서 이렇게 지적한다.

권위주의 정권을 종식시키고 32년 만에 문민정부를 세운 김영삼 대통령은 취임사에서 '어느 동맹국보다 민족이 중요하다'고 공언하고, '문민정부는 상하이 임시정부의 법통을 이어받았다'고 선언함으로써, 1948년 건국한 대한민국의 정통성을 부인하는 '역사전쟁'의 불을 붙였고, 초·중·고교 역사 교육과정 개편에 착수하여 역사 교육과 사관 논쟁을 일으켰다.[10]

2) 김대중의 '제2의 건국운동'

1998년 2월 25일, 제15대 대통령으로 취임한 김대중의 역사 인식은 김영삼과 달랐다. 김영삼의 문민정부가 1919년 임시정부로부터의 계승을 강조한 데 비해, 1945년 9월 여운형의 건국준비위원회 목포지부에서 활동했던 김대중은 1948년 8월 15일의 정부 수립이 곧 대한민국의 건국이라고 인식하였다. 이 때문에 그는 건국 50주년을 맞이한 1998년 8월 15일 'IMF 외환 위기 극복'과 새로운 국가 건설을 위한 국민운동을 제창하면서 '제2의 건국'으로 불렀다. 김대중은 1998년 8월 15일 '대한민국 50년' 경축사를 통해 "제2의 건국에 동참합시다"라고 국민에게 호소하였다.

"오늘은 광복 53주년 기념일이자 대한민국 정부 수립 50주년을 맞이하는 역사적인 날입니다. ……이는 국가의 나아갈 방향을 새로이 정립하고 나라의 기강을 바로세우며, 민족의 재도약을 이룩하기 위해

---

10) 박석흥, 《역사전쟁》, 기파랑, 2021, p.18.

국민 모두가 동참하는 '제2의 건국'을 제창하는 일입니다. '제2의 건국'은 우리가 역사의 주인으로서 국난에 처한 나라를 구하고, 그 운명을 새롭게 개척하려는 시대적 결단이자 선택입니다. '제2의 건국'으로 가는 길은 대한민국의 법통을 충실히 계승하면서도 역대의 권위주의적인 통치 방식과는 분명히 달라야 합니다. 오직 국민의 정부가 표방해 온 새로운 국정철학인 민주주의와 시장경제의 병행 발전으로 나아가는 것만이 우리가 지금부터 추구해야 할 국정의 방향입니다."(김대중 대통령, 〈대한민국 50년 경축사〉 중에서)

1948년 8월 15일 정부 수립을 대한민국 건국으로 인정하고, 그 바탕 위에서 제2의 건국을 제창한 김대중의 역사 인식은 그 전날에 열린 〈대한민국 50년—우리들의 이야기전〉 개막식 말씀에 보다 더 구체적으로 나타난다.

"우리가 오늘 돌아본 50년 역사가 바로 그것입니다. 대한민국 건국은 공산주의자들의 극단적인 반대 속에 이루어졌습니다. ……그때 UN에서는 한국의 선거를 시찰하러 왔습니다. 시찰단은 전국을 돌아본 결과 국민의 압도적인 참여와 질서정연한 선거를 보고 어떠한 문제도 제기할 여지가 없었습니다. ……UN은 대한민국 수립의 과정이 모두 합법이고, 국민의 의사에 의해 이루어졌다고 보고함으로써 우리는 UN의 승인을 받고, 공산권을 빼놓고는 압도적인 지지를 받았던 것입니다."(김대중 대통령, 〈대한민국 50년-우리들의 이야기전 개막식 말

씀〉 중에서)

　한편 1998년 10월 2일 대통령직속자문기구로 출범한 '제2의 건국 범국민추진위원회'는 창립선언문에 "건국 50년 동안 우리는 분단과 남북 대립의 질곡 속에서도 비약적인 경제 발전을 이뤘다"고 밝혔다. 이 같은 김대중의 역사 인식은 1948년 건국설을 뒷받침한 것이다. 이후 '제2의 건국 범국민추진위원회'는 과거의 적폐청산과 21세기를 대비하기 위해 부정부패추방운동 · 국민화합운동 · 신지식인운동 · 한마음공동체운동 · 문화시민운동 등 '5대 운동'을 펼쳤다. '제2건국'의 영문명은 'Rebuilding Korea'이고, '범국민추진위원회'는 'National Com-

금모으기로 시작된 제2의 건국운동

mission'이다. 그러나 '제2의 건국운동'은 '관주도 운동'이라는 비판과 선거용 조직이라는 논란이 계속되자 2003년 4월 자진해산하면서 역사 속에서 사라졌다.

김대중에게 특기할 만한 것은 그의 대일 역사 인식이다. 1989년 1월 9일 평민당 총재 시절 주한 일본대사관저에 마련된 히로히토 일왕의 분향소를 찾아 조문하고, 대통령 취임 후에는 일왕을 천황이라고 공개 천명하면서 '실리주의 외교'를 표방한 김대중의 외교론은 1998년 10월 8일 도쿄에서 열린 김대중-오부치 간의 한일정상회담에서 발표된 '21세기 새로운 한·일 파트너십 공동선언'을 통해 극일론(克日論)이라는 역사 인식으로 나타났다.

오부치 총리대신은 금세기 한·일 양국 관계를 돌이켜보고 일본이 과거 한때 식민지 지배로 인하여 한국 국민에게 다대한 손해와 고통을 안겨 주었다는 역사적 사실을 겸허히 받아들이고, 이에 대하여 통절한 반성과 마음으로부터의 사죄를 했다. 김대중 대통령은 이러한 오부치 총리대신의 역사 인식 표명을 진지하게 받아들이고, 이를 평가하는 동시에 양국이 과거의 불행한 역사를 극복하고 화해와 선린우호협력에 입각한 미래지향적인 관계를 발전시키기 위해 서로 노력하는 것이 시대적 요청이라는 뜻을 표명했다.[11]

---

11) '21세기 새로운 한·일 파트너십 공동선언', 〈국정신문〉, 1998년 10월 12일.

김대중 대통령이 평민당 총재 시절 히로히토 일왕을 조문하고 있다. ⓒ경향신문

이렇게 일본 정부의 사죄 바탕 위에 화해와 선린우호를 약속한 김대중의 외교적 입장은 한·일 양국의 발전적 모델 구축을 위한 참고 사례로 원용되고 있다.[12] 그렇지만 정치적으로는 국익을 위한 '실리주의 외교'라는 긍정적 평가와 국격을 저버린 '저자세 외교'라는 상반된 평가가 공존한다. 또 일부 비판자들은 '제2의 건국운동'에 대해서도 "제2건국이란 말은 기존에 존재하던 나라를 없애고, 그 나라 명칭만 유지하면서 나라 전체의 내용적 면모를 고쳐 180도 다른 이념의 방향으로 국가를 다시 세우겠다는 의미"라고 주장하지만, 실제 김대중 정부에서 그런 일은 발생하지 않았다.

---

12) 최은미, 〈김대중·오부치 공동선언 20주년의 의의와 한일관계-21세기의 새로운 한일 파트너십〉, 〈IFANS〉 2018-33, 국립외교원외교안보연구소, 2018년 10월, p.5.

김대중 정부 집권기에는 일본·중국과의 외교관계에 갈등이 적었던 것처럼 역사 문제로 갈등을 빚은 적도 없었다. 김대중의 대일 인식은 윤석열 대통령 당선인에 의해 재조명되었다. 2021년 11월 11일, 윤석열 국민의힘 후보는 목포를 방문해서 "제가 대통령이 된다면 한일관계 개선을 '김대중-오부치 선언'을 재확인하는 것으로부터 시작하겠다"고 말한 후, 페이스북에는 김대중 정부의 한일 외교를 높이 평가하는 글을 올렸다.

제가 대통령이 된다면 '김대중-오부치 선언'을 재확인하는 것으로부터 한일관계 개선을 시작하겠습니다. 김대중 대통령은 IMF 외환위기 극복 등의 여러 업적을 남겼지만, 그 중에서도 '한일 공동선언'은 외교 측면에서 빼놓을 수 없는 업적입니다. 공동선언문에는 오부치의 '통렬한 반성과 사죄'와 김대중의 '미래지향적으로 나가기 위해 서로 노력하자'는 내용이 담겨 있습니다. 두 나라 정치지도자들만 결심한다면 김대중-오부치 시절로 돌아갈 수 있다고 생각합니다.[13]

앞으로 윤석열 정부의 대일정책에서 주목해 볼 만한 내용이다.

3) 노무현의 친일, 과거사 청산

---

13) 윤석열, "목포에서 김대중 대통령을 생각한다", 〈조선일보〉, 2021년 11월 11일.

2003년 2월 25일 제16대 대통령 취임식에서 동북아시대 도래를 선포한 노무현은, 곧이은 3·1절 기념식에서 "국민 통합과 개혁으로 평화와 번영의 동북아시대를 열어 가자"고 주장하였다. 노무현 시대 국정의 출발점은 국민 통합이었다. 노무현은 국민 통합을 자신의 시대적 소임으로 생각했다. 분열의 극복은 일제치하의 독립국가 건설, 산업화시대의 가난 극복, 1970-80년대 민주화에 이어 우리 민족이 당면한 역사적 과제였다. 친일과 항일, 좌우 대립, 독재·민주세력 간의 갈등을 극복하고 국민들의 힘을 하나로 결집시켜야 한다고 생각했다. 또 망국의 역사를 반복하지 않기 위해서도, 동아시아 강대국으로 도약하는 새 역사를 쓰기 위해서도 통합은 피할 수 없는 과제였다. 그 해법 가운데 하나가 과거사 정리였다.[14]

따라서 그는 4월 13일 〈임시정부 수립 84주년 기념사〉에서 "참여정부가 임시정부의 법통 위에 서 있다"고 강조하고, '조국의 독립과 민족의 통일을 위해 평생을 바친 김구 선생의 뜻을 계승할 것'을 천명하면서 친일잔재 청산의 의지를 밝혔다.

"임시정부는 우리 역사상 최초의 민주공화제 정부였습니다. 오늘의 참여정부는 바로 임시정부의 자랑스러운 법통 위에 서 있습니다. 임시정부가 만들어 온 빛나는 역사의 한가운데에 또 백범 김구 선생님

---

14) 노무현, "역사의 진실 제대로 알려야 진정한 통합도 가능", 〈노무현 사료관〉(노무현재단 홈페이지), https://www.knowhow.or.kr/web/main/main.php

이 계십니다. 오늘 우리는 선생의 뜻을 기리는 이곳 기념관에서 임시정부의 수립을 기념하는 행사를 치르게 되었습니다. 저와 참여정부는 조국의 독립과 민족의 통일을 위해 평생을 바치신 선생의 뜻을 계승할 것입니다. 그리고 선생께서 못 다 이루신 소망을 이루는 주춧돌을 놓아 갈 것입니다."(노무현 대통령, 〈대한민국 임시정부 수립 84주년 기념식 연설〉(2003년 4월 13일) 중에서)

여기까지는 '제2 광복운동'을 주장하던 김영삼의 역사 인식과 동일하다. 노무현은 역대 대통령 가운데 역사를 가장 강조하였다. 3·1절, 현충일, 광복절 등 국가의 중요 행사마다 국민들에게 불행하고 아픈 역사와 그 고난을 극복한 자랑스러운 역사를 언급하였다. 노무현의 역사 인식이 가장 두드러지게 나타난 것은 그해 광복절 경축사이다. 그는 58년 전의 해방과 그로부터 3년 후의 건국에 대하여 명확한 입장을 표명하였다.

"오늘은 참으로 뜻깊은 날입니다. 58년 전 오늘, 우리의 아버지 어머니들은 일본 제국주의의 압제에서 해방되었습니다. 빼앗겼던 나라와 자유를 되찾았습니다. 그로부터 3년 후에는 민주공화국을 세웠습니다. 국민이 주인이 되는 나라를 건설한 것입니다. 그리고 지금 우리는 이러한 해방과 건국의 역사 위에서, 자유를 누리며 새로운 미래를 준비하고 있습니다. 참으로 감격스러운 일이 아닐 수 없습니다."(노무현 대통령, 〈제58주년 광복절 경축사〉(2003년 8월 15일) 중에서)

역대 대통령의 광복절 경축사 중에서 1945년 해방과 1948년 건국에 대해 그 시점을 가장 분명하게 규정한 연설이었다. 이 같은 노무현의 역사 인식은 임기 마지막 해이던 2007년 광복절에도 "62년 전 오늘 우리 민족은 일본 제국주의의 압제에서 해방되었다. 그리고 3년 뒤 이날 나라를 건설했다. 오늘 우리가 자유와 독립을 마음껏 누리고 사는 대한민국을 만들었다"고 연설함으로써, 1948년 건국설에 대한 자신의 입장을 분명히 밝혔다.

노무현 정부는 초기부터 '미래지향적 한일관계' 구축을 목표로 세우고, 6월에는 노무현 대통령이 일본을 국빈 방문하여 아키히토 일왕을 면담하는 등 우호관계를 구축하였다. 이어 2004년 7월 제주에서 열린 한일정상회담에서 고이즈미 준이치로 일본 총리와 상대국을 번갈아 방문하는 셔틀 외교에 합의했다. 이때 노무현은 "정부간에 새로운 합의를 할 수 있는 계기가 마련되지 않는 한, 내 임기 동안에 과거사 문제를 공식적으로 제기하거나 쟁점화시키는 것을 가급적 피하려 한다"고 발언하였다. 이 때문에 "노무현은 과거사 문제를 회피하려 한다"는 국내 여론의 질타에 직면하기도 했다.

그러나 2005년은 한일협정이 체결된 지 40년이 되는 동시에 을사조약이 체결된 지 100년이 되는 해여서 한·일 양국은 역사 문제로 또다시 충돌했다. 일본 중학교 역사 교과서에서 위안부 기술이 삭제되고, 시마네현이 '다케시마의 날'을 제정하자 한국 정부는 일본 정부에 강력하게 항의했다. '역사전쟁'이라 불릴 정도로 악화된 한·일 간의 충돌은 민간 교류에도 심각한 영향을 미쳤다. 이에 노무현 대통령

아키히토 일왕과 건배하는 노무현 대통령(2003년 6월 6일)

과 고이즈미 총리는 2005년 6월 서울에서 개최된 정상회담에서 제2
기 '한일역사공동연구위원회'를 설치 운영하기로 합의하면서 해결책
을 모색했다.

　일본과의 역사 문제는 국내적으로도 큰 난제였다. 2004년 3월 22
일 국회에서 〈일제강점하 반민족행위진상규명에 관한 특별법〉이 공
포되자[15] 그해 8월 15일 노무현은 광복절 경축사에서 친일반민족행
위자와 과거사 희생자들에 관한 진상규명특별위원회를 설치할 것을
제안하였다.

"지금 이 시간 우리에게는 애국선열에 대한 존경만큼이나 얼굴을 들기 어려운 부끄러움이 남아 있습니다. 광복 예순 돌을 앞둔 지금도 친일의 잔재가 청산되지 못했고, 역사의 진실마저 제대로 밝혀지지 않았기 때문입니다. ……반민족친일행위만이 진상규명의 대상은 아닙니다. 과거 국가권력이 저지른 인권침해와 불법행위도 대상이 되어야 합니다. 진상을 규명해서 다시는 그런 일이 없도록 해야 할 것입니다. 저는 이 자리를 빌려 지난 역사에서 쟁점이 됐던 사안들을 포괄적으로 다루는 진상규명특별위원회를 국회 안에 만들 것을 제안드립니다."(노무현 대통령, 〈제59주년 광복절 경축사〉(2004년 8월 15일) 중에서)

이에 따라 2005년 5월 31일 '친일반민족행위자진상규명위원회'가 설립되고, 초대 위원장으로 진보 성향의 역사학자 강만길 교수가 선정되었는데, 2009년 11월 《친일반민족행위진상규명 보고서》를 25권의 책으로 발간하면서 1,005명의 친일반민족행위자를 공표했다. 이와 거의 동시에 민족문제연구소가 발간한 《친일인명사전》도 발간되었다.

《친일인명사전》은 1904년 을사조약을 전후한 시기부터 1945년 8월 15일 해방될 때까지의 일제 식민통치와 전쟁에 협력한 4,389명의 친일행각과 광복 이후의 행적 등을 담았는데, 기존의 사회 통념을 파괴

---

15) 〈일제강점하 반민족행위진상규명에 관한 특별법〉(시행 2004년 9월 23일), 법률 제7203호, 2004년 3월 22일 제정.

〈친일반민족행위진상규명특별법 개정안〉을 발표하는 국회의원들

한 파격적인 사건이었다. 《친일인명사전》에는 박정희 대통령과 장면 국무총리, 무용가 최승희, 음악가 안익태·홍난파, 언론인 장지연, 소설가 김동인 등 유력인사들과 독립유공자 20여 명이 포함되어 논란이 일었다. 한편으로는 이 과정에서 친일청산 작업에 앞장선 다수의 국회의원들이 친일 시비로 곤욕을 치르는 사건이 발생하였다.[16]

---

16) 친일파 청산 논쟁이 한창이던 2004년 8월 열린우리당 의장 신기남은 부친 신상묵(창씨명: 시게미쓰 구니오로)이 일본군 헌병 오장이었다는 사실이 밝혀지면서 당 의장직에서 사퇴하였다. 이어 10월에는 광복군 제3지대장 김학규 장군의 증손녀라던 김희선 의원의 말이 허위일 뿐 아니라, 오히려 친부가 만주국 특무경찰 김일련(창씨명: 가네야마 에이이치로)이란 사실이 밝혀져 파문이 일었다. 이밖에 이미경 의원의 부친

한편 '진실·화해를 위한 과거사정리위원회'는 2005년 12월 1일 설립되었으며, 초대 위원장 송기인 신부에 이어 진보 성향의 역사학자 안병욱 교수가 2대 위원장을 맡았다. 동위원회가 다룬 '과거사'의 범위는 일제강점기부터 해방과 한국전쟁을 거쳐 권위주의 통치까지로 1년간 피해자 신청을 받고, 이후 3년간 조사하는 방식으로 진행되었다. 그 결과 11,175건의 신청을 받아서 8,450건에 대해서는 진실규명 결정, 528건은 진실규명 불능, 1,729건은 각하 처리했다.

노무현 정부의 진상규명 활동은 그 대상이 일제강점기 지도층 인사는 물론 해방 이후의 국가 공권력에 희생당한 민중계층까지 망라했다는 점에서 김영삼 정부의 역사바로세우기를 뛰어넘는 거대한 역사전쟁이었다.

이 같은 노무현 정부의 친일청산 작업은 기존의 역사 인식을 부정하는 가치관의 반전을 가져다 주었다. 그 결과 1948년 대한민국 건국에 중심 역할을 수행한 인사들이 친일파로 매도당했다. 이것은 기존 역사학계의 인식을 부정하는 엄청난 사건이었다.[17] 그렇지만 관련학계의 학문적 토론에 의한 것이 아니라, 특정한 연구단체의 입장

이봉건이 일본군 헌병 출신이며, 홍영표 의원의 조부 홍종철(洪海鍾轍, 코우카이 쇼와다치)은 조선총독부 중추원 참의였다는 사실이 밝혀졌다.(보다 구체적인 내용은 김형석, '누가 친일파인가?', 〈김형석의 역사산책〉, https://blog.naver.com/wif0691/222265046591. 참조)

17) 2008년 당시 이기백 교수 주관으로 역사학계와 시민사회를 연결하던 〈한국사 시민강좌〉는 대한민국 건국 60주년 특집으로 '대한민국을 세운 사람들'에서 정치·외교·군사·법률·경제·학술 등의 각 분야에서 건국의 기초를 다진 32명을 선정했다. 그런데 이 명단에 선정된 인사 중 김성수(1891–1955)·윤치영(1898–1996)·이병도

을 활용한 정치행위였다는 점에서 노무현이 주장한 국민 통합과는 동떨어진 결과를 가져왔다. 이때부터 오히려 진영간의 갈등으로 국론을 양분시키는 결정적인 요인이 된 것이다.

노무현 정부의 과거사 정리는 한일관계에도 영향을 끼쳤다. 2005년 8월 서울행정법원이 강제동원 피해자들의 요구를 받아들여 40년간 비공개이던 한일협정 문서의 공개를 결정하자, 문서 공개가 야기할 피해보상 문제 등 후속대책을 논의하기 위해 '한일회담 문서공개 후속대책 관련 민관공동위원회'를 구성했다. 위원회는 "한일청구권 협정은 기본적으로 일본의 식민지배 배상을 청구하기 위한 것이 아니고, 샌프란시스코조약 제4조에 근거하여 한·일 양국간 재정적·민사적 채권·채무관계를 해결하기 위한 것"으로 결론지었다. 이전 정부들이 일관되게 견지해 오던 우리 정부의 직접 지원 방침을 배제하는 파격적인 결정이었다.

이런 가운데 동해 해저 지명 문제를 놓고 벌어진 한·일 간의 갈등이 배타적 경제수역과 독도 문제로 비화되자 2006년 4월 25일 노무현은 특별담화를 발표하고, 전면적인 강경 대응을 밝혔다.

"지금 일본이 독도에 대한 권리를 주장하는 것은 제국주의 침략전쟁에 의한 점령지 권리, 나아가서는 과거 식민지 영토권을 주장하는 것

(1896-1989)·백낙준(1895-1985)·현제명(1902-1960)·김활란(1899-1970)·이응준 (1890-1985) 등이 '친일반민족행위자진상규명위원회'에 의해 친일반민족행위자로 선정되었다.

입니다. 이것은 한국의 완전한 해방과 독립을 부정하는 행위입니다. 또 과거 일본이 저지른 침략전쟁과 학살, 40년간에 걸친 수탈과 고문, 투옥, 강제징용, 심지어 위안부까지 동원했던 그 범죄의 역사에 대한 정당성을 주장하는 행위입니다. 우리는 결코 이를 용납할 수 없습니다. 우리 국민에게 독도는 완전한 주권회복의 상징입니다. 야스쿠니 신사 참배, 역사 교과서 문제와 더불어 과거 역사에 대한 일본의 인식, 그리고 미래의 한일관계와 동아시아의 평화에 대한 일본의 의지를 가늠하는 시금석입니다. 이제 정부는 독도 문제에 대한 대응 방침을 전면 재검토하겠습니다. ……어떤 비용과 희생이 따르더라도 결코 포기하거나 타협할 수 없는 문제이기 때문입니다."(노무현 대통령, 〈한일관계에 대한 특별담화문〉 중에서)

이처럼 노무현 정부는 일본 정부의 법적 책임이 남아 있는 것으로 입장을 정리하면서도 막상 일본 정부에 대해서는 배상을 요구하지 않았다. 따라서 2006년 7월 위안부 피해자들이 헌법재판소에 한국 정부를 상대로 위헌 소송을 제기하는 새로운 국면이 전개됐다. 이 때문에 언론에서는 노무현 정부가 위안부의 배상 권리만 만들어 주고, 실제로는 직무를 방기한 '과거사 정치'라는 비판이 제기되었다.

노무현은 대선 후보 시절이던 2002년 5월 28일 부천 정당연설회에서 "남북 대화 하나만 성공시키면 다 깽판쳐도 괜찮다. 나머지는 대강 해도 괜찮다는 것"이라고 말했다. 이로 인해 그에게는 종북주의자라는 꼬리표가 따라다녔다. 더욱이 재임중에 자신의 이념적 지향을 '좌

북한 방문을 위해 군사분계선을 넘는 노무현 대통령(2007년 10월 2일)

파 신자유주의'라고 애매하게 표현하며 '좌편향적인 정책지향'을 추진하는 과정에서 코드정치를 펼친 결과로 대립과 분열을 확대재생산했다는 비판을 받았다.[18] 그러나 대통령으로서 행한 각종 연설문의 내용은 다르다. 이것은 개인의 생각과 국가원수로서의 판단이 달랐

---

18) 임희섭, 〈세계화시대의 사회 통합〉, 《한국사회의 새로운 갈등 구조와 국민 통합》, 경제인문사회연구회, 2006, p.9.

음을 보여준다.

그는 재임기간중 한·일 외교에서 식민지 지배나 위안부 문제, 독도 영유권 문제 등에서 확실하게 해결한 것이 없고, 한·중 외교도 동북공정에 대해 제대로 대응하지 못했다. 반면 한미관계는 이라크 파병, 한미FTA, 제주 해군기지 등 중요한 외교·안보 사안에서 성과를 거둔 것으로 평가받고 있다. 이런 노무현을 두고 보수진영에서는 문재인 대통령과 비교하여 그의 합리성을 높이 평가하고, 진보진영에서는 미국 의존도가 높은 정치상황에서의 한계성을 지적한다.

노무현의 자서전《운명이다》에서는 그 이유를 "국민들에게 새로운 도전을 권하고 싶었다"고 회상했다.[19] 이것은 그가 평소 강조한 역사 인식을 나타낸 것이었다.

"저는 마음만 먹으면 무슨 일이든 이뤄낸 우리 국민의 역량을 믿습니다. 반만년의 역사를 통해 수많은 도전을 이겨내고 빛나는 문화를 창조해 온 우리 민족의 저력을 믿습니다. 그 역량과 저력으로 새로운 역사를 만들어 갑시다. 우리의 아들딸, 손자손녀들에게 보다 평화롭고 번영된 미래를 물려줍시다."(노무현 대통령,〈2007년 광복절 경축사〉)

---

19) 노무현재단 엮음,《운명이다》, 돌베개, 2010, p.255-"국민들에게 새로운 도전을 권하고 싶었다. 의욕이 지나쳤는지는 모르겠지만, 나는 우리나라가 세계사의 흐름을 타고 과감한 도전을 할 필요가 있다고 생각했다. 나는 우리 국민의 역량을 믿었다. 산업화와 민주화를 다 이루어낸 우리 현대사를 볼 때, 국민이 한미FTA에 내포된 위험과 불확실성을 감당해 갈 수 있다고 믿었다. 이런 믿음이 없었다면 한미FTA를 추진하기로 결심하지 못했을 것이다."

중에서)

이처럼 노무현의 삶을 살펴보면 그는 평생 이상을 추구하면서도 이상주의자에 머무르지 않고, 중요한 순간마다 재빠르게 현실에 적응했음을 발견하게 된다. 아마도 이것이 현실주의자 노무현의 역사 인식이었을 것이다.

4) 이명박의 '건국절 제정'

2008년 2월 25일 제17대 대통령으로 취임한 이명박은 취임사에서 '대한민국 건국 60주년'을 선언하면서 동시에 '대한민국 선진화의 원년'을 선포하였다.

"올해로 대한민국 건국 60주년을 맞이합니다. 우리는 잃었던 땅을 되찾아 나라를 세웠고, 그 나라를 지키려고 목숨을 걸었습니다. 모두가 하나같이 열심히 살았습니다. 그리하여 세계 역사상 최단기간에 산업화와 민주화라는 과업을 동시에 이루어내었습니다. 우리의 의지와 우리의 힘으로 일구었습니다. ……저는 대한민국 대통령으로서 새로운 60년을 시작하는 첫해인 2008년을 '대한민국 선진화의 원년'으로 선포합니다."(이명박 대통령, 〈제17대 대통령 취임사〉 중에서)

그리고 이명박은 곧이은 3·1절 기념사에서도 독립운동에 중점을 둔 이전의 대통령들과 달리 대한민국 건국과 미래에 방점을 둔 역사 인식을 나타냈다. 기념사의 서두에 3·1운동의 의의를 간략하게 정리한 후 대부분의 내용을 건국 60주년을 맞아 일류국가로 도약하려는 국가 비전을 밝힌 특별한 내용이었다.

"건국 이후 60년, 우리는 세계가 기적이라고 부르는 '성공의 역사'를 만들어 왔습니다. 전쟁의 잿더미 위에서 가난에 고통받던 나라가 세계 10위권의 경제대국으로 우뚝 섰습니다. ……이토록 짧은 기간에 이렇게 놀라운 성취를 이루어낸 나라는 세계 어디에도 없습니다. 세계 중심에 당당히 서는 부강한 나라, 인류 공동 번영에 기여하는 선진 일류국가가 우리의 목표입니다. ……한국과 일본도 서로 실용의 자세로 미래지향적 관계를 형성해 가야 합니다. 지금 어떻게 하느냐에 앞으로의 60년이 달려 있습니다. 세계는 창의와 변화의 시대입니다. 새 정부는 3·1정신을 선진 일류국가 건설의 지표로 삼을 것입니다."(이명박 대통령, 〈제89주년 3·1절 기념사〉 중에서)

이어 5월 22일 대통령 훈령으로 건국 60주년을 기념하기 위해 국무총리 산하 '대한민국건국60년기념사업위원회'를 설치하고, 한승수 국무총리·현승종 고려중앙학원 이사장·김남조 숙명여대 명예교수를 공동위원장으로 임명하였다.

민간 차원에도 '건국60주년기념사업추진위원회'(공동위원장 강영훈·이인호·박효종)가 결성되어 대한민국건국60주년기념국제학술회의를 개최했다. 이 같은 일련의 움직임은 노무현 대통령의 진보적인 정치 성향과 역사 인식에 비판적이던 뉴라이트 계열의 학자들이 주도했다. 이들이 내세운 주장은 '1948년 건국' '이승만 국부론' '건국절 제정' 등인데, 이 중에서 가장 큰 논란을 부른 '건국절 제정'은 1995년 〈조선일보〉가 '거대한 생애 이승만'을 65회에 걸쳐 연재하면서 국가가 건국기념일을 제대로 기념하지 않는다고 비판한 것이 논의의 시작이었다.

이후 서울대 경제학과 이영훈 교수가 〈동아일보〉 2006년 8월 1일자에 "우리도 건국절을 만들자"는 칼럼을 기고하면서부터 8월 15일을 '광복절'이 아닌 '건국절'로 기념하자는 논의가 본격화되었다. 이에 따라 2007년 9월 한나라당 정갑윤 의원이 8월 15일의 명칭을 광복절에서 건국절로 변경하는 것을 내용으로 하는 '국경일에 관한 법률 개정안'을 국회에 제출하였다.

8월 15일은 근대 입헌국가로서 1948년 대한민국 정부가 최초로 수립된 날이지만, 식민지배로부터 해방된 광복절의 의미에만 국한돼 건국이념 및 정신이 등한시되고 있다. 많은 국민이 대한민국 건국 시기에 대해서 잘 모르고 있다. 1945년 광복은 자력에 의한 광복이 아니라 불완전한 것으로 근대국가 건설에 분단국가라는 비극을 낳았다. 따라서 자칫 국제화시대에 반감을 가질 수 있는 상황을 초래할 수 있다.[20]

---

20) "정갑윤, 광복절 '건국일' 개칭 법안 발의", 〈연합뉴스〉, 2008년 7월 5일.

이에 광복회가 중심이 된 대한민국임시정부기념사업회는 건국 60주년 기념사업은 "3·1운동으로 건립된 대한민국 임시정부의 법통을 계승한다"는 헌법을 위반하는 것이라면서 '헌법소원심판청구와 효력정지 가처분신청'을 헌법재판소에 제출하고, 역사학계와 연대하여 대대적인 반대 투쟁을 전개하였다. 2008년 8월 12일 한국근현대사연구회를 비롯한 14개 역사단체들은 건국절 철회를 촉구하는 성명서를 발표했다.

정부는 올해를 대한민국 건국 60년이라 규정하고, 정부 주도하에 건국60년기념사업회를 조직하여 각종 기념사업을 추진하고 있다. 이런 가운데 일부 한나라당 의원들은 광복절도 건국절로 바꾸려 하고 있다. 광복절의 명칭은 해방과 정부 수립을 동시에 경축하는 의미이다. 이와 같은 의미를 갖고 있는 광복절을 건국절로 명칭을 바꾼다면 이는 1948년 8월 15일의 대한민국 정부 수립만을 경축하자는 것으로 된다. 즉 광복절의 의미를 반쪽으로 축소하는 것이다. ……건국절 주장은 독립운동의 역사를 폄훼하려는 의도이다. ……역사는 수많은 학자들의 연구와 토론을 거쳐 만들어지는 것이며, 그럴 때 비로소 모든 국민이 공유할 수 있는 역사가 된다는 점을 지적해 두고자 한다.[21]

---

21) 한국근현대사학회 외, 〈건국절 철회를 촉구하는 역사학계의 성명서〉, 《역사비평》 84(2008년, 가을).

경복궁에서 열린 '제63주년 광복절 및 대한민국 건국 60년 중앙경축식'(2008년 8월 15일)

예상외로 반발이 커지자 이명박 정부는 행사명을 '제63주년 광복절 및 대한민국 건국 60년 경축식'으로 정정했다. 이에 광복회는 '건국 60주년'이라는 명칭은 거부하면서도 광복절 63주년 경축식에는 참석했다. 반면에 민주당을 비롯한 야당과 독립유공단체들은 이를 외면하고 탑골공원에서 별도의 '광복절 63주년기념 국민대회'를 개최했다. 이런 혼란 가운데 열린 광복절 경축식에서 이명박 대통령은 건국 60주년을 기념하는 메시지를 선포했다.

"60년 전 오늘 바로 이 자리에서 대한민국 정부 수립이 선포되었습니다. 5천년 한민족의 역사가 임시정부와 광복을 거쳐 대한민국으로 계승되는 순간이었습니다. ……대한민국 건국 60년은 '성공의 역사 '발전의 역사' '기적의 역사'였습니다. 건국 60년, 기적의 역사가 새로운 꿈과 만납니다. 건국 60년, 기적의 역사는 새로운 60년에도 이어질 것입니다. 대한민국의 신화는 아직 끝나지 않았습니다. 위대한 대한민국의 시대가 열릴 것입니다. 위대한 통일의 시대가 열릴 것입니다. 그리고 위대한 한민족의 시대가 열릴 것입니다."(〈제63주년 광복절 및 대한민국 건국 60년 경축사〉 중에서)

이처럼 이명박 대통령은 공식적으로 광복절 유지를 천명하고도 광복절 경축사에서는 16번이나 '건국 60주년'을 강조하였다. 그러던 것이 2010년 광복절 경축사에는 1948년 건국을 강조하는 내용이 사라졌다. '국경일에 관한 법률 개정안'을 제출했던 정갑윤 의원도 9월 12일 철회했다. 결국 건국60년기념사업회는 '건국절 제정 문제'로 극심한 논란만 야기한 채 아무 성과도 얻지 못하고, 2013년 1월에 폐지되고 말았다.

그런데 이명박 정부의 건국절 제정 논란은 대한민국 현대사를 제대로 이해하지 못한 데서 생긴 해프닝이었다. 1948년 9월 제헌국회에서 국경일에 관한 법률이 제정될 당시 광복절은 1948년 8월 15일 독립기념일을 대체한 용어였고, 여기서 독립은 건국과 동일한 의미였다. 따라서 잘못 계산된 광복절의 역사를 시정해야 할 것을 '건국절 제정'으로 해결책을 찾으려는 오판이 부른 소용돌이였다.[22]

한편 이명박 정부의 한일관계는 초기에 대일 협력을 강조하면서 '한일군사정보포괄보호협정(GSOMIA)'과 '한일통화스와프' 등이 추진되었지만, 2011년 8월 30일 헌법재판소가 일본군 위안부 문제 해결을 위해 적극 조치를 이행하지 않는 한국 정부에 대해 '부작위(不作爲) 위헌'이라고 판결을 내린 것이 계기가 되어 모두 수포로 돌아갔다.[23] 이명박 정부는 일본 정부에 대해서 이 문제를 논의하기 위한 양자 협의를 제안하였다. 그러나 일본 정부는 개인 청구권 문제가 1965년 한·일 국교정상화로 해결이 끝난 사안이라는 입장을 고수하면서 한국 정부의 요청을 받아들이지 않고, 오히려 한국 NGO들이 정신대 피해자들의 1,000회 집회를 기념하여 주한 일본대사관 앞에 세운 '평화비'를 철거할 것을 요구했다.

이 때문에 과거사 문제에 대한 정부의 적극적 대응을 요구하는 목소리가 높아지면서, 위안부 문제가 대일 외교의 최대 관심사로 부상했다. 2011년 12월 17일 일본 도쿄에서 열린 한일정상회담에서는 논의의 대부분을 위안부 문제에 집중하였다. 이명박 대통령이 미래지향적 파트너십의 구축을 위해서는 양국관계의 걸림돌인 군대 위안부 문제를 먼저 해결해야 한다고 강조하자, 노다 총리는 종래의 일본 정부의 법적 입장을 고수한 채 인도주의적 배려를 언급하며 평화비의 철거를 요구하면서 별다른 성과 없이 회담을 마쳤다.

---

22) 〈제헌국회 제5회 국회임시회의 속기록〉 제3호(국회사무처, 1949), pp.58-68: 자세한 내용은 제2부의 〈잘못 계산된 광복절 역사〉 주 23) 참조.
23) 헌법재판소 2011년 8월 30일자 2006헌마788 결정 [대한민국과 일본국 간의 재산 및 청구권에 관한 문제의 해결과 경제협력에 관한 협정 제3조 부작위 위헌 확인] 인용(위헌 확인) [헌공 제179호].

이후 2012년 연말의 제18대 대선을 앞둔 이명박 대통령은 반일 감정이 고조된 분위기 반전을 시도하기 위해 현직 대통령으로서는 처음으로 독도를 방문했다. 최광식 문화체육관광부장관과 유영숙 환경부장관, 소설가 이문열·김주영과 함께 독도를 찾아 방명록에 기록을 남기고 독도경비대를 찾아 격려하였다. 당시 〈조선일보〉의 보도 내용이다.

이명박 대통령이 광복절을 닷새 앞둔 10일 우리 대통령으로는 처음으로 독도를 방문했다. ……청와대 고위 관계자는 "일본 정부가 방위대강 및 방위백서, 외교청서 등을 통해서 독도 영유권 주장을 계속 강화하고 있고, 초·중·고 검정교과서의 영유권 관련 표현도 점점 강해지고 있다"며 "더 이상 조용하게만 대처하지는 않겠다는 뜻"이라고 말했다. 일본 정부는 이날 저녁 무토 마사토시 주한 일본대사를 소환하는 등 강하게 반발했다. 노다 요시히코 총리는 "지극히 유감이며, 단호하게 대처하겠다"고 말했다. 겐바 고이치로 외상은 이날 신각수 주일 한국대사를 불러 "왜 이 시기에 방문하는지, 전혀 이해할 수 없다"고 말했다.[24]

이명박 정부의 한일관계는 이날의 독도 방문으로 인해 완전히 파탄나고 말았다. 그가 퇴임할 때까지 양국간의 외교관계는 단절된 채,

---

24) "대통령 독도 첫 방문", 〈조선일보〉, 2012년 8월 11일.

현직 대통령 최초로 독도를 방문한 이명박 대통령(2012년 8월 10일) ⓒ동아일보

일본군 위안부 문제 해결의 책임은 고스란히 박근혜 정부로 이관되
었다. 그러나 따지고 보면 역대 정부의 무관심이 문제만 키운 셈이었
고, 특히 노무현 정부가 남긴 이중적인 형태의 '과거사 정치'가 사태
를 악화시킨 결정적인 원인이었다. 게다가 그러한 토대 위에서 문제
를 해결해야 할 이명박 정권은 도리어 건국절 논쟁으로 인한 사회적
갈등과 독도 방문으로 빚어진 한일관계의 악화라는 과제를 후임 정
권에 남겨주었다.

이명박 정부에서 박근혜 정부로 이관된 역사전쟁의 또 다른 주제
는 한국사 교과서 문제이다. 역사바로세우기를 주창한 김영삼 정부
가 기획한 고등학교용《한국근·현대사》검정 교과서는 2002년 7월
김대중 정부 말기에 첫선을 보였고, 노무현 정부 출범 초인 2003년
3월에 학교 교육현장에 보급되었다. 이들 검정 교과서의 내용 중 일

부가 독립운동 부분을 사회주의운동에 치중하여 이승만의 독립운동은 배제하고, 1948년 남한만의 정부 수립은 통일민족국가 수립에 실패한 것이라고 서술하여 편향성 논란을 불러일으켰다.

따라서 2005년 1월 이에 반대하는 입장에서 '교과서 포럼'이 창립되었고, 3년간의 공동작업 결과 2008년 3월《대안 교과서 한국근·현대사》(도서출판 기파랑)가 출판되었다. 이를 두고 국사학계 일부에서는 '과거사 내전'이라는 비판이 제기되었으며, 4월 19일에는 북한 조선중앙방송에서도 비난하는 내용을 보도했다.[25] 이런 가운데 이명박 정부는 2009년 역사교육과정개발추진위원회(위원장 이배용)를 구성하고, 새 교육과정에 따라서 2011년 고등학교《한국사》교과서 6종을 보급했다. 그러나 이들 교과서에 대한 부정적인 여론으로 인해, 이명박 정부의 국사 교과서 개정 노력은 실패하고 말았다.

5) 박근혜의 위안부 문제와 국정 교과서

2013년 2월 24일 취임한 제18대 박근혜 대통령은 역사전쟁의 가장 큰 피해자다. 대통령 취임 이전부터 부친 박정희 전 대통령과 5·16군사정변에 대한 역사 인식 문제로 곤욕을 치른데다, 전임 대통령들이 남겨 놓은 일본군 위안부 문제가 재임기간 내내 정치적으로 발목을 잡았기 때문이다. 2011년 8월 30일 헌법재판소가 일본군 위안

---

25) 박석흥, 앞의 책, pp.353-355.

부 문제를 두고 '부작위(不作爲) 위헌' 판결을 내리기까지, 노무현 정부와 이명박 정부는 이 문제를 해결할 의지도 능력도 부족한 상태에서 일본과의 협상에서 아무런 성과도 얻지 못한 채 박근혜 정부로 현안이 이관되었다. 게다가 이명박 대통령의 독도 방문으로 발생한 한일관계의 파국까지 겹친 상황이었다.

따라서 박근혜 대통령은 2013년 취임 후의 첫번째 3·1절 기념사에서 한일관계 개선에 많은 관심을 표명하면서, '역사는 미래를 향한 자기 성찰'이라는 역사 인식으로 일본의 태도 변화를 촉구하였다.

"역사는 '자기 성찰의 거울'이자 '희망의 미래를 여는 열쇠'입니다. 한국과 일본, 양국간의 역사도 마찬가지입니다. 지난 역사에 대한 정직한 성찰이 이루어질 때, 공동 번영의 미래도 함께 열어 갈 수 있습니다. 가해자와 피해자라는 역사적 입장은 천년의 역사가 흘러도 변할 수 없는 것입니다. 일본이 우리와 동반자가 되어 21세기 동아시아 시대를 함께 이끌어 가기 위해서는 역사를 올바르게 직시하고 책임지는 자세를 가져야 합니다. 우리 세대 정치지도자들의 결단과 용기가 필요한 시점입니다. 한국과 일본이 아픈 과거를 하루빨리 치유하고, 공영의 미래로 함께 나아갈 수 있도록 일본 정부는 적극적인 변화와 책임 있는 행동을 해야 할 것입니다."(박근혜 대통령, 〈제94주년 3·1절 기념사〉 중에서)

이같이 취임 초부터 위안부 문제 해결을 위한 한일관계의 정상화를 주장한 박근혜 대통령은 이듬해인 2014년 3·1절 기념사와 광복절 경축사에서는 보다 구체적으로 위안부 문제 해결을 촉구했다. 그리고 그해 10월 24일 한일의원연맹 일본 대표단을 접견한 자리에서도 "일본군 위안부 문제가 한일관계 새 출발에 있어서 첫단추"라고 강조했다. 취임 2년차가 끝나가는데도 위안부 문제에 대한 일본 정부의 성의 있는 반응이 있어야만 '한일정상회담'을 거론할 수 있다는 기존 태도를 유지한 것이다. 이처럼 일본군 위안부 문제 해결에 대일 외교의 전부를 걸다시피 한 박근혜의 맞상대는 2012년 12월 총리로 취임한 아베 신조(安倍晋三)였다. 아베 역시 보수자민당 내에서도 강경보수파로 꼽히던 정치인이어서, 한·일 간의 외교적 갈등은 해결될 기미가 보이지 않았다.

제2차 세계대전의 종전 70주년을 맞이한 2015년에도 두 나라의 갈등은 진전될 기미가 보이지 않았다. 이런 상황이 계속되자 한·미·일 삼각동맹을 강화하려는 미국에게도 상당한 부담으로 작용하였고, 이에 미국은 노골적으로 박근혜 정부를 압박했다. 2월 27일 웬디 셔먼 미 국무부 정무차관은 "정치지도자가 과거의 적을 비난함으로써 값싼 박수를 얻는 것은 어렵지 않다. 그러나 이는 진전이 아닌 마비를 초래한다. 이는 앞으로 몇 달간 오바마 행정부가 지속적으로 강화할 메시지다"라고 덧붙여 미국 정부의 공식 입장이란 사실을 분명히 밝혔다.[26]

---

26) "역사 인식 폄훼한 미 국무차관", 〈매일경제〉, 2015년 3월 1일.

헤이그에서 열린 한·미·일 정상회담에서 오바마 대통령의 권유로 악수하는 아베 총리와 박근혜 대통령(2014년 3월 25일)

그렇지만 박근혜 정부의 태도는 변하지 않았다. 오히려 8월 15일 '광복절 경축사'에도 아베 총리의 '전후 70주년 담화'를 비판하면서 일본군 위안부 문제의 조속한 타결을 당부하였다.

"오늘은 '광복 70주년'이자 '건국 67주년'을 맞는 역사적인 날입니다. ……그동안 정부는 역사 문제에는 원칙에 입각하여 대응하되 두 나라간 안보·경제·사회문화 등 호혜적 분야의 협력관계는 적극 추진해 나간다는 입장을 견지해 왔습니다. ……1965년 국교정상화 이래 고노 담화, 무라야마 담화 등 역대 일본 내각이 밝혀 온 역사 인식은 한일관계를 지탱해 온 근간이었습니다. 그러한 점에서 아베 총리의 전후 70주년 담화는 우리로서는 아쉬운 부분이 적지않은 것이 사실입니다. 역사는 가린다고 되는 것도 아니고, 살아 있는 산증인들의 증언으로 살아 있는 것입니다. 일본 정부는 일본군 위안부 피해자 문제를 조속히 합당하게 해결하기를 바랍니다."(박근혜 대통령, 〈광복 70주년 및 건국 67주년 경축사〉 중에서)

이렇게 박근혜 정부 출범 이후 2년 가까이 대치하던 한·일 양국은 12월 28일 서울에서 열린 '한일 외교장관회담'에서 일본군 위안부 문제에 대한 합의가 타결되었다. 기시다 외무대신과 윤명세 외교부 장관이 공동 발표한 합의문에는 일본 정부에서 ①위안부 피해자들에 대한 아베 총리의 사죄 표명 ②한국 정부가 설립하는 위안부지원재단에 일본 정부 예산 출연, 한국 정부에서는 ①이 문제가 최종적 및 불가역적으로 해결될 것임을 확인 ②주한 일본대사관 앞의 소녀상 문제 해결에 적극 협력할 것을 약속했다. 이와 함께 양국 정부는 향후 유엔 등 국제사회에서 위안부 문제에 대해 상호 비난·비판을 자제할 것을 합의하였다.

일본군 위안부 문제에 대한 합의안 타결은 한·일 양국의 입장차가 극명하게 상반된 상황에서 이뤄낸 정치적 타협이었다. 특히 위안부 문제의 배상금을 일본 정부 예산으로 지급하고, 정부 책임을 명시한 일본 총리의 사죄까지 이끌어냈다는 점에서 상당한 성과였다. 그러나 합의문이 발표된 후 "합의문의 비공개 부분이 존재한다"는 소문

이 나돌자 한국정신대문제대책협의회를 중심으로 진보 성향의 시민
단체들이 연계한 '한·일 일본군 위안부 합의 무효와 정의로운 해결
을 위한 전국 행동'을 발족하고, 한·일 위안부 합의 무효를 위한 조
직적 행동에 나섰다.

　그런데 2022년 5월 26일 외교부가 일본 정부와의 위안부 합의 결
과를 윤미향 정대협 대표와 사전에 공유했다는 자료를 공개하면서,
당시 시민단체의 반대가 위안부 문제를 반정부 활동에 이용하려는
정치적 의도에서 비롯되었다는 논란을 낳고 있다.[27]

　이처럼 박근혜와 아베는 일본군 위안부 문제를 놓고 외교전쟁을

수요집회에서 위안부 합의 폐지를 촉구하는 윤미향 한국정신대문제대책협의회 상
임대표

벌였지만, 국내적으로는 각기 역사 교과서 문제로 심각한 갈등을 빚었다. 박근혜 정부의 교육부는 2015년 9월 〈2015 개정 교육과정〉을 고시하고, 11월에 중학교 《역사》와 고등학교 《한국사》 교과서의 발행을 검정에서 국정으로의 전환을 확정했다. 이때 박근혜 대통령은 수석비서관회의에서 올바른 역사 교육을 위한 국가의 역할을 주문했다. 2005년 1월 한나라당 대표 시절 "역사에 관한 일은 국민과 역사학자의 판단이라고 생각한다. 어떤 경우든지 역사에 관해 정권이 재단하려고 해서는 안 된다"고 말한 것과는 정반대 입장이었다.

결국 박근혜 정부는 국정 역사 교과서 편찬작업을 강행했지만 이내 강력한 반대에 부딪혔다. 2015년 10월 전국 주요 대학의 사학과 교수들이 국정 교과서 집필을 거부하였고, '역사 교과서 국정화'에 반대하는 시민·사회·교육단체 등으로 '한국사교과서국정화저지네트워크'가 결성되어 전국적인 반대 투쟁에 돌입했다. 이후 '역사 교과서 국정화 반대' 투쟁은 비슷한 시기에 발생한 '위안부 합의 철회 투쟁' '사드 배치 반대 투쟁' 등과 연계되었고, 여기에 '세월호 사건' '최순실 게이트' '문화계 블랙리스트' 등의 시국사건과 어우러지면서 박근혜 정권 퇴진운동으로 확산되었다. 결과 2017년 3월 10일 박근혜 대통령이 탄핵을 당해 퇴진하자, 2018년 8월 15일을 건국 70주년으로 기념하려던 계획도 무산되고 말았다.

---

27) "외교부, 윤미향 '위안부 합의' 면담기록 공개", 〈연합뉴스〉, 2022년 5월 26일; "윤미향, 위안부 합의 알고 있었다. …발표 전날까지 외교부가 4번 설명", 〈조선일보〉, 2022년 5월 26일.

서울 청계광장에서 열린 '역사 교과서 국정화 저지를 위한 범국민대회'(2015년 10월 31일)

대한민국 정부 수립 이후 최초의 여성 대통령이었던 박근혜에게
는 일본군 위안부 문제를 잘못 해결한 대통령이라는 꼬리표가 붙어
다닌다. 그런데 2015년 연말 박근혜 정부의 '위안부 합의'가 발표된
뒤 윤병세 외교부장관은 "지난 20년을 회고해 보면 박근혜 정부처럼
위안부 피해 할머니들에게 시간과 노력을 많이 할애한 정부가 없었
다"고 했다. 주무장관으로서의 자화자찬처럼 들리기도 하지만 이 말
은 진실이었다. 위안부 문제를 협상하면서 "이 문제가 해결 안 되면
다른 한일관계도 없다"며 배수진을 쳤기 때문에 3년 6개월 동안 한
일정상회담이 열리지 않았을 정도였다. 그런데 노무현 정부는 실제
로는 아무 일도 하지 않은 채 위안부 할머니들의 배상 권리를 만들어
줬다는 생색만 내고, 박근혜 정부는 나라 혼 팔아먹은 '굴욕 협상'을

했다고 욕만 먹은 꼴이 됐다는 안타까운 소리도 들린다.

그 당시 박근혜 대통령의 상대가 아베 총리였다. 1952년생으로 박정희 전 대통령의 장녀인 박근혜와 기시 전 총리의 외손자인 1954년생 아베, 두 사람은 흡사한 성장 과정과 역사 인식을 갖고 있었다. 보수적 이념을 내세우면서 과거의 영광 재현을 앞세우는 리더십은 닮은 꼴로서 정치이념을 압축하면 내셔널리즘에 기초한 경제 부흥이다.[28] 대일본제국의 부활을 꿈꾸던 아베의 등장은 '전쟁 가능한 일본'이라는 메시지를 일본인에게 심어 주었고, '한강의 기적'을 재현하려는 박근혜는 창조경제를 통한 '한국의 부활'을 슬로건으로 내걸었다. 그리고 두 사람의 내면에는 '고독'이라는 키워드가 공통적으로 존재한다. 어린 시절 부모의 정치 활동으로 인해 혼자 자란 아베와 아버지의 죽음으로 인해 18년 동안 은둔 생활을 한 박근혜는 '고독'을 통해 승부사의 기질을 품게 되었다.[29]

그런 두 사람이 집권 초기 오랜 시간을 일본군 위안부 문제로 전면전을 벌인 것이다. 현안이 산적한 한·일 외교로는 낙제점이었다. 게다가 국내에서 역사 교과서 문제로 야당과 시민사회의 반대에 부딪혀 곤욕을 치른 것까지 닮았다. 편향된 역사 인식을 가진 두 정치지도자의 잘못된 만남이 빚은 결과였다.

한편 2014년 1월 14일자 〈뉴욕타임스〉는 자국의 역사 교과서에 대

28) 강상중·현무암, 《기시 노부스케와 박정희》, 책과함께, 2012, pp.9-14 참조.
29) 천영식, "박근혜와 아베", 〈문화일보〉, 2013년 4월 19일.

한 한국과 일본 지도자의 인식을 비판하는 사설을 실었다. '정치인과 교과서'라는 제하의 이 사설에서는 한국의 박근혜 대통령이 과거 일본 식민통치와 이후의 독재정권 시기가 역사 교과서에 반영되는 것을 꺼리고 있다고 지적하면서, 애국주의를 내세워 일본군 위안부 기술과 난징대학살 등 일본 제국주의의 전쟁범죄를 축소하려는 일본의 아베 신조 총리와 비교했다.

일본 아베 신조 총리와 한국의 박근혜 대통령은 각자 자신의 정치적 견해를 반영하는 새 고등학교용 역사 교과서를 밀어붙인다. 아베는 문부과학성에 애국주의를 고취시키는 교과서만 승인토록 지시했다. 그가 주로 우려하는 것은 제2차 세계대전 시기에 대한 것으로, 그는 부끄러운 '역사의 장(章)'으로부터 초점을 이동시키고 싶어한다. 그는 '위안부' 문제와 난징대학살을 비롯한 일본의 전시 침공들을 지워버리고 위험한 애국주의를 부추기려 한다고 말한다.

박근혜는 일본의 식민통치와 탈식민통치 이후 남한의 독재가 교과서에 반영되는 걸 우려하고 있다. 그녀는 지난해 여름 교육부에 일제 식민통치에 부역한 한국인들의 문제를 축소한 새 역사 교과서를 승인하게 밀어붙였다. 아베와 박근혜는 모두 전쟁이나 부역에 민감한 가족적 배경을 갖고 있다. 일본 패전 이후 연합국은 아베의 조부 기시 노부스케를 A급 전범으로 체포했다. 박근혜의 아버지 박정희는 식민통치기 일본군 장교였으며, 1962년부터 1979년까지 남한의 군사독재자였다. 두 나라에서 역사 교과서를 개정하려는 이런 위험한 시도

들은 역사의 교훈을 위협하고 있다.[30]

그들이 보기에는 과거사 문제를 대하는 한국과 일본 정부의 인식이 꼭 같다고 판단한 것이다.

6) 문재인의 '건국 백년'

박근혜 대통령 탄핵으로 치러진 대선에서 승리하고 2017년 5월 10일 제19대 대통령으로 취임한 문재인은 그해 광복절 경축사에서 '국민주권의 시대'를 선언하고 2019년은 대한민국 건국과 임시정부 수립 100주년, 2018년 8월 15일은 정부 수립 70주년이라고 주장했다.

"촛불혁명으로 국민주권의 시대가 열리고 첫번째 맞는 광복절입니다. 국민주권은 이 시대를 사는 우리가 처음 사용한 말이 아닙니다. 100년 전인 1917년 7월, 독립운동가 14인이 상해에서 발표한 '대동단결 선언'은 국민주권을 독립운동의 이념으로 천명했습니다. ……국민주권은 임시정부 수립을 통한 대한민국 건국의 이념이 되었고, 오늘 우리는 그 정신을 계승하고 있습니다. 2년 후 2019년은 대한민국 건국과 임시정부 수립 100주년을 맞는 해입니다. 내년 8·15는 정부 수립 70주년이기도 합니다. ……대한민국 19대 대통령 문재인 역시 김대

---

30) NYT웹사이트 http://www.nytimes.com/2014/01/14/opinion/politicians-and-textbooks.html

중·노무현만이 아니라 이승만·박정희로 이어지는 대한민국 모든 대통령의 역사 속에 있습니다."(문재인 대통령, 〈광복절 72주년 경축사〉 중에서)

여기서 '2019년은 대한민국 건국과 임시정부 수립 100주년'이라는 부분은 역대 대통령들이 광복절 경축사에서 하나같이 천명해 온 '1948년 건국'을 부정하면서 2019년에 대한민국 건국 100주년을 기념하겠다는 선언이었다. 역대 대통령의 광복절 경축사를 보면 '건국 20주년'(1968년 8·15, 박정희) '건국 30주년'(1978년 8·15, 박정희) '건국 40주년'(1988년 8·15, 노태우) '건국 50주년'(1998년 8·15, 김대중) '건국 60주년'(2008년 8·15, 이명박) 등 10년을 주기로 한 광복절 경축사에는 반드시 '대한민국 건국'이라는 용어가 등장한다. 건국을 기산하는 것은 역사를 정리하는 것이지, 이데올로기나 정치의 대상이 아니기 때문이다.

이승만 대통령 역시 1958년 8월 15일 '광복 제13주년 정부 수립 제10주년' 기념사에서 "우리 민국이 10년 전 이날에 성립되었는데, ……독립된 공화정부를 건설한 지 2년도 다 못되어서 공산 침략자들이 병력을 가지고"라는 표현을 통해서 정부 수립이 곧 건국임을 나타내고, 그해 10월 〈건국 10년 행정 화보〉라는 건국 10주년 백서를 출간했다. 한편 문재인 정부가 정치적 계승자임을 강조한 노무현 대통령도 2003년 광복절 경축사에서 1945년의 해방과 1948년의 건국을 선언했다. 그런데 역대 대통령들이 모두 1948년을 건국 시점으로 기

산함에도 불구하고, 문재인 대통령만 유독 1919년 임정 수립을 건국
이라고 주장한 것이다.

　이어 2018년 '3·1절 기념사'에서도 "새로운 국민주권의 역사가
대한민국 건국 100주년을 향해 다시 써지기 시작했다"면서 '3·1운
동으로 인한 임정 수립 100년'이 곧 '대한민국 건국 100년'임을 분명
하게 강조했다. 문재인의 이러한 역사 인식은 남북관계에도 영향을
미쳤다. 2018년 4월 27일 판문점 남북정상회담 때 '도보다리 대화'에
서 김정은에게 2019년에 3·1운동 100주년 기념행사를 남북 공동으
로 갖자고 제안해서 동의를 얻었다고 한다. 이후 '9·19 평양 공동선
언'에서 100주년 기념행사를 남북이 공동으로 개최하며, 이를 위한

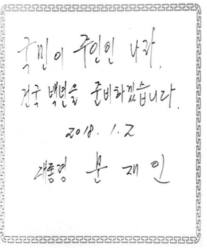

국립 서울현충원을 방문한 문재인 대통령이 방명록에 '건국 백년'을 준비하겠다고 적
었다.

실무적인 방안을 협의하기로 문서로 합의했다. 그러나 이 사건을 기점으로 중대한 변화가 생겼다. 문재인 대통령의 재임기간 동안 공식석상에서 '건국'이라는 용어가 사라져 버린 것이다.

그 이유가 무엇일까? 정확한 내용은 알 수가 없지만 추측하기는 어렵지 않다. 아마 문재인과 청와대의 참모들이 근·현대사를 바라보는 남북의 역사 인식이 다르다는 사실을 간과하고 건국 100주년을 언급했다가 북한측의 거부감을 인지하면서 건국이라는 용어 사용을 기피한 것이 아닌가 짐작된다. 1948년 9월 9일을 조선인민민주주의공화국 창건일로 지키는 북한은 임시정부의 법통을 부정하기 때문에 '임시정부 수립'이라는 용어도 생략하고, 3·1운동 100주년 남북공동사업만 거론되었을 가능성이다. 이것은 7월 3일 '문화역 서울 284'(구 서울역사)에서 열린 '3·1운동 및 임시정부 수립 100주년 기념사업추진위원회' 출범식에서 "4월 27일 저와 김정은 북한 국무위원장은 3·1운동 100주년 남북공동기념사업 추진을 논의하고 판문점 선언에 그 취지를 담았다"고 말한 데서도 확인할 수 있다. 국내 발표와 달리 남북공동사업에는 '임시정부'가 빠진 것이다.

'대통령 직속 3·1운동 및 대한민국임시정부수립100주년기념사업추진위원회'(위원장 한완상)의 남북공동사업은 아무 성과 없이 끝나고, 2019년 4월 11일 대한민국 임시정부 수립 100주년을 기념한 것으로 일단락되었다. 기미독립선언서에 서명한 민족대표 33인을 반인민적인 부르주아 사대주의자로 규정하고, 3·1운동을 마르크스레닌주의의 계급 투쟁에 입각해서 김일성 아버지 김형직이 평양에서 주

'문화역 서울 284'에서 열린 '3·1운동 및 대한민국 임시정부 수립 100주년' 기념사업 추진위원회 출범식

도한 인민봉기라고 주장하는 북한이 남한과 공동으로 3·1운동 100주년을 기념하기는 결코 쉬운 일이 아니었을 것이다.[31] 실제로 〈남북정상회담 합의문〉에는 "6·15를 비롯하여 남과 북에 다같이 의의가 있는 날들을 계기로 당국과 국회·정당·지방자치단체·민간단체 등 각계각층이 참가하는 민족공동행사를 적극 추진한다"는 내용이 담겨 있을 뿐이지, 3·1운동이나 임시정부 수립 같은 특정한 역사적 용어는 수록되지 않았다.

---

31) 박용옥, 〈3·1운동에 관한 남북한의 역사 인식 비교〉, 《한국민족운동사연구》 제20집(1998년 12월) pp.59-65.

남북 공동 기념행사가 성사되지 못하고 남한 단독으로 거행된 3·1운동 100주년 기념식에서 문재인 대통령은 이전의 '임시정부 수립이 건국'이라는 표현 대신 '민주공화국의 뿌리인 임시정부'라는 새로운 역사 인식을 나타냈다. 이 말은 "상해 임시정부의 법통을 계승한다"는 헌법 전문과 동일한 의미로 '임시정부 수립이 건국'이라던 이전의 말과는 전혀 다른 의미이다.

"우리는 함께 독립을 열망했고 국민주권을 꿈꿨습니다. 3·1독립운동의 함성을 가슴에 간직한 사람들은 자신과 같은 평범한 사람들이 독립운동의 주체이며, 나라의 주인이라는 사실을 인식하기 시작했습니다. 그것이 더 많은 사람의 참여를 불러일으켰고, 매일같이 만세를 부를 수 있는 힘이 되었습니다. 그 첫 열매가 민주공화국의 뿌리인 대한민국 임시정부입니다. 대한민국 임시정부는 임시정부 헌장 제1조에 3·1독립운동의 뜻을 담아 '민주공화제'를 새겼습니다. 세계 역사상 헌법에 민주공화국을 명시한 첫 사례였습니다."(문재인 대통령, 〈제100주년 3·1절 기념사〉 중에서)

이어 2019년 광복절 경축사에서도 "임시정부가 '대한민국'이라는 국호와 함께 '민주공화국'을 선포한 지 100년이 되었다"고 언급하면서 '건국'이라는 용어 사용을 애써 회피했다. '선포'와 '건국'은 전혀 다른 의미이기 때문이다. 그런데 문재인 정부의 '건국 100년'과 관련하여 의미 있는 움직임이 나타났다. '임시정부 수립 100주년'을 마친 다음날 역사문제연구소와 역사학연구소·한국역사연구회가 공동으로 〈국가 정통론의 동원과 '역사전쟁'의 함정〉이라는 제목의 학술회의를 개최한 것이다. 이들이 발표한 〈학술회의 취지문〉에는 그 이유가 잘 나타나 있다.

"한국의 근현대사는 어쩌면 '국가주의의 승리의 역사'이기도 했다. ……안타깝게도 우리는 이러한 방식의 역사 만들기가 한국사 교과서 국정화를 강행했던 과거 정권에 국한된 문제인지 커다란 의구심을 갖고 있다. 특히 우리는 임시정부 수립 100주년을 기점으로 '건국 백년'이 운위되는 것에 대해 큰 문제의식을 느낀다. 이는 학계를 포함해 공론장의 충분한 논의에 기반한 것이 아니라 정치적 선택의 결과인 것이 분명하다. 또한 현재 대한민국 역사박물관이 추진하고 있는 전시 내용 역시 '건국 백년'이라는 구도에 맞춰져 있다면 더 큰 문제이지 않을 수 없다."[32]

문재인 대통령의 '건국 100년'이 정치적 선택의 결과였다는 역사학계의 뼈아픈 지적이자, 그러한 의도를 인지하고도 휩쓸린 데 대한 역사학자들의 자기 성찰이었다. 이들 단체는 모두 2008년 '건국절 철회를 촉구하는 역사학계의 성명서'에 동참했다는 점에서 더욱 주

---

32) 역사문제연구소·역사학연구소·한국역사연구회, 〈국가 정통론의 동원과 '역사전쟁'의 함정〉, 〈학술회의 취지문〉(2019년 4월 12일), p.3.

목할 만하다.

지금 와서 돌이켜보면, 문재인의 '건국 100년'은 단순한 해프닝이 아니었다. 그의 주장에는 건국 논쟁을 일단락하려는 정치적인 의도가 담겨 있었다.[33] 1949년 8월 15일에 제1주년 독립기념일(이후 광복절로 개칭)을 지킨 후 역대 대통령이 하나같이 1948년을 기준으로 건국의 역사를 계산하던 관행을 깨뜨리고, 1919년 건국설을 확정하려다가 실패한 '역사 쿠데타'였다.

그런 점에서 문재인의 '건국 100년'을 바라보는 시선은 다양하다. 그는 대통령 후보 시절인 2017년에 펴낸 《대한민국이 묻는다》에서 우리 정치의 주류세력 교체를 주장하였다.

이덕일이라는 역사학자가 《노론의 나라》라는 역사책을 썼지요. 조선시대 때 세도정치로 나라를 망친 노론세력이 일제 때 친일세력이 되고, 해방 후에는 반공이라는 탈을 쓰고 독재세력이 되고, 그렇게 한번도 제대로 된 청산을 하지 않았기 때문에 그들은 여전히 기득권으로 남아 있다는 내용입니다. 그들 스스로 보수라고 자처하지만 기본적으로 '노블레스 오블리주'가 없는 사람들입니다. 서양의 귀족들은 전쟁에

---

33) 임병도, "건국 백년 강조하는 문재인 대통령, 왜?", 〈오마이뉴스〉, 2018년 1월 3일; 문재인 대통령의 '건국 백년'은 그동안 정치 공세로 이용됐던 건국절 이념 논쟁을 완전히 끝낸다는 의미를 내포하고 있었다. 건국 100주년 행사를 치르게 되면 대한민국 정부가 공식적으로 '건국 백년'을 선포하게 되고, 각종 문서와 자료 등을 통해 역사적 기록으로 남길 수 있다는 판단이었다.

먼저 출정해 희생을 치렀는데, 우리는 오히려 특권층이 세금도 제대로 안 내고 병역도 피하고, 국가에 대한 기본 의무조차 다하지 않고 특권만 누리는 반칙이 계속 이어지고 있는 겁니다.[34]

그런데 여기서 이상한 점이 발견된다. 국립중앙도서관이나 국회도서관에서 검색해도 이덕일이 쓴 《노론의 나라》라는 책 자체가 없다. 계속하여 검색하면 《송시열과 그들의 나라》라는 책이 등장한다. 아마도 노론의 영수였던 송시열(1607-1689)을 다룬 이 책의 이름을 잘못 기억한 듯하다. 문제는 '한 인간을 둘러싼 300년 신화의 가면벗기기'란 부제를 달고 "조선이 배출한 최고의 성인인가? 시대를 망친 편협한 정치꾼인가?"라는 질문을 던지고 있는 이 책의 내용을 아무리 살펴봐도, 조선시대 정치 이야기만 등장할 뿐 '친일'이나 '반공'이란 말은 토씨 하나 언급되지 않는다. 유력한 대통령 후보자가 유명 출판사를 통해 펴낸 책의 내용이 완전히 역사를 날조한 허무맹랑한 얘기라는 사실에 아연실색하지 않을 수가 없다. 안타까운 마음에 상상의 나래를 펴고 정치인 문재인이 주장하는 '정치의 주류세력 교체'와 '송시열의 나라'의 연관성을 찾아보았다. 저자가 이 책에서 주장하는 역사적인 교훈은 극단적인 이념이 지배하는 나라에는 민생과 국민이 끼어들 자리가 없다는 것이다. 이 점에 주목한 문재인은 책의 내용을 작위적으로 해석하여 노론과 친일·반공·보수세력을 동일시하는 정

---

34) 문재인, 《대한민국이 묻는다》, 21세기북스, 2017, p.231.

치적 메시지를 던진 것이다. 한마디로 전형적인 프로파간다(propaganda)이다.

이 같은 문재인의 '주류세력 교체' 주장을 구체적으로 시도하려던 것이 '3·1운동 및 대한민국 임시정부 수립 100주년 기념사업'이다. 한완상 공동위원장은 언론과의 인터뷰에서 "분단 고착과 남북 갈등으로 정치적 이득을 보아왔던 대한민국 주류세력의 구조를 3·1운동 정신으로 바꾸는 역할을 감당하겠다. 단순히 100주년 프로그램을 준비하는 데 그치는 것이 아니라, 대한민국의 근본적 정체성을 확립하게 될 것이다"라고 밝혔다.[35] 이처럼 문재인 정부의 '건국 100년'은 단순한 국가 기념행사가 아니라, 역사전쟁을 마무리하기 위한 정치적 수단이었다. 보수세력이 분단 고착으로 정치적 이득을 보았다는 주장은 전형적인 운동권의 좌파 이론이다. 문재인이 의도한 최종 목표는 '3·1운동 100주년 기념사'에 언급한 것처럼 한반도에 새로운 평화질서인 '신한반도 체제'를 구축하여 돌이킬 수 없는 평화를 만드는 것이었다.[36]

문재인 정부의 역사전쟁은 '건국 100주년 사업'에 국한되지 않았다. 2018년 1월 10일 문재인 대통령은 신년 기자회견에서 '생활 속

---

35) "한완상. 친일에 기반한 대한민국 주류, 3·1정신으로 바꾸겠다",〈중앙일보〉, 2018년 7월 5일: 위의 주장에 비추어, 김영삼의 역사바로세우기로부터 문재인의 '건국 100년'까지 30년 가까이 펼쳐진 역사전쟁의 기획자는 한완상 교수인 것처럼 보인다. 그는 김대중 정부 교육부총리와 노무현 정부 대한적십자사 총재까지 역대 정권마다 중책을 맡고 배후에서 영향을 미친 것으로 여겨진다.
36) 남시욱,《한국 보수세력 연구》, 청미디어, 2020, pp.640-641.

의 적폐청산 의지'를 피력했다. 그리고 5월 13일 조국 청와대 민정수석은 새 정부 국정과제 1호인 적폐청산 1년에 대해서 "적폐청산과 부패척결이라는 시대적 과제의 주무부서인 민정수석실은 법과 원칙에 따라 그 과제를 추진해 왔다. 많은 성과가 있었지만 여전히 갈 길이 멀다"고 보고하면서, 방향성을 '권력형 적폐' 청산을 넘어 민생 영역의 '생활 적폐' 청산으로 전환할 방침을 밝혔다. 곧이어 생활 적폐 청산은 교육현장에서 친일잔재 청산으로 나타났다.

2019년이 시작되자 3·1운동 100주년을 맞아 전국 교육계가 일제 잔재청산에 팔을 걷어붙였다. 교과서에서 《친일인명사전》에 수록된 '친일파 작곡가' 9인(김동진·김성태·김재훈·안익태·이종태·이흥렬·조

경남도교육청이 정원에 있던 가이스카 향나무를 뽑아내고 있다.(2019년 2월 16일) ⓒ 연합뉴스

두남·현제명·홍난파)의 노래를 빼고, 이들이 작곡한 교가도 바꾸도록 독려하였는데, 그 대상이 전국적으로 214개교였다. 광주시교육청의 경우 교가는 물론이고 교과서 속의 친일 작품, 행정 용어 등 무형의 친일문화까지 조사를 시작했다. 경남도교육청은 교육청 정원에 있는 일본 가이스카 향나무를 뽑아내고, 그 자리에 고유종인 소나무를 심었다. 이런 일이 전국의 교육현장에서 경쟁적으로 일어났다. 21세기 초일류 국가를 지향하는 세계 속의 대한민국에서 가이스카 향나무를 찾아 뽑아내는 기가 막히는 상황이 펼쳐진 것이다.

이 적폐청산의 정점에는 안익태의 〈애국가〉가 자리한다. 2019년 1월 15일 안익태를 가리켜 '친일을 넘은 친나치'로 비난한 이혜영의 《안익태 케이스》가 출판되자 주요 언론들이 일제히 그 내용을 보도하였고, EBS TV에서는 사전에 준비된 3부작 다큐멘터리를 방영했다. 우연이라고 보기에는 다분히 정치적이고 기획된 보도였다. 그 다음 순서는 〈애국가〉 바꾸기였다. 불과 1개월도 지나지 않은 가운데 40여 개의 신문 논설과 방송 해설에서 〈애국가〉 바꾸기를 주장하였다.

안익태의 〈애국가〉가 대한민국 국가로 제정된 데는 전적으로 김구 선생의 역할 덕분이었다. 1940년 12월 20일 임정 국무회의는 '올드랭사인 곡조의 애국가'를 '안익태 곡의 애국가'로 바꾸기로 의결하고, 1941년 2월 1일 '대한민국 임시정부 공보 제69호'로 고시하여 임시정부와 광복군에 보급했다. 이어 환국을 열흘 앞둔 1945년 11월 12일 중국 충칭에서 《한국 애국가》를 소책자로 발행하였다. 귀국한 후에 〈애국가〉 보급운동을 펼치기 위한 사전 준비였다. 이것은 8월 15

백범 김구가 만든《한국 애국가》소책자

일 일본의 패망 직후부터 환국 준비에 착수하면서 9월경에 기획된 것
으로 보이는데, 김구의 측근들이 독립된 조국을 이끌어 갈 임시정부
의 존재감을 과시하고 지도자 김구를 부각시키려는 의도에서였다.[37]

　1945년 11월 23일 마침내 꿈에 그리던 환국길에 오른 김구 일행
은 비행기에서 한반도 해안이 내려다보이자 눈물을 흘리며 〈애국가〉
를 불렀다. 김구의 비서로 비행기에 동승한 장준하는 당시 상황을 이

---

37) 박원호, 〈1945년 중경 임시정부 발행 '한국 애국가'의 현대적 의의〉, 《한국독립
운동사연구》 54, 한국독립운동사연구소, 2016, p.64.

렇게 묘사했다.

"누군가 조선 해안이 보인다고 소리쳤다. 누구의 지휘도 없이 애국
가가 울려나와 합창으로 엄숙하게 흘러나왔다. 애국가는 우리들의 심
장에 경련을 일으키면서 조국을 주먹에 움켜잡은 듯이 떨게 했다. 애
국가는 끝까지 부르지 못하고 울음으로 끝을 흐렸다. 울음 섞인 합창,
그것이 그때의 나의 가슴속에 새겨진 애국가다. 기체 안의 노 투사(김
구)는 마치 어린아이처럼 자신을 달래지도 못했다. 어느 누가 이 애국
가를 울지 않고 부를 수 있을 것인가? 그의 두꺼운 안경알도 뽀얀 김
이 서리고 그 밑으로 두 줄기 눈물이 주르르 번져 흘렀다."[38]

이때부터 해방 공간에는 몽양 여운형이 주도하는 조선인민공화국
(이하 '인공')의 〈해방의 노래〉와 백범 김구가 주도한 대한민국의 〈애
국가〉가 맞서 싸우는 형국이 조성되었다. 임시정부는 귀국 직후 '조
선'을 내세워 법통성을 부인하는 '인공'을 우선 견제하기 위하여 '대
한민국'을 국호로, '태극기'를 국기로, 〈애국가〉를 국가로 사용할 것
을 발표했다. 이에 비해 '인공'은 국호를 조선인민공화국, 국기를 인
공기, 국가를 〈해방의 노래〉로 주장하면서 대립하였다. 이때 조선음
악가동맹 회원들은 안익태의 〈애국가〉를 봉건적·종교적 잔재(적폐)
로 주장하면서 폐기시키려다가 실패한 후에 월북하였다.[39]

---

38) 장준하, 《돌베개》, 사상사, 1971, pp.336-337.

그로부터 74년이 지난 2019년 서울에서는 그때 상황이 반복되었다. 7월 19일 몽양 여운형의 후예들이 모여 몽양 72주기 추모제에서 안익태의 〈애국가〉 부르기를 거부하였고, 곧이어 8월 8일 국회의원 회관에서는 안민석 문화관광체육위원장 주최로 '애국가를 바꾸자'는 공청회가 열렸다. 이미 안익태가 '친나치'라는 왜곡에 대한 엄중한 지적과 "1942년 9월 18일 만주축전국 공연도 친일이 아니라 극일이라는 시각에서 재조명해야 한다"는 주장이 제기된 마당에[40] 공청회는 찬반 의견 청취를 기본으로 하는 취지와는 달리 반대측은 초청조차 하지 않았다. 〈애국가〉를 바꾸자는 선전만 반복하고 검증과 토론이 없는 전형적인 프로파간다였다.

이 무렵 세간에 화제가 된 것은 단연 조국 청와대 민정수석의 〈죽창가〉 사건이다. 7월 14일 조국은 페이스북에 동학농민혁명을 소재로 한 〈죽창가〉를 소개했다. 이것은 이틀 전에 조국이 '아베 정권의 졸렬함과 야비함'과 '실질적 극일'을 언급한 언론 칼럼을 페이스북에 올린 것과 연관지어 동학운동 당시의 반일 항쟁을 현재 양국 갈등 상황에 빗댔다는 관측이 일면서 반일 투쟁의 불을 지피는 계기가 되었다. 곧이어 2019년 8월 2일 일본이 각의에서 수출심사우대국 명단에서 한국을 제외하자, 문 대통령은 긴급 국무회의를 열고 "우리는 다시는 일본에 지지 않을 것이다. ……일본을 뛰어넘겠다"고 선언했다. 이때부터

---

39) 김형석, 《안익태의 극일 스토리》, 교음사, 2019, pp.213~217.
40) '안익태의 극일 스토리', 〈뉴시스〉, 2019년 8월 7일; "안익태는 일본 뛰어넘은 '극일 인물' ……친나치 의혹은 근거 없는 허위", 〈국민일보〉, 2019년 8월 9일 .

문재인 정부는 항일전쟁에, 여권과 시민사회는 친일잔재 청산에 몰입하였다.

그러나 〈애국가〉 폐기는 국민들의 압도적인 반대 여론에 부딪혔다. [41] 일본과의 무역전쟁으로 경제 위기가 닥쳐오고 북한의 핵 위협으로 안보 위기까지 우려되는데, 친일잔재 청산을 명분으로 국가 상징인 〈애국가〉를 폐기하려는 정치행위에 국민들이 강한 거부감을 느

제75주년 광복절에 '대한민국' 대신 '우리나라' 광복절을 축하하는 김원웅 광복회장

---

41) 안익태 '친일·친나치' 논란에 애국가 교체? ……"국민 59% 반대", 〈뉴시스〉, 2019년 1월 21일; "여론조사업체 리얼미터는 18일 CBS 의뢰로 전국 19세 이상 성인 502명에게 애국가 교체에 대한 국민여론을 조사한 결과 반대가 58.8%, 찬성 24.4%, 무응답 16.8%로 집계됐다"고 21일 밝혔다.

겪기 때문이다. 2020년 7월 10일 6·25전쟁 영웅 백선엽 장군이 사망하자 그를 둘러싼 '친일 공방'으로 인해 역사전쟁은 정점으로 치달았다. 게다가 광복절마다 계속되는 광복회장 김원웅의 무차별적인 친일 정쟁은 국민들의 공분을 사기에 이르렀다.

문재인 정부의 역사전쟁은 '건국 100년'과 '친일잔재 청산'만이 아니다. 대통령 취임 3일 만에 행정명령 2호로 '국정 교과서 폐기' 지시를 내려 국정 교과서 폐기 작업에 들어갔고, 5월 31일자 관보 게시를 통해 공식 폐기됐다.[42] 그리고 취임초부터 적폐청산을 명분으로 부처, 기관별과거사위원회를 구성하고 진상규명 작업을 벌인 후 후속 조치로 2019년 12월 '5·18민주화운동 진상조사규명위원회'를 시작으로, 2020년 12월 10일 제2기 '진실·화해를 위한 과거사정리위원회'를 다시 출범시켰다. 이어 제주 4·3사건·여수순천사건 등 현대사의 쟁점 사건에 대한 과거사 진상규명 작업에 돌입했다. 모두 다 현재 활동이 진행중인 사안이어서 구체적인 내용을 알 수는 없지만, 기존의 현대사를 부정하는 작업임에는 틀림없다.

앞으로 특별법에 의한 특별위원회들의 활동이 종료되고 결과 보고서가 공개되면 우리 사회는 다시 한 번 큰 충격에 휩쓸릴 것이다. 역사학자들의 연구에 의해서가 아니라, 특정한 목적을 가진 정부기관의 조사 결과에 따라 현대사의 중요 사건들이 중구난방으로 정리되고 정당화될 것은 뻔한 사실이기 때문이다. 이 때문에 우리 국민들에

---

42) 교육부고시 제2017-123호(중·고등학교 교과용도서 구분 재수정).

게 올바른 역사를 알리려면 지난 2007년 이후 국회 특별법에 의해서 새롭게 정리된 역사적 사실에 대한 재평가가 필수적이다. 무엇보다 국민 통합이 시대정신으로 부각되는 시점에 윤석열 정부가 감당해야 할 역사적 과제임에 틀림이 없다.

7) 윤석열의 역사 인식과 국민 통합

2022년 5월 10일 제20대 대통령에 취임한 윤석열은 대통령 취임사와 5·18기념사를 제외하면 아직까지 국경일 행사에서 기념사를 발표한 적도, 개인의 저서도 없어서 그의 역사 인식은 미지의 상태이다. 따라서 그가 선거운동 기간중에 보여준 언행을 통해 막연하게나마 추측할 수밖에 없다. 그 첫번째 단초는 지난해 6월 29일 '매헌 윤봉길 의사 기념관'에서 기자회견을 열고, 대통령 후보로 나서게 된 입장을 밝힌 것이다. 사실상 윤석열의 '출마의 변'이었다.

"자유민주주의와 법치, 시대와 세대를 관통하는 공정의 가치를 기필코 다시 세우겠습니다. ……공직에서 물러난 후 많은 분을 만났습니다. 한결같이 나라의 앞날을 먼저 걱정했습니다. 도대체 나라가 이래도 되는 거냐고 하셨습니다. 윤석열은 그분들과 함께하겠습니다. 산업화와 민주화로 지금의 대한민국을 만든 위대한 국민, 그 국민의 상식으로부터 출발하겠습니다."

'매헌 윤봉길 의사 기념관'에서 대선 출마를 선언하는 윤석열 전 검찰총장(2021년 6월 29일)

    그가 출마의 변을 밝히면서 "산업화와 민주화로 지금의 대한민국을 만든 위대한 국민"이라는 대목에서 '한강의 기적'을 일군 대한민국의 자랑스러운 역사에 대한 자부심을 확인할 수 있다. 그리고 그런 대한민국을 다시 만들기 위해서 '공정과 상식'을 기치로 내건 그의 역사 인식이 나타난다.

    이틀 뒤 윤석열은 이재명 경기도지사와 '해방 후 한반도에 주둔한 미군이 점령군이었는가?' 하는 문제를 놓고 역사 논쟁을 벌였다. 그 사건의 전말은 이러하다. 2021년 7월 1일 제20대 대통령 후보로 출마를 선언한 이재명 지사는 그날 오후 자신의 고향인 경북 안동을 방문했다. 이때 안동시 도산면에 있는 이육사문학관을 들르는 자리에서 "대한민국이 다른 나라의 정부 수립 단계와 달라 친일청산을 못하고, 친일세력이 '미 점령군'과 합작해서 지배체제를 그대로 유지하지 않았느냐. (이와 같이) 깨끗하게 나라가 출발하지 못해서 이육사 시인 같은 경우도 독립운동하다가 옥사하셨다"고 발언했다.

이육사 시인의 죽음과는 아무 관련도 없는 미국을 끌어다가 책임론을 제기한 것도 엉뚱했지만, '미 점령군'이란 표현이 보도되자 이재명 지사의 발언을 두고 야권의 대선 후보들은 물론 여권에서 경쟁을 펼치는 후보들까지 논쟁에 참여하면서 때아닌 역사전쟁이 일어났다. 그 중에 가장 주목을 끈 논쟁이 윤석열의 이재명 비판과 이에 대한 이재명의 반박이었다.

대선 출마를 선언한 후 이육사문학관을 방문한 이재명 경기지사 (2021년 7월 1일)

윤석열은 이재명이 미군을 점령군이라고 표현한 발언에 대해서 "저를 포함해 국민들께서 큰 충격을 받고 있다. '미군은 점령군, 소련군은 해방군'이라는 황당무계한 망언을 집권세력의 차기 유력 후보인 이 지사도 이어받았다. 온 국민의 귀를 의심하게 하는 주장"이라고 공격했다. 이날 오전에 김원웅 광복회장이 "미군은 점령군이고, 소련군은 해방군"이라고 발언한 데 이어서 보도된 이재명의 '점령군' 발언을 듣고 그 연장선상에서 함께 비판한 것이다.

이렇게 자신의 발언이 논란이 되자 이재명은 3일 보도자료를 통해 "승전국인 미국은 일제를 무장해제하고, 그 지배 영역을 군사적으로 통제했으므로 '점령'이 맞는 표현"이라고 주장했다. 이후 미 점령군 표현을 두고 이재명의 발언을 지지하는 광복회 성명이 발표되었으며, 논란은 정치권은 물론 언론과 역사학계로 확산되었다. 그러자 이재명은 윤석열에게 보내는 페이스북 메시지를 통해 "38선 이북에 진주한 소련군과 이남에 진주한 미군은 모두 점령군이 맞습니다. 저는 북한에 진주한 소련군이 해방군이라고 말한 적이 없습니다"는 해명성 발언으로 김원웅 발언과 차별화를 시도했다. 윤석열의 돌직구와 그로 인한 여론 악화에 부담을 느낀 이재명이 입장을 번복한 셈이었다.

이후 두 후보의 역사논쟁은 소강상태로 접어들었으나, 올해 3월 25일 열린 2차 TV 토론에서 한·미·일 군사동맹에 관한 심상정 후보의 질문에 윤석열 후보가 "한·미·일 미사일 협력이 강화될 필요가 있다. 그러나 일본과의 사이에 군사동맹까지 가야 할 상황은 아니다"라고 답변한 것을 두고, 다음날 이재명 후보가 "곧 3·1절인데 일본

제20대 대통령 선거에서 맞선 이재명 후보(좌) 대 윤석열 후보(우)

군 한반도 진출 허용할 수 있다고 말했다. 저는 유관순 선생에게 미안해서라도 그런 말 못할 것 같다"고 비판하면서 재연되었다. 이에 윤석열은 "진의를 왜곡해서 친일 프레임을 씌우고 있다. 이 후보는 '아무리 비싼 평화도 이긴 전쟁보다는 낫다'고 주장하는데, 이는 매국노 이완용이 '아무리 나쁜 평화도 전쟁보다 낫다, 이게 다 조선의 평화를 위한 것'이라며 식민지배를 정당화한 발언과 다름없다"고 몰아세웠다.

이 같은 두 번의 논쟁을 통해서 윤석열의 역사 인식은 자유민주주의와 시장경에 기초한 전통적 역사관에 충실한 것임을 알 수가 있다. 그리고 그가 이재명의 급진적인 역사관을 강력하게 비판한 것은 '나라를 바로세우기' 위해서 출마한다는 대의명분에 부합되는 주장이었다. 마치 김영삼 전 대통령이 군사독재 정치와의 단절을 강조하며 '역사바로세우기'를 내세웠던 것처럼, 윤석열은 문재인—이재명으로 이어지는 급진적인 정치행태를 비판하면서 '나라 같은 나라를 세우겠다'고 선언한 것이다.

대통령 선거를 마친 윤석열 당선인은 대통령 집무실의 용산 이전을 발표했다. 권위주의시대를 종식시키려는 강력한 의지의 표현이었다. 김영삼 대통령이 '역사바로세우기'를 내세우며 조선총독부 청사를 폭파하고 청와대 안가를 철거하면서 경복궁 복원사업을 추진한 이후, 제왕적 권력의 상징이던 청와대 공간은 점차적으로 개방이 확대되었다.[43] 이 때문에 '광화문 광장의 역사'는 '국민주권의 확대'라는 측면에서 민주주의의 발전사와 궤를 같이한다. 윤석열 정부의 청와대 개방과 대통령 집무실 이전이 갖는 역사적 의미다.[44]

윤석열 대통령에게는 많은 과제가 놓여 있다. 그 중에서 가장 급선무는 국민 통합이다. 이번 대선은 역대 대통령 선거에서 가장 치열했던 0.73% 차이의 득표율을 통해 대한민국이 완전히 양분되었음을

---

43) 청와대 일대는 1968년 1·21사태 이후 일반인이 범접할 수 없는 곳이었다. 그러다가 1988년 노태우 정부 때 청와대 앞길의 도보를 허용하고 경내 단체 관람도 일부 시행했다. 1993년 김영삼 대통령은 '박정희 대통령 시해 사건'의 현장인 궁정동 안가를 철거하고 '무궁화동산'을 조성하였으며, 김대중 정부 때는 청와대 경내 관람을 허용했다. 노무현 정부 때는 북악산 성곽로가 개방되었지만, 이명박 정부 때는 폐쇄되었다가, 문재인 정부가 들어서자 2017년 6월부터 청와대 앞길을 전면 개방하였다.

44) 필자는 이 책을 마무리하는 순간에 청와대 개방에 관한 뒷얘기를 담은 기사를 읽었다. "윤 대통령은 '거대 권력을 감싸쥔 대통령은 안하겠다'고 하더라. 대통령을 '장관보다 한 단계 높은 고위공무원'으로 생각하고 있다"는 윤한홍 의원(인수위원회 청와대 개방 TF 책임자)의 증언을 접할 수 있었다. -"국방부에 텐트 칠 뻔…… 이제 정말 '국민의 청와대'입니다", 〈조선일보〉, 2022년 5월 22일.

보여주었다.

그런 점에서 윤석열 당선인이 후보 시절 천안함 함장과 유족을 만나서 "천안함은 북한 폭침이 확실하다"는 입장을 밝히면서도 다른 한편으로는 광주 5·18국립묘지와 제주 4·3평화공원을 찾아 희생자 가족을 위로하는 행보를 보인 것은 바람직한 행동이었다. 이어 4월 3일 대통령 당선인 신분으로 제주 4·3평화공원에서 열린 '4·3희생자 추념식'에 참석해서 분향한 후 "4·3의 아픔을 치유하고 상흔을 돌보는 것은 4·3을 기억하는 바로 우리들의 책임이며 화해와 상생, 그리고 미래로 나아가기 위한 대한민국의 몫"이라고 밝혔다.

곧이어 5월 18일 윤석열 대통령은 국무위원과 여당 국회의원들을

윤석열 당선인이 제주 4·3평화공원에서 열린 '제74회 4·3희생자 추념식'에서 분향하고 있다.(2022년 4월 3일)

대동하고 5·18기념식장을 찾았다. 취임사의 논란을 묻고 통합의 행보에 나선 것이다. 그리고 기념사에서 "오월 정신은 보편적 가치의 회복이고, 자유민주주의 헌법 정신 그 자체"라면서 '자유'를 12차례나 외치며 '통합'에 방점을 찍었다.

우리는 42년 전, 자유민주주의와 인권의 가치를 피로써 지켜낸 '오월의 항거'를 기억하고 있습니다. 그날의 아픔을 정면으로 마주하면서 우리는 이 땅에 자유민주주의를 발전시켜 왔습니다. '오월정신'은 보편적 가치의 회복이고 자유민주주의 헌법정신 그 자체입니다. ……이를 책임 있게 계승해 나가는 것이야말로 우리의 후손과 나라의 번영을 위한 출발입니다. '오월정신'이 담고 있는 자유민주주의와 인권의 가치가 세계 속으로 널리 퍼져 나가게 해야 합니다.(윤석열 대통령, 〈제42주년 5·18민주화운동 기념사〉 중에서)

보수정당 출신 대통령의 파격적인 연설에 광주 시민은 물론 언론도 대체적으로 환영의 뜻을 나타냈다. 그러나 한편에서는 윤석열 대통령의 행보에 우려를 나타내는 성명서도 발표되었다. 육사총구국동지회는 성명서를 발표하고, 5·18 당시 희생당한 군경에 대한 관심과 형평성 있는 조치를 촉구하였다.

5·18 관련 윤석열 정부에 바란다. 윤석열 대통령이 5·18 추모행사에 참석한다면, 군의 통수권자로서 국가의 명을 받고 출동하여 유명을

달리한 27인의 경찰과 군인이 잠든 '현충원 28묘역'부터 참배할 것을 주문했다. 윤 대통령이 기념식 연설을 통해 헌법 전문에 '5·18정신 헌법전문' 수록을 주장한다면, 방송국을 불태우고 무기고를 털어 교도소를 공격하고 국군에 항적한 시민군은 헌법정신으로 승격되고 국가의 명령을 받고 폭동을 진압한 계엄군은 반역자로 추락한다. ……윤석열 대통령이 갈등이 첨예한 상태에서 광주와 시민군을 편드는 행위는 지역과 이념 갈등을 부추겨 제2의 내전을 초래할 뿐이다.

이렇게 현대사의 사건은 관련자들의 입장이 첨예하게 대립한다. 더욱이 역사를 정리하는 것은 기념행사에 참석하고 희생자를 위로하는 것처럼 단순한 문제가 아니다. 5·18의 경우도 지금은 5·18광주민주화운동으로 공식화되었지만, 그동안 '광주사태' '광주민중운동' '광주민주화운동' 등의 다양한 이름을 놓고 논쟁을 벌여 왔다. 제주 4·3 사건과 여순사건에 관한 특별법도 사건이 발생한 원인에 대한 성찰은 외면한 채, 단순히 국가의 공권력에 의해 희생된 민간의 아픔을 치유하려는 정치적 목적에서 출발하였다. 이런 경우에는 민간인은 희생자이고, 군경은 양민을 학살한 가해자라는 전제에서 출발하기 때문에, 결과는 선과 악을 이분법적으로 구별하는 역사 인식으로 나타날 수밖에 없다. 이렇게 국가의 공권력이 악마화로 인식되면, 그 다음은 국가에 대한 부정으로 나타난다. 오늘날 젊은이들이 대한민국은 '태어나서는 안 될 나라'(귀태)라고 인식하면서, 오늘의 대한민국을 헬-조선이라고 비판하는 현상과 무관하지가 않다.

따라서 국가의 정체성을 바로세우고 국정 방향을 제시해야 하는 대통령으로서는 역사와 인권 문제 사이에서 모순이 충돌한다. 이런 점을 감안할 때, 지금 우리 사회에 필요한 것은 국가의 정체성을 확고히 정립하는 동시에 국민의 개인적인 인권을 배려함으로써 사회 통합을 이루는 역사 인식, 즉 국민통합사관(國民統合史觀)이다.

제2부

대한민국의 건국 논쟁

1. 대한민국은 언제 건국되었나?

역대 대통령 가운데 대한민국의 정체성을 두고 가장 큰 논란을 야기한 사람은 제17대 대통령 이명박과 제19대 대통령 문재인이다. 이명박 대통령은 2008년 건국 60년 기념사업과 건국절 제정 시도로, 문재인 대통령은 2019년 건국 100주년 선포로 논란을 불러일으켰다. 두 사람의 차이점은 대한민국의 건국 시점을 '1948년 정부 수립'과 '1919년 임시정부 수립'으로 다르게 인식하는 데서부터 출발하였다. 여기에 '역사 교과서' 논쟁이 더해지면서 진보와 보수진영 간의 이념 대결이 빚어졌다. 그 갈등이 얼마나 치열했는지는 건국과 역사 교과서 문제를 두고 벌어진 논쟁을 학계와 언론에서 '역사전쟁'이라고 표현하는 데서 짐작할 수가 있다.[1]

---

1) 이 시기의 역사 논쟁을 역사전쟁이라고 표현한 책이 5권 출판되었다. 진보진영에서 한윤형, 《뉴라이트 사용 후기: 상식인을 위한 역사전쟁 관전기》(개마고원, 2009); 심용환, 《역사전쟁: 권력은 왜 역사를 장악하려 하는가?》(생각정원, 2015); 김정인, 《역사전쟁, 과거를 해석하는 싸움》(책세상, 2016) 등이, 보수진영에서 김철홍·전희경·김진, 《(교과서를 배회하는) 마르크스의 유령들: 보수 아이콘 세 지성의 '역사전쟁' 긴급 발언》(기파랑, 2015); 박석홍, 《역사전쟁: 대한민국 폄훼와 싸운 100년, 역사학은 무엇을 하였는가》(기파랑, 2021) 등이다.

1) 1948년 건국설과 '건국절 제정' 논란

대한민국 건국 시점이 1948년 8월 15일이라는 '1948년 건국설'은 정치학자인 양동안 한국학중앙연구원 교수에 의해 주도적으로 진행되었다. 1998년 정부 수립 50주년을 맞아 출간한 《대한민국 건국사》에서 처음으로 '1948년 건국설'을 주장했던 그는 '건국절 제정'을 둘러싼 역사전쟁의 거대한 폭풍이 한 차례 지나간 2016년 "건국일이 없는 대한민국은 생일도 없는 국가"라고 비판하면서 '건국 논쟁'을 재점화시켰다.

대한민국이 건국된 지 70년이 되어간다. 건국의 역사가 70년이 되는 국가에서 조국의 건국일이 언제인지 모르는 나라는 이 지구상에 대한민국말고 또 있을까? 대한민국이라는 국가는 건국 후 67년이 넘도록 건국일이 언제인지를 국민에게 정확히 가르쳐 주지 못한 한심하기 짝이 없는 국가이다.[2]

양동안의 '1948년 건국설'은 《대한민국 건국사》의 부제가 '해방 3년의 정치사'라는 데서 알 수 있듯이, 대한민국 정부 수립은 1945년 8월 15일부터 3년간에 걸친 건국사업의 완성이라는 관점에서 출발

---

2) 양동안, 《대한민국 건국일과 광복절 고찰》, 백년동안, 2016, p.11.

한다.[3] 그의 주장에 따르면, 국제사회로부터 국가로 인정을 받기 위해서는 1933년 우루과이 몬테비데오에서 체결된 '국가의 권리와 의무에 관한 협약(Convention on Rights and Duties of States)'에 규정된 국민·영토·정부·주권의 네 가지 요소를 갖추어야 하는데, 이 점에서 대한민국이 건국을 완성한 것은 정부가 수립된 1948년 8월 15일이다.

그는 역사적 맥락으로도 '1948년 건국설'이 타당하다고 주장한다. 정부는 1949년 8월 15일 '대한민국 독립 1주년' 기념식을 거행했는데 국가의 독립과 건국은 실천적 내용이 동일하기 때문에, 1949년 8

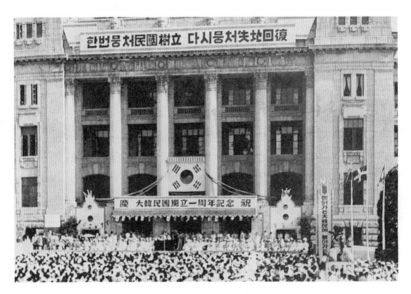

중앙청 앞에서 열린 '대한민국 독립 1주년 기념식'(1949년 8월 15일)

---

3) 양동안, 《대한민국 건국사; 해방 3년의 정치사》, 현음사, 2001, p.3.

월 15일에 대한민국 독립 1주년을 기념한 것은 1948년 건국설을 의미한다는 것이다.

'1948년 건국설'의 또 다른 주장자는 서울대학교 경제학과의 이영훈 교수이다. 이영훈은 2006년 7월 〈동아일보〉에 실은 "우리도 건국절을 만들자"는 칼럼을 통해서 "그해(2008년)부터 지난 60년간의 '광복절'을 미래지향적인 '건국절'로 바꾸자"고 제안하였다.

> "대한민국은 모든 나라에 있는 건국절이 없는 나라이다. 나에게 1945년 광복과 1948년의 제헌, 둘 중에 어느쪽이 중요한가라고 물으면 단연코 후자이다. 대한민국의 헌법은 우리 2000년의 국가 역사에서 처음으로 '국민주권'을 선포했고, 국민 모두의 '신체의 자유'를 보장하지 않는다. ……대다수의 민초에게 조선 왕조는 행복을 약속하는 문명이 아니었다. 그러니까 진정한 의미의 빛은 1948년 8월 15일의 건국 그날에 찾아왔다. 우리도 그날에 국민 모두가 춤추고 노래하는 건국절을 만들자."[4]

이 같은 그의 주장은 2008년 2월 25일 이명박 정부 출범으로 '건국 60년 기념식'을 성대하게 치르는 데는 성공했지만, 이후 건국절 제정을 둘러싼 논쟁을 불러일으켰다. 역사학계에서는 이영훈의 '일제 식민지 근대화론'에 대한 비판과 함께 건국절을 둘러싼 싸움이 본

---

4) 이영훈, "우리도 건국절을 만들자", 〈동아일보〉, 2006년 7월 31일.

격화되었다. 결국 광복회가 중심이 된 대한민국임시정부기념사업회에서 헌법재판소에 위헌 소송을 제소하는 사태로 발전하였다. 이로 인해 '건국절 제정' 시도는 사회적인 혼란만 야기한 채 용두사미로 끝나고 말았다.

그로부터 10년이 지난 2018년 대한민국건국70주년기념위원회로 재등장했다. 박근혜 대통령 탄핵과 문재인 정부의 출범으로 인해 정부 차원의 공식 행사는 없었지만, 심재철 국회의원실과 〈자유민주주의와 시장경제포럼〉이 공동 주최한 '대한민국 건국과 발전 심포지엄'에서 양동안·이영훈·유동열·김광동·김태훈 등이 발표자로 나서 대한민국 건국 70년을 주장하였다. 그러나 내용상으로 이전의 주장과 달라진 점을 발견하기가 어려웠다.

2) 1919년 건국설과 분단사관

양동안이 '1948년 건국설'의 선봉장이라면, 한시준은 '1919년 건국설'을 주장하는 데 앞장섰다. 한국독립운동사를 전공하고 단국대학교 사학과 교수와 독립기념관 부설 한국독립운동사연구소 소장을 지낸 역사학자인 그는 '1948년 건국설'을 두고 '이명박 정부의 역사 농단'으로 강력하게 비판하였다.

"국정농단이란 권리를 독점하고 사적 이익을 위해 나라의 정치를 좌지우지하는 것을 말한다. 불행히도 (이명박 정부의) 농단은 국정에만

한정되지 않았다. 역사도 농단했다. 역사농단은 대한민국이 1948년에 건국되었다는 '1948년 건국론'으로 이루어졌다."[5]

　그러면 왜, 한시준은 '1948년 건국설'을 국정농단에 빗대어 역사농단으로 비판했을까? 그는 "1948년 건국설이 독립운동의 역사를 폄훼하고, 대한민국 임시정부의 존재와 대한민국 헌법을 부정하며, 친일반민족행위자를 건국공로자로 둔갑시키려는 의도"이기 때문이라고 주장했다. 그러나 친일반민족행위자를 '건국공로자'로 둔갑시키려는 의도라는 부분에 대해서는 대상이 누구인지 언급하지 않았지만 책의 내용을 유추해 보면 이승만을 가리키는 것으로 보인다.

　한시준의 '1919년 건국설'은 국가론에 근거한 양동안과 달리 '1948년 건국설' 비판에서부터 시작된다. 1948년 8월 15일 수립된 대한민국 정부는 임시정부를 계승·재건하자는 이승만의 제안으로 제헌헌법 전문에 이런 내용을 천명하였고, 임시정부와 동일한 연호를 사용하였으니, 사실상 1919년에 건국된 대한민국을 1948년에 재건하였다는 주장이었다.

　'1948년 건국설'을 반대하는 또 다른 주장은 강만길 고려대 명예교수의 분단사관이다. 그는 1975년 5월 동국대학교에서 열린 제18회 전국역사학대회에서 분단시대 국사학은 궁극적으로 통일운동의 일환이어야 한다면서, 민족통일을 역사적 과제로 하는 민족주의사학

---

5) 한시준, 《역사농단》, 역사공간, 2017, p.8.

을 주창했다. 그의 대표작인 《분단시대의 역사 인식》에 따르면 일제 강점기에는 민족운동사의 주류가 좌·우익 통일전선운동이었고, 이 것이 해방공간에서는 통일민족국가건설운동으로 연결되었기 때문에 대한민국 정부 수립은 민족통일을 가로막고 분단을 고착화한 사건이 었다.[6] 그는 이런 시각에서 1948년 건국설과 건국절 제정 움직임에 대하여 신랄하게 비판하였다.

1945년 8월 15일이 없었다면, 1948년 8월 15일이 가능했겠는가. 민족이 해방되지 않았으면 건국은 있을 수 없는 일이다. 1948년 8월 15일은 1945년 8월 15일의 부속물이다. 만약 그 사실을 부정하면 해 방을 가져온 우리 독립운동 세력의 희생과 노력을 무시하고, 독립운동 을 한 임시정부의 법통을 밝힌 헌법도 부정한다는 이야기다. 일제로부 터 해방되는 것과 패전한 일본이 물러간 뒤에 정부를 세우는 것 가운 데 무엇이 더 어려운 일이었겠나. 정말 그렇게까지 역사를 뒤집을 생각 을 한다는 건가.[7]

이 같은 강만길의 역사 인식에 기초하여 분단사관이 등장하였다. 《미군 점령 4년사》의 저자인 송광성은 "1945년 8월 15일은 '해방의 날'이 아니라 '분단의 날'인 동시에 미국의 신식민지로 전락한 날이

---

6) 강만길, 《분단시대의 역사 인식》, 창작과비평사, 1978, pp.19-24.
7) "[인터뷰] 사학계 원로 강만길 명예교수", 〈한겨레〉 2008년 8월 10일.

다"고 주장하였다.[8] 이처럼 분단사관을 주장하는 역사가들은 '1948년 건국설'을 강하게 부정하고, 이승만 정부를 분단을 고착화시킨 반민족세력으로 매도하였다. 한반도에는 남과 북에 두 개의 '국가'가 들어선 것이 아니라, 두 개의 '정부'가 수립되었다는 주장이다.[9] 이 논리라면 2022년의 윤석열 정부는 아직 건국이 되지 않은 채 '분단 77년'을 맞는 임시정부인 셈이다.

그러나 현실은 전혀 다르다. 1991년 9월 18일 제46차 유엔총회에서 남·북한은 각기 별개 의석을 가진 회원국으로 유엔에 동시 가입했다. 2022년 4월 현재 대한민국은 191개국과 외교관계를 맺고 있으며, 반기문 유엔 사무총장과 이종욱 세계보건기구(WHO) 사무총장 등 다수의 국제기구 지도자들을 배출하였다. 이밖에도 OECD를 비롯한 여러 국제기구에서 주도적인 역할을 감당하고 있다. 이렇게 전 세계가 대한민국을 선진국가로 인정하는데, 분단사관에 얽매여 아직도 대한민국이 국가가 아니라 정부라고 우기는 것은 말도 안 되는 억지 주장이다.

한편 분단사관의 반대 개념으로 등장한 것이 건국사관이다. 2008년 5월 정부의 대한민국건국60년기념사업위원회 출범에 앞서 2007년 11월 민간 차원에서 건국60년기념사업준비위원회가 먼저 발족되었다. 이들은 취지문에서 "건국 60년사는 대한민국을 폄훼하려는 사

---

8) 송광성, 〈8·15는 해방의 날이 아니다〉, 《역사비평》 6호, 1989년 가을, pp.212-213.
9) 서중석, 《서중석의 현대사 이야기》 1, 오월의봄, 2015, p.191.

람들이 말하듯 치욕의 역사가 아니다. 건국 60년은 대한민국의 자랑스러운 성공의 역사를 경축하고 정체성을 확인하면서 활기찬 미래를 새롭게 준비하는 계기가 돼야 한다"고 강조했다.

이런 입장에 기초하여 '건국사관'이 등장했다. 성신여대 김영호 교수는 "분단 극복의 중요성을 강조한 한국사학계의 역사관이 분단사관과 통일지상주의 역사관이어서 건국의 의미가 퇴색되었다"고 비판하면서, "대한민국의 탄생과 발전과 시련을 중심으로 한국 현대사를 조망하는 새로운 역사 인식"으로서 건국사관 정립의 필요성을 주창하였다.

지금까지 왜 건국의 중요성에 대한 논의가 활성화되지 못했을까요? 20세기 가장 위대한 정치철학자인 에릭 보글린(Eric Voegelin)의 '현실의 일식 현상'이라는 용어를 떠올리게 됩니다. 보글린은 현실을 왜곡하여 인류를 파탄으로 몰아간 현대 이데올로기의 문제점을 비판했습니다. 그는 어떤 사상이나 역사 인식의 허구성과 이데올로기의 문제점을 파헤치는 비판적 지식인의 역할을 강조합니다. 지금까지 한국 현대사를 바라보는 역사관은 분단사관과 통일지상주의 역사관이었습니다. 분단 상태가 지속되는 한 대한민국은 근대국가적 의미에서 미완성 단계에 머물러 있다고 주장하고, 건국조차도 조국의 분단을 불러 온 민족분열 행위로 간주합니다. 이에 비해 건국사관은 대한민국의 탄생과 발전과 시련을 중심으로 한국 현대사를 조망하는 역사 인식입니다.[10]

3) 헌법, 연호, 그리고 건국 논쟁

　대한민국 건국 논쟁은 곧 헌법을 둘러싼 논쟁이다. 한시준의 주장 처럼 1948년 제정된 제헌헌법 전문에는 "유구한 역사와 전통에 빛나 는 우리들 대한국민은 기미 삼일운동으로 대한민국을 건립하여 세계 에 선포한 위대한 독립정신을 계승하여 이제 민주독립국가를 재건함 에 있어서……"라고 명문화하였다. 이것이 1919년 건립된 대한민국 을 1948년에 재건한다는 뜻으로 해석이 되면서 역사적으로 '1919년 건국설'을 뒷받침하는 명분으로 이해되었다. 그뿐 아니라 1987년에 개정된 현행 헌법의 전문에도 "유구한 역사와 전통에 빛나는 우리 대 한국민은 3·1운동으로 건립된 대한민국 임시정부의 법통과 불의에 항거한 4·19 민주 이념을 계승하고……"라고 명시되어 있어서 대한 민국은 임시정부를 계승했음을 밝히고 있다. 따라서 헌법은 1919년 건국을 명문화하였으며, 1948년 건국은 이러한 헌법을 정면으로 부 정하는 것이나 다름없다는 것이 1919년 건국설을 주장하는 측의 논 거이다.

　그러나 이에 대한 반론도 존재한다. 헌법학자인 서울대 김철수 명 예교수는 "헌법 전문도 독립정신의 계승을 말하고, 대한민국의 재건 이라고 하는 점에서 임시정부의 종말을 인정했기에 임시정부가 계승

---

10) 김영호 외, 《대한민국 건국 60년의 재인식》, 기파랑, 2008, pp.81-82.

1948년 9월 프랑스 파리에서 열린 제3차 유엔총회에 파견된 대한민국 대표단

되었다고 보기는 어렵다"고 주장한다.[11] '계승'과 '재건'이라는 단어의 의미가 정신이나 사상적인 측면에서의 연속성을 말하는 것이지, 임시정부와 대한민국 정부의 법적인 동일체를 나타내는 말은 아니라는 의미이다. 이와 관련하여 주목되는 것이 헌법재판소의 판결이다.

헌재는 2001년 〈한일어업협정과 관련한 판결문〉에서 헌법 전문에 3·1운동을 계승한다는 것은 '연혁적·이념적 선언'이라고 판단했다. 이 결정은 3·1정신과 이를 바탕으로 수립된 임시정부는 1948년 건국에 대한 '연혁적 이념적인 기초'에 불과하고, 국가로서의 법적인 효력은 없다는 것을 암시한 취지로 원용될 수가 있다.[12]

---

11) 김철수, 〈대한민국 건국의 정통성〉, 《세계시민》 통권 1호(2015년 여름), p.53.
12) 이 판단은 필자가 원로 법조인인 이용우 변호사(전 대법관)에게 감수를 의뢰하여 받은 해석이다.

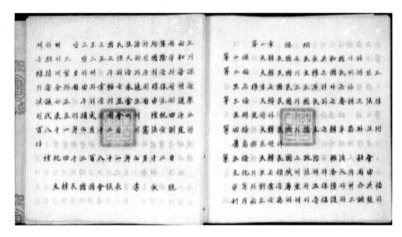

제헌헌법 사본

　더욱이 2014년 〈통합진보당해산판결문〉에서는 "해방 이후 1948년 대한민국의 건국과 더불어 채택한 헌법의 자유민주주의와 시장경제 질서는 보편적 가치로서 산업화·민주화의 밑바탕이 되어 오늘날의 자유와 국가적 번영을 가져다 주었다"고 표현함으로써, 대한민국이 1948년에 건국된 사실을 명시하고 있다.[13] 따라서 헌법 전문의 내용을 근거로 1948년에 수립된 대한민국 정부가 1919년에 수립된 임시정부를 계승한 동일한 공동체라고 강조하는 '1919년 건국설'은

13) 헌법재판소 2014년 12월 19일자 2013헌다1 결정[통합진보당 해산] 인용(해산) [헌공 제219호]. ―"헌재의 결정문은 제헌헌법이 자유민주주의와 시장경제를 채택하였기 때문에 오늘의 번영을 가져왔다는 점에 방점이 있는 것이지만, 판결문에서 1948년 건국을 구체적으로 명시한 것은 헌재가 '1948년 건국설'을 지지한 것으로 해석할 수 있는 여지가 있는 것으로 판단된다."(이용우 전 대법관 해석)

잘못된 해석이다.

건국과 관련한 또 하나의 논쟁거리는 연호 논쟁이다.

1945년 8월 15일 해방 후, 3년간의 미 군정기를 거쳐 1948년 5월 31일 국회의원 198명으로 구성된 제헌국회가 개회되었다. 제헌국회에서는 헌법기초위원회를 조직하여 유진오의 시안을 원안으로, 권승렬의 안을 참고안으로 하여 헌법 초안을 작성했다. 초안은 양원제 국회와 의원내각제의 정부 형태이었으나, 이승만의 주장으로 정부는 대통령제로 국회는 단원제로 수정되었다. 이후 7월 12일 국회에서 통과되었고, 7월 17일 서명·공포되어 그날로 발효되었다. 국회 속기록에는 "단기 4281년 7월 12일 이 헌법을 제정한다"고 기록되었다.

문제는 이 내용을 공포한 9월 1일자 관보 제1호에 '대한민국 30년 9월 1일'이라고 연호를 표기했다. 그런데 여기서 이상한 점이 발견된다. 관보를 보면 헌법을 보도한 기사에는 분명히 '단기(檀紀)'를 기록하고, 발행일에는 '민국(民國)'으로 표기한 것이다.

이렇게 관보에서도 '단기'와 '민국' 연호를 혼용하는 혼선이 발생하였고, 심지어 사법부의 수장은 '서기(西紀)'를 사용하였다.[14] 이 논란의 중심에는 이승만이 자리했는데, 이 때문에 국회는 1948년 9월 25일 〈연호에 관한 법률〉을 제정하고 '단기 연호'로 통일했다. 한시준은 그 이유를 이렇게 설명한다.

---

14) 도진순, 앞의 글, p.414.

'대한민국 30년' 연호가 적힌 〈관보〉 제1호(1948년 9월 1일)

　　이승만은 국회의장으로 제헌국회에서 헌법을 제정하고 대한민국 정부를 수립할 때 누구보다도 중요한 역할을 수행했다. 이 과정에서 이승만이 염려한 것이 있다. 제헌국회에서 새로운 국가와 정부를 수립하게 되면, 그것은 미국이 세워 주는 결과가 된다는 점이었다. 이승만은 우리 민족의 자주성을 지키며 자주독립 정부를 세우고자 했고, 이를 위해 1919년에 수립된 대한민국 임시정부를 계승, 재건하여 정부를 수립했다.[15]

이 같은 해석에는 두 가지의 치명적인 오류가 발견된다. 이승만의 제헌국회 의장 취임사에는 "이 국회에서 건설되는 정부는 즉 기미년에 서울에서 수립된 민국 임시정부의 계승이니"라고 천명했다. 1919년 4월 11일 상하이에서 수립된 임시정부가 아니라는 것을 알 수가 있다. 이런 이승만의 생각은 1949년 3·1운동 기념사에 보다 구체적으로 나타난다.

"대한민국이 탄생한 것, 바로 말하자면 대한민국이 다시 탄생한 것은 연합국에게 우리가 빚을 진 것이오. 특별히 미국에 빚을 진 것입니다. ……30년 전 오늘에 13도 대표인 33인이 비밀히 모여서 독립을 선언하고, 대한민주국의 조직을 세계에 공포하였던 것입니다. ……1778년에 미국 독립의 시조들을 감응시킨 그 정신이 1919년에 우리 독립운동의 선열들을 감응시켰던 것입니다. 우리가 지금 건설하는 민주국은 탄생한 지 아직 1년이 못 되었으나, 사실은 30세의 생일을 맞이하게 된 것입니다."(이승만 대통령, 〈제30주년 3·1절 기념사〉(1949년 3월 1일) 중에서)

이 주장은 1919년 3·1운동이 일어난 후 4월 23일 서울에서 임시정부 수립을 포고한 한성 임시정부를 말한다. 이때 한성 정부는 '전국13도대표국민회의'를 개최하고, 임시정부 선포문을 통해 "3·1민

---

15) 한시준, 앞의 책, p.19.

주혁명을 바탕으로 국민대회를 조직하고, 본 대회는 민의에 기하여 임시정부를 조직, 약법(約法)을 제정하여 이를 선포"한 후에, 이승만을 집정관 총재로 하는 12명의 정부 각료를 임명하고, 국체는 민주제, 정체는 대의제를 채택하는 등 헌법적 성격의 약법을 발표했다.

따라서 이승만은 이를 토대로 그해 5월 한성 임시정부 집정관 총재 자격으로 워싱턴에 집정관 총재 사무소를 개설하고, 국제 외교무대에서 한국 국민과 정부를 대표했다. 이에 따라 8월에 한성 임시정부 한국위원회를 설치했다가 9월에 구미위원부로 개칭했는데, 구미위원부는 유럽과 미주지역 한국인의 영사 업무와 외교 활동, 징세 사

이승만이 한성 임시정부 집정관 총재로 선출된 뒤 직접 만든 엽서

무까지 맡고 있었다. 이런 점에서 이승만이 말한 한성 정부와 한시준이 주장하는 상해 임시정부는 전혀 다른 성격임을 알 수가 있다.

역사적으로 1919년 9월 6일 상해 임시정부는 한성 정부와 노령 정부를 통합하는 절차를 거쳤다. 개헌 형식을 거쳐 대통령중심제를 채택하고, 국호는 상해 임시정부에서 사용하던 대한민국을 사용했으며, 정부 조직은 한성 정부의 것을 채택했다. 그 결과 집정관을 대통령이라는 칭호로 바꾸어 한성 정부의 조직과 각료를 수용하였다. 그러나 상해 임시정부 안에서는 이들 조직간의 내부 갈등이 여전했으며, 1925년 3월 26일 임시의정원에서는 이승만 임시 대통령을 탄핵했다. 그런데 탄핵 사유 중의 하나가 임시정부의 결의를 부인하고 한성 정부의 정통성을 주장했다는 것이다.[16] 이런 점에서 이승만의 취임사는 한성 정부의 역사성을 말한 것으로 상해 임시정부의 정통성과는 무관한 것이다.

또 다른 오류는 이승만이 '대한민국 연호'를 주장해 온 이유이다. 1948년 9월 7일 국회 법제사법위원회는 이청천(무임소장관)·이인(법무장관)·김도연(재무장관)·안호상(문교장관) 등 국무위원 4인을 불러 놓고 연호 제정에 대한 정부 입장을 물었는데, 이들은 모두 "정치적 의미에서 '민국 30'년으로 쓰는 것이 좋겠다"고 답변하였다.[17] 그렇지

---

16) 당시 탄핵심판문에는 "임시헌법에 의하여 의정원의 선거를 받아서 취임한 임시 대통령이 자기 지위에 불리한 결의라 하야 의정원의 결의를 부인하고, 심지어 '한성 조직의 계통' 운운함과 같음은 대한민국 임시헌법을 근본적으로 부인하는 행위라"는 내용이 포함되었다.

만 이승만의 생각은 달랐다. 1948년 9월 25일 국회에서 〈연호에 관한 법률〉(일명 단기 연호법)의 시행을 앞둔 이승만 대통령은 '민국 연호'와 관련한 담화를 발표하였다.

"내가 지금까지 '대한민국 기원'을 사용하기로 주장해 온 것은 두 가지 이유가 있으니, 첫째는 민국이라는 명칭에서 표시되는 민주정치제도를 우리는 이제 와서 남의 조력으로 수립한 것이 아니라, 벌써 30년 전에 기미독립운동으로 민국 정부를 수립하여 세계에 선포하였다는 위대한 민주주의를 자유로 수립한 정신을 숭상하기 때문이요."

이 담화에 근거하여 한시준은 "(이승만이 민국 연호를 사용한 것은) 미국에 의한 건국이 아닌 우리 민족의 자주성을 지키기 위해서"라고 주장하지만, 이승만의 생각은 거기에만 머무르지 않았다. 이어지는 담화의 내용을 살펴보자.

"한 가지 이유는 우리나라 건국의 역사가 유구하여 외국에 자랑할 만한 전통을 이룬 것은 사실이지만 4, 5천 년 전의 신화시대까지 소급하여 연대를 계산하는 것은 근대에 와서 우리가 광영될 사적이 없다는 것을 인정하는 것으로 알게 되는 까닭이다. 우리가 기미년 독립을 선언한 것이 미국이 1776년에 독립을 선언한 것보다도 영광스러운

---

17) 〈제헌의회 속기록〉 1, pp. 1111-1112.

역사인 만큼 이것을 삭제하고 상고적 역사만을 주장한다는 것은 나로서는 충분한 각오가 못 되는 바다."

이상에서 제헌국회 개원 이후 시작된 이승만의 연호 논쟁은 단군신화에 기초한 '단기 연호'에 대한 거부감에서 비롯되었음을 알 수가 있다. 당시 제헌국회에서는 단기 연호를 관행적으로 채택하고 있었는데, 이것이 서양 학문을 공부한 이승만에게는 반드시 고쳐야 할 봉건적 잔재로 비춰진 것이다. 이에 그는 단기 연호 사용을 폐기하고, 3·1운동과 한성 임시정부의 정통성을 강조하면서 자신의 생각을 실천하기 위한 방안으로 3·1정신과 대한민국 연호를 강조하였다. 이 같은 두 가지 사실을 고려할 때, '민국 연호'가 역사적으로 1919년 건국을 정당화한다는 주장은 잘못된 것임을 알 수가 있다.

4) 독립, 해방, 광복, 그리고 건국

1945년 8월 15일은 우리에게 어떤 날일까? 대한민국이 독립된 날일까, 일제로부터 해방이 된 날일까? 아니면 조국이 광복된 날일까? 도대체 독립과 해방·광복의 의미는 동의어인가, 또는 유사어인가? 그리고 건국과는 어떤 관계일까? 이 세 가지의 용어에 학문적인 해설을 덧붙인 것은 양동안이 유일하다.

그에 의하면 광복의 '(restoration of) independence'란 단어는 일상에서는 거의 사용되지 않는 정치적 용어로 세계적으로도 1930년대 대만의 광복운동을 제외하면 사용된 유례를 찾기 어려운데, 한국의 독립운동가들 사이에서 유달리 많이 사용되었다고 한다. 1913년 경북 풍기에서 광복단이 결성된 것을 시작으로 1915년에는 대한광복회가 결성되었고, 1940년에는 광복군 총사령부가 결성되었다. 당시 광복군의 영문명은 Korean Independence Army이었다. 이렇게 광복은 독립과 동일한 의미로 사용되었다. 굳이 차이점을 살펴보자면 광복은 주권의 '회복'에 방점을 두고, 독립은 주권의 '확립'에 방점을 둔다는 점이다. 주권의 '회복'과 '확립'은 주권을 보유한다는 점에서는 같은 것이지만, 주권 보유를 과거의 회복으로 보느냐, 새로운 획득으로 보느냐에 관한 의식의 차이가 있다.[18]

그에 비해 해방(liberation)은 1920년 코민테른(Comintern, 공산주의자 인터내셔널) 제2차 대회가 피압박 민족의 해방을 지원하는 투쟁을 적극적으로 전개하기로 결의한 후, 우리나라의 좌익 항일운동 세력이 민족해방이란 용어를 애용했으며, 1945년 8월 15일부터는 일반인들에게도 널리 사용되었다. 일본이 패망한 후 우리 민족이 해방되었다는 말을 처음 사용한 것은 북한 진주 소련군 사령관 치스타코프이다. 그는 포고문에서 "소련군은 해방군으로 조선에 왔으며, 이제 조선 인민은 해방되었다"고 선언하였다.

뒤이어 공식 문건에 해방을 선언한 것은 임시정부 인사들이 주도한 한독당이다. 한독당은 8월 28일 중국에서 발표한 선언문에서 "현

---

18) 앞의 《대한민국 건국일과 광복절 고찰》, p.130.

하 외적은 붕괴되었다. 우리의 조국은 동맹국의 우의적 협조하에 해방되고 있다"고 천명하였다. 그로부터 1주일이 지난 9월 3일 임시정부 주석이자 한독당 당수인 김구는 〈3천만 동포에게 읍고함〉이라는 제목의 성명서에서 당시 한반도에서 진행중인 것은 해방이고, 독립은 앞으로 이룩할 일이라고 강조했다.

"친애하는 국내외 동포 자매형제여. 파시스트 강도의 최후의 첩벽(疊壁)을 고수하던 일본제국주의는 9월 2일에 항복 문서에 서명을 하였다. 조국의 해방을 안전에 목도하면서…… 우리가 처한 현 계단은 건국 강령에 명시한 바와 같이 건국의 시기로 들어가려는 과도적 계단이다. 다시 말하면 복국(復國) 임무를 아직 완전히 끝내지 못하고, 건국의 초기가 개시되려는 계단이다. 따라서 우리가 조국의 독립을 완성함에는 우리의 일언일구와 일거수일투족이 모두 다 영향을 주는 것을 명백하게 인식하고 명확한 판단 위에서 용기 있게 처리하여야 한다."(김구, 〈3천만 동포에게 읍고함〉(1945년 9월 3일) 중에서)

이 성명서에 따르면 해방과 독립·광복·건국에 대한 입장이 명확하게 이해된다. 1945년 8월 15일 해방되었지만, 복국의 임무는 완전히 끝나지 않았고, 건국의 시기에 들어가려는 과도적 단계이다. 따라서 이런 과업이 완수되어야 독립을 완성할 수 있다는 것이 김구의 판단이다. 여기서 흥미로운 것은 '복국의 임무'를 완성한다는 말이다. 광복을 의미하는 듯하는 이 말의 뜻은 무엇일까?

이 같은 김구의 광복에 대한 인식은 이승만에게서도 발견된다. 이 승만의 주도로 1946년 6월 29일 결성된 민족통일총본부가 발표한 '민족통일선언'에는 "광복 대업을 완성하기에 민족통일이 최요(最要)이니"라고 주장한다. 이 말의 의미는 복국의 임무가 조선 멸망 이전의 국가로 회복하는 것, 즉 원상회복으로의 통일(Reunification)을 말하며, 그 대상이 되는 원천국가(源泉國家)는 대한제국이다. 그러나 이들이 말하는 광복(복국의 완성)은 단순한 옛 대한제국으로의 회귀가 아니라, 국민의 자유와 민주주의가 보장되는 새 국가의 건국이다.

이처럼 정치지도자들은 1946년과 1947년의 8·15기념식에서도 일관되게 '해방기념식'이라고 칭했지, 광복이나 독립이라는 용어를 사용하지 않았다. 오히려 해방기념일을 맞이할 때마다 민족이 단결하여 국권회복(광복), 독립을 앞당기자는 담화를 발표했다. 그러던 중 1948년 8월 15일 대한민국 정부가 수립되고, 이듬해인 1949년 8월 15일 '대한민국 독립 1주년' 기념식을 거행했다. 이승만 대통령의 기념사에는 건국·해방·광복의 단어가 동시에 등장한다.

"민국 건설(건국) 제1회 기념일인 오늘을 우리는 제4회 해방일과 같이 경축하게 된 것입니다. ……우리 광복의 기쁨을 축하하는 기쁨은 이북 동포들이 우리와 같이 다시금 완전히 합동되기 전에는 충분한 기쁨이 못될 것입니다."(이승만 대통령, 〈대한민국 독립 1주년 기념사〉(1949년 8월 15일) 중에서)

해방조선 기념(1946년 5월 1일), 정부 수립 기념(1948년 8월 15일),
독립 1주년 기념(1949년 8월 25일)

　이와 같이 건국과 독립·광복을 동일시하고 해방은 다르다는 인식
은 여야를 망라한 지도자들의 공통된 생각이었다. 우익정당인 민주
국민당의 김성수 당수와 좌익정당인 사회당의 조소앙 당수는 모두
독립기념일 담화 서두에 "이날은 우리 민족해방 4주년이요, 우리 대
한민국 독립 1주년이다"고 천명했다. 중도파인 신생회의 안재홍 대표
는 담화에서 "대한민국은 진정한 민주주의 민족통일 독립국가의 기업
(基業)으로서 그 강화 완성이 요청되고 있다. 건립 1주년에 그 업적은
경이함직하다"고 선포했다. 이날의 의미를 건국 1주년으로 정의한
것이다.

　언론 보도도 마찬가지다. 당시 〈경향신문〉에는 '건국 1주년 기념 문
화인좌담회' '대한민국 독립 1주년 기념식' 등의 기사가, 〈자유신문〉
은 '건국 1주년 기념 국제소년음악대회' '건국 1주년 기념 기록사진
전' 등의 기사가 게재되었다. 이런 가운데 건국과 독립, 정부 수립, 광

복 등의 용어가 동의어로 구별 없이 사용되었다. 1948년 8월 15일 정부는 '해방 3주년' 기념식을 가졌는데, 이날 이승만 대통령은 〈함께 뭉쳐서 자강전진(自疆前進) 외모(外侮) 막자〉는 제목의 기념사에서 "금년 8·15는 해방 기념 외 새로 대한민국의 탄생을 겸하여 경축하는 날이니 우리 3천만에게는 가장 의미 있는 날이다"라고 연설했다. 대한민국 건국을 공식 선언한 것이다.

5) 잘못 계산된 광복절 역사

이렇게 1945년 8월 15일은 '해방기념일'이었고, 1948년 8월 15일은 독립·광복·건국기념일로 인식되는 가운데, 1949년 6월 정부는 '국경일 제정에 관한 법률안'을 국회에 회부했다. 이때 초안은 3·1절, 헌법공포기념일, 독립기념일, 개천절이 4대 국경일이었는데, 9월 21일 법안이 국회를 통과할 때, 명칭이 헌법공포기념일은 제헌절로, 독립기념일은 광복절로 바뀌었다. 이 법안의 제안자인 법제사법위원장 백관수 의원이 1948년 8월 15일 정부 수립을 동시에 1945년 8월 15일 해방도 경축하는 취지에서 광복절로 변경할 것을 발의하여 원안대로 통과되었다.[19)]

이 때문에 1949년 8월 15일에 '대한민국 독립 1주년 기념식'(정부 수립 1주년)을 치른 후, 1950년 8월 15일은 6·25전쟁중에 '민국 독

---

19) 〈제헌국회 제5회 국회임시회의 속기록〉 제3호, 국회사무처, 1949, p.58.

립 제2회 기념일'로 경축했다. 1951년 8월 15일은 '제3회 광복절'(제6주년 광복절)로 불렀다가, 다시 1952년에는 '8·15해방독립기념일'이라고 불렀다.[20] 특히 이날은 제2대 이승만 대통령 취임일이기도 해서 '대통령 취임식 및 제7주년 광복절 기념식'이 열렸으며,[21] 〈대통령 취임사〉와 〈8·15기념사〉가 각기 발표되었다.

"지금부터 4년 전인 1948년 8월 15일에 자유민주 대한민국을 건설한 것은 우리 한국 민족은 물론 세계 모든 민주국가들의 다같이 기뻐하며 가장 가치 있고 중대한 성사로 인정하였던 것입니다. 독립 대한민국 정부를 수립한 것은 국제연합이 제일 먼저 실질적으로 성취한 업적이었습니다. 대한민국이 탄생된 것은 우리 전 민족 인구의 삼분지 이에서 우리의 고유한 국권을 회복시킨 것이며, 우리의 장구한 역사상 처음으로 우리 민중에게 공화적 자결주의를 회복한 것이오, 또한 우리 전 민족이 자유와 민주정체로 장차 전국 통일을 실현한 굳건한 토대를 세운 것입니다."(이승만 대통령, 〈8·15해방독립기념일 기념사〉(1952년 8월 15일) 중에서)

---

20) 광복절의 연혁을 살펴보면 대통령기록관의 연설문과 정현규 《대한민국 대통령 취임사(史)》에 수록된 연설문 사이에 약간의 차이점이 발견된다. 또 대통령기록관에 수록된 연설문도 대통령실에서 작성한 초고와 나중에 《대통령이승만박사담화집》(공보처, 1953)에 수록된 담화문 2가지가 존재한다. 따라서 필자는 공식 자료인 〈대통령 담화집〉에 수록된 원고 제목을 기록하고, (   )에 초고 제목을 병기했다. 그러나 당시에도 '독립'과 '해방' '광복'을 놓고 용어상의 혼란이 일상화되었음을 보여준다.
21) 정현규, 앞의 책, pp.98-101.

육필로 쓴 '제6주년 광복절'(좌)과 〈담화집〉에 실린 '제3회 광복절'(우)[22]

　　이렇게 이승만 대통령은 1948년 8월 15일의 건국(대한민국 건설)을 강조하면서 독립과 정부 수립을 언급했다. 이런 점에서 건국과 독립과 정부 수립은 동일한 개념으로 이해되었다. 1953년 7월 27일 휴전협정이 체결되고 맞이한 8·15경축식은 '독립절'로 명칭을 변경하였다. 그러던 것이 1954년의 '제9주년 광복절' 이후로는 광복절로 고정되었다. 문제는 1951년까지는 제3회 광복절이라고 연설문에 기록된 것을 1953년 공보처에서 〈담화집〉을 출판할 때 제6주년 광복절로 수정하였다. 그리고 이듬해인 1954년부터는 9주년으로 기록한

22) 위의 두 사진을 대조해 보면 대통령실에서 작성한 광복절 기념사(초고)에는 제6주년 광복절로 표기된 것을 1953년 공보처가 《대통령이승만박사담화집》을 발행할 때 제3회 광복절로 수정되었다.

것이다. 다시 말해 1953년까지는 독립기념일(1948년 8월 15일)을 주로 기념하고, 해방기념일(1945년 8월 15일)을 함께 지키던 역사적 의미를 잊어버리고 단순한 해방기념일로 축소해 버린 것이다.[23] 그러나 분명한 사실은 정부 수립 초기에는 1945년의 해방보다 1948년의 독립이 중요시되었고, 광복절의 연혁 또한 독립기념일인 1948년 8월 15일이 기준이었다. 그런데 6·25전쟁이 끝나고 1954년 광복절부터 해방기념일인 1945년 8월 15일을 기준으로 잘못 계산된 것이 '역사적 사실'이다.

6) 건국 시점 논쟁

대한민국 건국 시점을 1919년설과 1948년설을 중심으로 비교 분석하면 1919년설의 치명적인 오류가 발견된다. 첫째, 1919년 임시정부 수립을 건국이라고 가정할 때, 몬테비데오협약에서 규정하는 국민·영토·정부·주권의 네 가지 요소를 갖추지 못한 망명정부의 한계성이 나타난다. 이 점에서 1919년 건국설을 주장하는 이들이 내세우는 "국제적인 승인보다 더 중요한 것은 결국 어떤 형태든지 간에 임시정부

---

23) 필자의 생각으로는 6·25전쟁이 끝난 우리 사회에는 마치 임진왜란 후 모화사상이 만연했던 것처럼 숭미사상이 국민의 사고를 지배했다. 이로 인해 전쟁이 발생하기 전에는 미군의 점령기로 취급하던 미군정기 3년 전후에는 대한민국 역사의 일부로 인식했기 때문에 독립기념일을 의미하는 광복절을 1945년 해방으로 재인식한 것이 아닌가 추측할 따름이다.

가 실제 한국인의 의사를 대변했느냐는 점"이라든지 "국가 조직 성립을 건국의 기준으로 봐야 한다"는 등의 주장은 일종의 궤변이다. 뉴라이트 진영의 '건국절 제정'에 맞서 임정법통론의 신성화를 주장하던 민족주의사학의 자기 변명이었다.[24]

둘째, 이승만이 제헌국회에서 임시정부의 정신을 계승, 재건하자고 말한 것을 이론적 근거로 삼는 것은 그 대상이 상해 임시정부가 아닌 한성 임시정부라는 점에서 설득력이 떨어진다. 물론 1919년 9월 상해 임시정부가 한성과 노령의 임시정부를 통합하여 대한민국 임시정부로 발전한 역사적 사실에도 불구하고 이승만의 발언을 들어서 1919년 건국설을 주장하는 것은 올바른 역사 인식이 아니다. 이승만은 한성 정부로부터 계승한 구미위원부의 정통성을 내세우면서 상해 임시정부 안에서 끊임없이 갈등을 빚어 온 장본인이기 때문이다.

그 연장선상에서 이승만이 임시정부를 재건하기 위한 실천적 방안으로 제헌국회에서 대한민국 연호를 사용했다는 주장 역시 단기 연호에 거부감을 느끼던 이승만의 개인적 소신이라는 점에서 설득력이 떨어진다. 게다가 1948년 9월 1일 발행된 관보 제1호에 '대한민국 30년'을 사용한 것 역시 9월 25일 연호법이 제정되면서 제6호까지

24) 2008년 8월 12일 한국근현대사학회를 비롯한 14개 역사단체는 건국절 철회를 촉구하는 성명서를 발표했다.(《역사비평》 84호 참조) 그로부터 10여 년이 지난 2019년 4월 12일 역사문제연구소·역사학연구소·한국역사연구회가 공동 주최한 〈국가정통론의 동원과 '역사전쟁'의 함정〉 학술회의에서 이 같은 과오를 반성하는 입장에서 홍석률, 〈역사전쟁을 성찰하며〉 및 이용기, 〈임정법통론의 신성화와 '대한민국 민족주의〉 등이 발표되었다.(〈역사3단체 학술회의자료집〉 참조)

만 사용되고, 이후부터는 단군 연호(단기)를 사용했다는 점에서 이것을 '1919년 건국설'의 근거로 주장하는 것도 옳지 않다.

셋째, "헌법 전문에 대한민국 임시정부의 법통을 계승한다"고 밝힌 것이 '1919년 건국설'의 합법적 근거라고 주장하는 데 대해서도 헌법재판소 판결문에서 "역사적·이념적 선언이지 법적 연속성을 나타내는 것은 아니다"는 판단과 "해방 이후 1948년 대한민국의 건국과 더불어 채택한 헌법"이라는 판단을 주목해야 할 필요가 있다. 이것이 비록 임시정부와의 관계성에 대한 판단은 아닐지라도 법리적인 판단으로 역사적 사실을 재단하려던 '2008년 헌재 쟁소 사건'에 대한 간접적인 해석으로 추정할 수 있기 때문이다.

이에 비해 '1948년 건국설'은 1948년 8월 15일 대한민국 정부가 수립되고, 곧이어 12월 12일 유엔총회 195호 결의안을 통해 대한민

1948년 유엔의 대한민국 승인을 자축하는 국무위원들. ⓒ행정안전부 국가기록원

국 정부를 한반도의 유일한 정부로 승인받았다는 점에서 분명한 입지를 지닌다. 그리고 1941년 김구·조소앙이 중심이 된 임시정부 인사들이 새로운 국가 건설을 위해 〈건국 강령〉을 제정한 것과 1945년 8월 15일 해방이 되자 여운형을 비롯한 사회주의 계열에서 건국준비위원회를 결성했던 사실에 비추어서 역사적으로도 상당한 설득력을 갖는다.

넷째, 미국의 정치학자 이스턴(David Easton)에 의하면 국가의 정통성에는 사상(Ideology), 구조(Structure), 개인(Personal Qualities)이라는 세 가지 원천이 있다. 그런 관점에 따르면 대한민국은 오랜 독립운동의 역사와 민주주의를 신봉하는 임시정부의 법통을 계승하고 있다는 점에서 한국민족주의와 민주주의가 사상적 원천이다. 구조적인 면에서는 5·10총선거로 구성한 제헌국회가 제정한 헌법에 따라 정부가 수립되었고, 이 과정을 참관한 유엔이 1948년 12월 12일 유엔총회에서 대한민국을 한반도의 유일한 합법정부로 승인한 것이 정통성의 원천이다. 정부의 구성원이라는 인적인 면에서도 임시정부 초대 대통령을 역임한 이승만이 제헌국회에서 대통령으로 선출되고, 이시영·신익희·이청천·이범석 등의 임정 중진들과 김병로·정인보 등 국내에서 독립운동을 한 인사들이 정부 요직을 담당한 것이 민족사적 정통성을 나타낸다.[25]

---

25) 이인수, 〈대한민국 건국의 정통화 과정에 대한 연구〉, 《사회과학논총》 10, 명지대, 1995, p.124.

더욱이 해방 이후 환국하여 서울에서 재결성된 임시정부가 1947년 3월 4일 임정을 정부로서 봉대하기 위한 개편을 단행하면서 주석 이승만, 부주석에 김구를 선출하고, 임정의 각 부장은 이승만과 김구가 추후 선임하여 국무회의의 인준을 받도록 의결했다. 이것이 최후의 임정으로 이때 이승만이 주석으로 선출된 것은 대한민국 건국에서 개인(Personal Qualities)의 역사적 정통성을 나타내는 중요한 사건이다.

결론적으로 대한민국은 1948년 8월 15일에 건국된 것이 맞다. 그렇지만 건국은 하루아침에 이뤄지지 않았다. 신용하는 "대한민국 건국은 어느 한 시점에 일어난 사건이 아니라 상당한 기간에 걸쳐 이뤄진 역사적 과정으로 봐야 한다. 1919년 상해 임시정부 수립으로 시작되어 1948년 정부 수립으로 완성됐다"고 주장한다.[26] 상당히 설득력이 있는 주장이다.

미국의 경우에도 1776년 7월 4일 독립을 선언하고 1781년까지 영국과 독립전쟁을 벌인 결과 1783년 9월 3일 파리조약을 통해 영국으로부터 독립을 인정받았다. 이후 1789년 4월 30일 조지 워싱턴이 초대 대통령으로 취임하면서 건국을 완성하였다. 그런데 7월 4일 독립기념일을 국경일로 기념하는 것은 건국이 완성된 정부 수립보다 건국의 과정을 중요시하기 때문이다. 이렇게 미국과 비교해 보면 미국은 독립선언부터 정부 수립까지 13년이 걸렸고, 대한민국은 1919

---

26) "대한민국 건국, 1919년 시작해 1948년 완성 - '대한민국 건국 논쟁 이것이 궁금하다'(4) 신용하 서울대 명예교수", 〈조선일보〉, 2017년 8월 29일.

년의 3·1운동과 임시정부 수립부터 1948년 대한민국 정부 수립까지 29년이 걸린 셈이다.

그러나 두 국가의 건국 과정을 비교하면, 미국은 독립 당시에 13개 주가 영국령 식민지였지만 이미 자국민으로 구성된 식민지의회가 자치권을 확보하고 있었다. 이 때문에 미국은 영국을 상대로 주권행사를 선포한 독립선언일이 영토·국민·주권을 갖춘 사실상 건국일이다. 이에 비해 우리나라는 일제에 영토와 국민을 강탈당하였고 국외에 망명정부를 수립한 상태여서 국가로서 기능할 수가 없었다. 이런 점에서 해방이 되고 미군정기를 거친 후 주권을 이양받게 된 1948년 8월 15일을 건국일로 보아야 한다. 이 말에 동의하면 "광복절을 폐지하고 건국절을 제정하자"는 주장은 설득력이 없다. 광복절이 곧 건국절이기 때문이다. 1949년 9월 국회에서 국경일 제정을 논의할 때, 광복절의 개념을 독립기념일(1948년 8월 15일)로 정한 역사적 사실과도 일치한다. 그때는 독립과 광복·건국은 동일한 개념으로 이해되었다.

이것은 '1948년 건국설'이 독립운동의 역사를 폄훼한다고 주장하는 이들에게도 똑같이 해당되는 말이다. 대한민국 건국은 일제강점기 독립운동의 성과물이며, 새로운 국가건설(건국)은 독립운동의 최종 목표였다는 사실을 부정하는 사람은 아무도 없다. 따라서 대한민국 정부가 수립된 1948년 8월 15일은 대한민국의 건국이 완성된 시점이다. 1919년 3·1운동 직후에 상해 임시정부가 수립되면서부터 1945년 해방되기까지의 독립운동을 전개한 기간과 1945년 8월 15일부터 3

년 동안의 미군정기에 행해진 건국사업의 기간은 건국의 과정이다.

지난 2008년 건국 60주년을 맞아서 시작된 건국절 제정과 건국 시점 논쟁은 역사전쟁이라고 불릴 만큼 역사학계에 큰 충격을 주었다. 그러나 지금 와서 성찰해 보면 그로 인해 얻은 교훈 또한 적지않다. 그런 점에서 원로 사회학자인 신용하 교수의 당부는 주목할 만하다.

"대한민국 정부의 '역사적 의의'를 폄하하는 사람들은 대한민국 임시정부도 높게 평가하지를 않는다. 그런 점에서 '1919년 건국론'과 '1948년 건국론'이 서로 상대방을 부정하는 것은 어리석다. 후자는 임시정부가 독립을 위해 마지막까지 피 흘려 싸운 것을 잊지 말아야 하고, 전자는 정부 수립으로 대한민국 건국이 완성됐다."

2. 건국의 아버지들, 이승만과 김구

대한민국 제20대 대통령 선거를 목전에 두고 매일같이 여론조사 결과가 발표되었다. 주요 정당 예비 경선이 진행된 2021년 가을부터 그 내용을 유심히 지켜보던 필자는 매우 흥미로운 사실을 발견했다. 10월 23일 이재명 후보의 대항마가 결정되기 직전, 한국갤럽이 〈동아일보〉의 의뢰로 시행한 여론조사에서 진보진영 이재명과 심상정 후보의 지지율 합산과 보수측 윤석열·안철수 후보의 지지율 합산이 41% 대 40%로 사실상 동률을 이룬 것이다. 그런데 중요한 것은 윤석열 대신 홍준표 후보를 대입해도 역시 41% 대 40%로 똑같은 결과가 나온다는 사실이다.

그로부터 3개월이 지난 2022년 1월 17일 한국갤럽이 〈중앙일보〉의 의뢰로 실시한 여론조사에 이재명과 심상정을 합친 진보진영과 윤석열과 안철수를 합한 보수진영의 지지도가 40% 대 41%로 또다시 같아졌다. 대한민국 대통령 선거는 후보의 보수진영과 진보진영 간의 세력 대결이 관건이라는 반증이다.

결국 보수(우파+중도 우파) 40%, 진보(좌파+중도 좌파) 40%, 그리고 무당파 20%라는 말인데 이런 현상은 비단 이번 대통령 선거만이 아니다. 2010년 이후 치러진 두 차례의 대통령 선거를 보면, 모두 보수진영 52% 대 진보진영 48%의 득표율을 보이고 있다. 선거 결과는 보수와 진보가 한 차례씩 집권했지만, 전체 진영 대결에서는 52% 대 48%의 구도가 똑같이 나온 것이다. 대한민국 정치는 보수와 진보세력이 철저하게 양분되었다는 의미로, 제18대와 제19대 대선은 물론 제20대 대선에서도 동일한 결과가 나올 수밖에 없는 현실이다.

이 때문에 후보마다 앞다투어 '국민 통합'을 강조하였다. 그러나 국민 통합만 강조할 뿐이지 정작 어떻게 통합할 것인지에 대한 콘텐츠나 솔루션이 없다. 우리 사회의 '분열의 밑바탕'에는 역사전쟁이 자리한

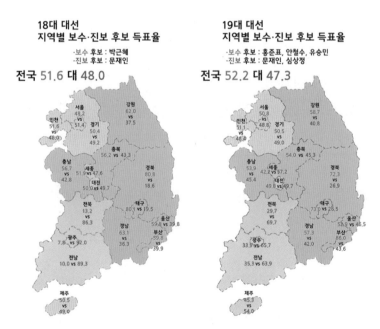

"지역·이념 대결 사라진 대선? …알고 보면 과거 구도 여전" ⓒ매일경제(2017년 5월 11일)

다. 그것을 이해하지 못하고 사회 현장의 갈등만 치유하려는 것은 그야말로 미봉책일 뿐이다.

1) 이승만과 김구 비교

지금까지 대한민국에는 두 사람의 정신적 지도자가 존재한다. 다시 말해서 이승만을 '건국의 아버지'로 보는 보수진영과 김구를 '건국의 영웅'으로 진보진영이 대립하고 있다. 문제는 양측 모두가 자기 진영의 지도자를 영웅시하는 데 머무르지 않고, 상대 지도자의 행적에 대해서는 폄훼하면서 인정하지 않는다는 것이다. 심지어 학계나 언론에서도 이승만과 김구를 '건국의 아버지'로 언급하는 것조차 못마땅하게 여기는 경우가 적지않았다.[27]

그런데 이승만과 김구 두 사람을 객관적인 시각에서 중립적으로 바라본 사람이 언론인이자 정치학자인 손세일이다. 그가 쓴 《이승만과 김구》는 《월간조선》 2001년 8월호부터 2013년 7월호까지 12년 동안 110회에 걸쳐 연재한 방대한 연구 성과물로 7권의 책으로 출간되었다. 그는 이승만과 김구 두 사람의 관계를 이렇게 설명한다.

---

27) 서중석은 《서중석의 현대사 이야기》에서 "두 번 쫓겨난 대통령 띄워 '건국의 아버지'로 모시자고?"라는 도발적인 문답으로 이승만의 국부론을 비판하였다.(서중석, 앞의 책, pp.185-200) 이와 반대로 인보길은 "독립운동가 김구가 돌변하여 소련 편으로 돌아선 날. 1948년 1월 26일 소위 '친북세력'의 원조가 등장하면서다"는 주장으로 김구의 국부론을 비판하였다.(《뉴데일리》, 2022년 1월 26일)

"이승만(1875-1965)과 김구(1876-1949)는 협조적이고 쌍두마차 같은 관계였다. 흔히 생각하듯 대립과 갈등의 관계가 아니었다. 두 사람은 '한국 민족주의'의 두 봉우리다. 이 두 봉우리에 올라서야 한국의 미래가 보인다. 해방 이후 추종자들에 의해 정치적 라이벌 관계로 부각됐을 뿐, 두 사람은 독립운동 과정에서 줄곧 협력적 관계였다. 두 인물의 차이라면 같은 민족주의 안에서 이승만은 건국을, 김구는 민족을 강조했다는 것이다."

손세일은 이승만과 김구, 두 역사적 인물에 대해 철저한 고증과 논리에 기초하여 분석하였다. 이 같은 그의 평가를 검증하기 위해서는 두 인물의 삶과 사상에 대한 검토가 공정한 바탕 위에 이뤄져야 한

'대한민국 임시정부 귀국 봉영회'에 참석한 이승만과 김구(1948년 12월 19일)

다. 이에 필자는 (사)건국대통령이승만기념사업회와 (사)백범김구선생기념사업협회 홈페이지에 공개된 자료를 바탕으로 그동안 관련학계의 연구 성과를 대조하면서 살펴보고자 한다.

이승만은 1875년 황해도 평산군에서 부친 이경선과 모친 김해 김씨의 6대 독자로 태어났다. 세종대왕의 맏형인 양녕대군의 16대손으로 몰락한 왕족인 탓에 매우 가난한 환경에서 자랐고, 어린 시절에 서울로 이사했다. 김구는 1876년 황해도 해주에서 부친 김순영과 모친 곽락원의 외아들로 태어났다. 그는 동네 양반들의 괄시 속에 '상놈'의 한을 뼈저리게 느끼면서 자랐다. 여기서 주목되는 것이 이승만의 '왕족 의식'과 김구의 '상놈 콤플렉스'이다. 이와 같은 심리적 배경에서 이승만의 카리스마와 강력한 리더십을 이해할 수 있다. 또 김구의 '상놈 콤플렉스'는 타인의 말을 경청하는 의견취합형 리더십으로 승화되었다.

2) 동양과 서양으로 갈라진 지향점

두 사람의 어린 시절은 공통점이 많다. 이승만은 몰락한 왕족의 후손이었고, 김구는 비천한 상민의 후손이던 탓에 가난한 어린 시절을 보냈다. 둘 다 한학을 공부하고 과거에 도전했지만 낙방했다. 그러나 이후 두 사람의 인생은 확연하게 달라졌다. 이승만은 1895년 과거에 낙방한 후 배재학당에 입학해서 서양 학문과 민주주의를 체득하였고, 김구는 1892년 과거에 낙방하자 관상을 배우다가 이듬해 동학에 입문하였다. 결국 이것이 이승만은 개화운동에, 김구는 동학농민혁명에 참여하는 계기가 되었다.

배재학당 시절 '협성회'를 결성하고 미국식 토론회를 통해 개화와 구국운동의 방향성을 찾은 이승만은 1898년 독립협회가 만민공동회를 개최하자 가두연설로 큰 명성을 얻었지만, 1899년 1월 일본 망명 인사들의 '고종 폐위 음모 사건'에 연루된 혐의로 투옥되었다. 그러나 투옥된 지 3주 만에 감옥을 탈출하였다가 곧 체포되어 곤장 100대와 종신형을 선고받고 한성감옥서에 다시 투옥되었다. 옥중 생활 중에 콜레라가 창궐하여 생사의 고비를 수없이 넘기는 가운데서도 청일전쟁의 교훈을 다룬 《청일전기》를 번역하고, 그의 대표적 명저인 《독립정신》을 저술했다. 그러던 중 1904년 러일전쟁이 일어나자

한성감옥에서 종신수 차림의 이승만(왼쪽 끝에 서 있는 사람)

특사로 사면되었다.

한편 동학에 입문한 김구는 1894년 팔봉접주가 되어 해주성 공격의 선봉에 섰다가 패배하고, 이듬해 안중근의 부친인 안태훈 진사 부대와의 전투에서 실패한 후 그곳에 몸을 의탁했다.[28] 이후 1896년 3월 9일 안악군 치하포에서 일본인 상인 츠치다(土田讓亮)를 살해한 사건으로 인해 도피했지만, 6월말 해주에서 체포되었고 인천감리서에 구속된 상태로 심문을 받았다. 일본인을 살해한 죄로 사형이 확정되었지만, 고종의 판결 보류로 인한 미결수로 복역하던 중 1898년 탈옥에 성공하였다.

이처럼 이승만은 서양으로, 김구는 동양으로 시선이 향했지만 비슷한 시기에 각각 사형 선고를 받고 똑같이 사형을 면한 후 옥살이를 감당한 행보는 흥미롭다. 심지어 탈옥을 감행한 것조차 닮았다. 그러나 동시대를 살던 두 사람의 인연은 연결되지 않았다. 1904년 8월 9일 석방된 이승만은 10월 15일 천민 출신의 독립운동가 전덕기 목사가 시무하던 '민족운동의 요람' 상동교회에서 운영하던 상동청년학원의 교장에 취임했지만, 미국행이 결정되자 곧바로 사임하고 11월 4일 출국했다. 김구는 그로부터 1년이 지난 후에 상경하여 상동교회 모임에 참여했다.

---

28) 필자, "김구와 안중근이 전쟁을 벌인 이유", 〈김형석의 역사산책〉 https://blog.naver.com/wif0691/222068309173
29) 남시욱, 앞의 책, p.649.

미국으로 건너간 이승만은 1905년 2월 조지워싱턴대학교 2학년에 입학한 후 1907년 졸업과 동시에 하버드대학교 석사과정에 진학했다. 그리고 1년 만인 1908년 9월 프린스턴대학교 박사과정에 입학하여 정치학과 국제법을 전공하고, 1910년 7월에 〈미국의 영향을 받은 중립(Neutrality as Influenced by the United States)〉이라는 논문으로 박사학위를 취득했다. 미국 유학 5년여 만에 세계적인 명문대학에서 국제 정치학 박사가 된 입지전적인 인물이었다. 1910년 귀국하여 서울기독청년회(YMCA) 총무와 청년학교 학감으로 활동하다가 '105인 사건'으로 신변의 위험을 느끼게 되자 다시 미국으로 망명하였다.

한편 1905년 을사늑약이 강제 체결된 후 고향인 황해도 장연·신천·안악 등에서 계몽운동에 종사하던 김구는 1911년 일제가 안악 사건(일명 안명근 사건)을 조작하면서 경성으로 압송되어 혹독한 고문을 당한 후 징역 15년을 선고받고 서대문감옥에서 복역했다. 이후 1915년 8월에 가출옥한 후에는 황해도 농장에서 일하다가, 1919년 3·1운동이 일어나자 중국으로 망명했다. 3월 29일 상하이에 도착한 김구는 임시정부에서 궂은일을 자원봉사하던 중에 8월 안창호의 추천으로 임시정부 경무국장에 취임하게 되었다.

개화파 3개 세대와 보수세력의 인맥[29]

1세대	박규수(1807) 오경석(1831) 유홍기(1831)
2세대	김옥균(1851) 홍영식(1855) 유길준(1856) 박영효(1861) 오세창(1864)
3세대	이승만(1875) 김　구(1876) 안창호(1878) 신흥우(1883)

임시정부 경무국장 시절의 김구(1920년)

이렇게 이승만과 김구 두 사람이 추구한 지향점은 각기 동·서양으로 달랐지만, 1870-80년대에 태어나서 개화와 부국강병을 도모하던 개화파의 3세대이면서 독립운동에 선구자적인 역할을 감당한 우익, 보수세력의 원조로서 공통점을 가진다.

3) 임정 시절의 이승만과 김구

이승만과 김구, 이 두 사람은 1920년 12월초 상해 임시정부에서 처음으로 만나게 되었다. 1919년 9월 6일 임시 의정원에서 임시 대통령으로 선출된 이승만은 1920년 11월 15일 하와이 호놀룰루에서 화물선을 타고 중국으로의 밀항을 시도했다. 일본이 30만 달러의 현상금을 걸었기 때문에 중국인 시체를 넣은 관 속에 숨어서 임시 대통령에 부임하러 온 것이다. 이때 김구는 경무국장으로 근무했는데, 스스로 임시정부의 문지기라 생각하며 일했다. 이승만은 12월 28일 임시 대통령 취임식을 갖고 5개월 동안 재임하다가 1921년 5월 29일 워싱턴 군축회의 참석을 이유로 미국으로 돌아갔다.

이후 이승만은 미국에서 구미위원부를 활용한 외교 활동으로, 김구는 임시정부에서 독립운동에 매진하였다. 그러나 임시정부와 구미위원부 사이에는 미주 지역에서 징수하는 각종 국고금의 수납을 둘러싼 갈등이 도사리고 있었다. 이승만이 자신의 책임하에 미주 지역의 모든 재정을 관할하고 공채도 발행하겠다고 주장하자, 임정은 "애국금은 국민회 중앙총회가 임정으로부터 위임을 받아 수납해 온 것이니 취소할 수가 없고, 공채는 장차 주미 재무관을 파견하여 발행하겠다"고 통보했다.

이에 이승만이 크게 반발하자 공채 발행을 구미위원부에 위탁하기로 결정했다. 구미위원부는 1920년 6월부터 임정에 송금을 시작했는데, 그 액수는 1919년 8월 이후 2년간 구미위원부 총지출액 91,640달러의 18%인 16,452달러에 불과했다. 이렇게 재정 문제가 곧 권력 문제로 이어지면서, 상해 임정과 미주의 이승만 사이에는 이를 둘러싼 갈등이 일어났다.[30]

이로 인해 1923년부터 이승만 탄핵론이 제기되었고, 임시 의정원은

---

30) 박찬승, 《한국독립운동사》, 역사문제연구소, 2014년, pp.129-130.

임시정부 특명전권대사로 파견된 이승만이
제네바 국제연맹회의장에서 발언하는 모습(그림; 조이스 진)

1925년 3월23일 이승만 임시 대통령 탄핵과 구미위원부 폐지를 결정했다. 이승만 대통령에 대한 탄핵 사유는 "①임시정부 대통령으로서의 직무에 충실하지 않았다. ②독립운동 자금이 임시정부로 들어가는 것을 미국에서 차단했다. ③임시 의정원의 결의를 인정하지 않고 임시 의정원 존재 자체를 부정했다. ④상해 임시정부의 정통성을 부정하며 한성 정부의 정통성을 주장했다"는 것이었다. 그러나 이승만은 구미위원부 폐지에 불복하고 계속하여 운영했다.[31] 그리고 1932년 11월 10일 임시정부에 의해 국제연맹에 한국의 독립을 탄원

할 전권대사로 임명됨으로써 복권이 된 셈이었다.

1945년 8월 15일 해방이 되었을 때, 이승만은 1942년부터 미국에서 "나는 이승만이오. 대한 임시정부 대표원으로 미국 경성 워싱턴에서 말합니다"로 시작하는 단파방송을 활용한 덕분에 국내에서도 전국적인 지도자로 부상했다.[32] 김구 또한 1926년 12월 임시정부 국무령(이듬해 국무위원으로 개칭)에 선출된 후 이봉창·윤봉길 의사의 의거를 주도하면서 임정을 이끌었고, 1940년 주석으로 선출되면서 명실상부한 임시정부의 대표자로 공인되었다. 이승만과 김구는 한국의 독립운동을 상징하는 인물이었다.

4) 해방정국의 이승만과 김구

일본이 패망하자 이승만은 1945년 10월 4일 워싱턴을 떠나 귀국길에 올랐다. 12일 도쿄에서 맥아더와 하지를 만나서 임시행정부 수립 구상에 합의한 후, 16일 한국인 가운데 가장 먼저 귀국하였다. 미군정은 물론 좌·우 양 진영의 지지를 받으면서 최고지도자로 추대를 받았다. 10월 21일 사회주의자 여운형·허헌 등이 결성한 조선인민공화국 중앙인민위원회 주석 취임을 요청하였지만 거절하였으며, 나흘 뒤인 25일에 혼란스런 정국의 통합을 위해 좌·우를 망라한 65개 단

---

31) 위의 책, pp.145-147.
32) 손세일, 〈이승만과 김구(64); 나는 이승만입니다〉, 《월간조선》 328호(2007년 7월), p.586.

체 대표들을 회집하여 조선독립촉성중앙협의회를 결성하고 총재에 취임했다. 이렇게 이승만은 임시정부의 김구보다 40여 일이나 앞서 귀국하여 정계 구도 재편을 시도하였으며, 이를 바탕으로 임정을 여기에 편입시키려고 하였다. [33)

이에 비해서 임시정부 주석이던 김구는 이승만보다 한 달여 늦은 11월 23일에야 귀국했다. 미군정에서는 정부 자격이 아닌 개인 자격으로 귀국을 허가했고, 앞서 귀국한 이승만이 이미 주도권을 잡은 상태였다. 1945년 8월 10일 김구 주석과 이청천 광복군 총사령관은 시안(西安)에서 미군 전략사무국(OSS)과 광복군 대원들의 국내 침투 문제에 대하여 협의하던 중 일본의 항복 소식을 들었다. 이날 김구는 《백범일지》에 "희소식이라기보다는 하늘이 무너지고 땅이 꺼지는 일이었다. 수년 동안 애써 참전을 준비한 것이 모두 허사로 돌아갔기 때문"이라고 적었다.

즉시 환국을 위한 교섭과 함께 국내에 돌아가서 활동할 방향을 준비했다. 9월 3일 국무회의는 '당면 정책 14개조'의 정부 수립 구상을 발표했는데, 기존의 '건국 강령'을 이어받은 임정의 건국 및 권력 창출 방안이었다. 주요 내용은 '임정 입국 → 각계각층 대표자회의 소집 → 과도정부 수립 → 전국적 보통선거 실시 → 정식정부 수립' 과정을 거친다는 것으로, 임정이 과도적 통치권을 장악한 상태에서 각 정치세력을 망라해 정부를 수립한다는 것이었다. 이후 1946년초까지 임

---

33) 정병준, 《우남 이승만 연구》, 역사비평사, 2013, pp.463-466.

정의 정치활동 지침이 되었다.[34]

임정의 정국 구상은 당시 국내 정치 상황에서 실현 가능한 대안이 아니었다. 임정 자체를 확대 강화하고 그 바탕 위에서 정부를 수립한 다는 계획으로, 이것은 임정을 활용해서 우익 주도의 과도정부를 구성하려는 미군정의 구상과는 근본적으로 달랐다. 더욱이 임정의 위상이 확고한 것도 아니고, 미국을 비롯한 연합국은 임시정부를 승인하지 않은 상태였다. 이에 하지 장군은 재차 임정 요인들의 개인 자격 귀국을 확인했고, 11월 19일 김구는 "개인 자격임을 숙지하고 미군정에 절대 협조한다"는 서약서를 중국 주둔 미군사령관 웨드마이

서울 동대문운동장에서 열린 임시정부 환국 봉영회(1945년 12월 19일)
ⓒ일강 김철 선생 기념관

---

34) 이승억, 〈임시정부 귀국과 대 미군정 관계〉, 《역사와 현실》 24(1997년 6월), pp. 92-94.

어에게 제출했다.[35]

그로부터 나흘 뒤인 11월 23일 김구는 꿈에 그리던 환국길에 올랐다. 그날 오후 4시 임정 요인 제1진 15명이 김포비행장에 내렸고, 제2진은 12월 2일 서울에 도착했다. 이에 12월 19일 임시정부 귀국 환영회가 서울운동장에서 15만 명의 국민들이 참석한 가운데 성대하게 열렸다.

임정은 독립운동 과정에서 확보한 법통성과 임시정부 봉대 분위기, 한반도와 관련한 중국의 원조, 미군정의 우호적 태도에 기대를 걸었지만 현실은 달랐다. 임정의 계획은 미군정은 물론 '인공'을 결성한 좌익과도 달랐고, 이승만이나 한민당 등의 우익과도 차이가 있었다. 임정은 조소앙·김붕준·김성숙·최동오·장건상·유림·김원봉 등 중앙위원 7명으로 된 특별정치위원회를 통해 민족통일전선을 실현하려고 과도정부 구성을 시도했다. 특별정치위원회가 추진한 합작은 임정 법통을 인정하고, 정부의 행정 부서와 요직을 계승하며 2,3개 부서를 좌익에게 제시하는 방안이었다. 이 방안은 송진우의 한민당과 안재홍의 국민당 등 우익 일부에서 지지를 받았고, 이를 바탕으로 허헌 등의 좌익과도 통일전선 방안을 논의했다. 그러나 이런 노력은 모스크바 3상회의의 신탁통치 결정 소식이 전해지면서 더 이상 진행될 수 없었다. 신탁통치를 둘러싼 회오리가 한반도를 몰아치면서 완전히 다른 정치 상황이 연출되었기 때문이다.[36]

---

35) 위의 글, pp.101-102.

신탁통치 절대 반대와 3상결정 절대 지지로 분열된 한반도 ⓒ통일뉴스

5) 단독정부 수립을 둘러싼 대립

해방정국에서 가장 유력한 정치지도자이던 이승만과 김구의 역할과 위상이 극명하게 갈라진 것은 단독정부 수립을 둘러싼 갈등 때문이었다. 1945년 12월 28일 '모스크바 3상회의'에서 미소공동위원회에 의한 한반도 문제 해결을 결의했다. 한반도는 미국·소련·영국·중국 4개국에 의한 최고 5년간의 신탁통치를 거쳐야 했고, 이로 인해 신탁통치를 찬성하는 공산주의자들과 반대하는 민족주의자들 간

36) 오대록, 〈해방 후 대한민국 임시정부 연구〉, 단국대학교 박사학위청구논문, 2014, pp.91-92.

에 찬반 논쟁이 격화되었다. 신탁통치가 처음 제기되었을 때부터 이승만과 김구는 신탁통치를 강력하게 반대했다.

반탁운동이 전국적으로 확산되는 중에 1946년 5월 덕수궁에서 열린 제1차 미소공동위원회가 결렬이 되자, 6월 3일 전북 정읍을 방문한 이승만은 "미소공동위원회가 재개될 기색이 보이지 않고 통일정부를 기대하기 어려운 상황이니, 남방만이라도 임시정부를 조직하여 38선 이북에서 소련을 몰아내도록 세계에 호소해야 할 것이다"라고 연설했다. 그리고 이승만은 독립정부 수립 문제를 유엔으로 넘길 것을 요청하기 위해서 9월 10일 임영신을 미국에 파송하였으며, 12월에는 자신이 직접 호소하기 위해 미국을 방문하였다. 그 결과 3월 12

서울 동대문운동장에서 열린 유엔한국임시위원단 환영대회(1948년 1월 14일)

일 역사적인 트루먼 독트린이 발표되어 미국의 대외정책과 대한정책이 중요한 변화 국면을 맞이했고, 국내에서는 이승만의 입장이 강화되고 단독정부 실현 전망이 훨씬 밝아졌다.[37]

한편 미국의 한반도 정책이 '중도세력에 의한 통일정부 수립'에서 '남한 단독정부 수립'으로 바뀌면서 한반도 문제가 유엔으로 넘어가자, 김구와 김규식은 평양의 김일성·김두봉에게 '남북 요인회담'을 제의하는 서신을 보냈다. 이에 북한측이 '남북 정당·사회단체 대표자 연석회의'로 개최할 것을 제의해 오자 김구와 김규식은 동의하고 평양 방문을 추진했다. 군정청은 이들의 북행에 반대 입장을 표명했으며, 북한에서 월남한 인사들은 물론 청년·학생·기독교단체들까지 나서서 결사반대를 외쳤다.

그런 가운데 북행을 강행한 김구 일행은 1948년 4월 19일에서 23일까지 평양에서 열린 남북 연석회의에서 미·소 양군 철병 요청서와 단독정부 수립에 반대하는 동포에게 보내는 격문을 채택하는 한편, 김구·김규식·김일성·김두봉 4인 회담을 별도로 개최했다. 회담은 소련 군정청의 민정청장 레베데프의 각본대로 진행되었고, 남한 대표단은 남북 협상에서 김일성에게 철저히 이용만 당한 결과를 낳았다. 이 때문에 회담을 마치고 서울로 돌아온 김구와 김규식은 협상의 경위와 합의 사항을 설명하는 공동성명을 발표한 후 5·10 선거에는 불참했다.

김구는 평생을 조국의 독립과 새로운 국가 건설(건국)을 소망한 사

---

37) 유영익, 〈이승만과 대한민국 건국〉; 김영호 외, 앞의 책, pp.128-132.

남북 연석회의 모습 - 앞줄 왼쪽부터 홍명희, 김일성, 김두봉, 김구, 조완구(추정).
ⓒ통일뉴스

람이었다. 이런 소망을 담은 것이 건국 강령이다. 1940년 10월 충칭 임시정부 주석으로 선출된 김구는 1941년 11월 임정 기관지《임정 공보》제72호에 대한민국 건국 강령 전문을 게재했다. 조소앙의 삼균주의를 받아들인 건국 강령은 '새로운 민주주의 확립과 사회계급 타파, 경제적 균등주의 실현'을 주창했다. 이 강령에 의거한 국가 건설은 '독립 선포 – 정부 수립 – 국토 수복 – 건국'의 과정을 거친 후에, 보통선거를 통한 민주공화국의 수립, 정치·경제·교육의 균등 등을 규정했다. 이 건국 강령에서 호칭한 대한민국은 임시정부를 가리키는 것이 아니라, 해방 후 건국할 대한민국이었다.[38]

---

38) 신용하, 〈백범 김구 선생과 대한민국 건국 활동〉,《백범과 민족운동 연구》7집, 백범학술원, 2009, pp.277–280.

그러던 중 1945년 9월 3일 환국을 기다리던 김구는 〈국내외 동포들에게 고함〉이라는 성명서를 통해 "우리가 처한 현단계는 건국 강령에서 명시한 바와 같이 건국의 시기로 들어가는 과도적 단계다. 복국(復國)의 임무를 아직 완전히 끝내지 못하고 건국 초기가 개시되려는 단계"라고 주장했다. 여기서 '복국 임무'란 원천국가인 대한제국 국토, 국민으로 수복하는 것을 말한다. 이 때문에 김구의 입장은 대한민국 건국에는 적극 참가하지만, 정부를 단독정부로 수립하는 데는 참가하지 않는다는 것이었다.[39] 그러나 이로 인해 남북협상에 임함으로써 대한민국 정부 수립에 큰 지장을 주고 김일성의 정략에 호응했다는 비판도 받는다.[40]

1948년 5월 10일 유엔 감시 아래 남한만의 총선거가 실시되어 국회의원 198명이 선출되었다. 이어 국회는 5월 31일 개원식을 갖고 이승만이 국회의장에 취임하였다. 이들의 첫번째 임무는 헌법 제정이었으며, 7월 17일에 우리나라 최초의 헌법이 공포되었다. 이후 대한민국 헌법에 따라 정부를 이끌 지도자로 정·부통령 선거가 국회에서 치러졌다. 결과 대통령에는 이승만, 부통령에는 이시영이 당선되었다. 곧이어 나라 살림을 비롯한 모든 행정일을 맡아 할 내각이 구성되고, 대한민국 정부가 수립되면서 명실공히 국가가 완성되었다.

이처럼 신탁통치 반대와 반공노선에 뜻을 함께하면서 호형호제하던

---

39) 위의 글, p.288.
40) 이민원, 〈대한민국 건국의 연속성과 독자성〉, 《대한민국 건국절 제정 학술대회》, 대한민국 건국절 제정범국민1천만서명운동연합회, 2014, p.38.

이승만 초대 대통령이 1948년 7월 24일 중앙청에서 한복을 입고 취임사를 하는 모습.

이승만과 김구 두 거인이 균열을 보인 배경에는 '현실주의적 국제정치
가'인 이승만과 '이상주의적 민족운동가'인 김구의 인식 차이도 있지만,
해방정국의 혼동과 테러, 북한의 공작이 주효한 측면이 작용하였다.[41]

6) 누가 건국의 아버지인가?

국부(國父)라는 용어는 여러 국가에서 건국이나 독립, 또는 국가의
발전 시기에 활약한 상징적 인물에게 사용하는 호칭이다. 고대 동아

---

41) 위의 글, p.38.

시아에서는 봉건 왕조를 창건한 '창업 군주'에게 태조(太祖)라는 묘호를 추존했는데, 왕조국가판 국부였다. 우리 역사에도 고려의 태조는 왕건(877-943)이고, 조선의 태조는 이성계(1335-1408)이다. 이런 관점에서 보면 대한민국의 국부는 이승만일 수밖에 없다. 이승만은 대한민국의 첫번째 대통령인데다가, 역사적으로도 임시정부의 첫번째 임시 대통령이었다.

그러나 서양에서는 그 의미가 다르다. 서양의 국부(Father of the Nation)는 로마의 아우구스투스(Augustus)로부터 유래되었다. 카이사르(Gaius Julius Caesar: BC 100-44)의 양자인 옥타비아누스(G. J. Caesar Octavianus, BC 63-AD14)가 BC 31년 악티움해전에서 안토니우스와 클레오파트라 연합군을 진압하여 내전을 종식시키고 로마로 귀환하자, 원로원과 시민들은 그에게 집정관을 맡기고 독재권을 부여했다. 이때 옥타비아누스는 독재권을 행사하기보다 그의 정적들에게 용서를 베풀어 신뢰를 쌓았다.

이로 인해 원로원에서는 BC 29년 옥타비아누스에게 '국가 제1시민(princeps civitatis)'이라는 칭호를 부여했다. 이 칭호는 공화국시대에 지도급 원로원 의원으로 인정받은 집정관 경력자로 높은 위신과 덕망을 지닌 자를 뜻했다. BC 27년 옥타비아누스는 내전이 완전히 끝났으므로 자신에게 위임된 독재권을 원로원과 시민들에게 반납한다고 선언했다. 이에 원로원은 그에게 황제권을 부여하고 '존엄한 자'라는 뜻의 아우구스투스라는 칭호를 수여했다. 공화정으로부터 제정(帝政) 로마제국을 연 국부로 칭호를 받은 것이다.[42]

20세기 들어 두 차례의 세계대전이 끝나고 새로운 국가가 건국되면서, 국가마다 독립전쟁을 통해 영토를 회복하여 국가를 건설하고 국민 통합을 이루어 존경받는 국가지도자를 국부로 추앙하는 경우가 많았다. 이런 관점에서 인도의 마하트마 간디(1869-1948), 터키의 무스타파 케말(1881-1938), 베트남의 호치민(1890-1969), 미얀마의 아웅산(1915-1947), 싱가포르의 리콴유(1923-2015) 등을 그 국가에서는 국부라고 부른다. 그러나 중국에는 쑨원(1866-1925)과 마오쩌둥(1893-1976)을 놓고 평가가 엇갈린다.

우리나라도 1945년 8월 15일 해방이 되자 국내외에서 독립운동에 공헌한 애국지사들을 놓고 그 공적을 평가하면서 대한민국의 국부가 누구인지를 따지는 것이 시중의 논쟁거리였다. 화제의 대상자는 주로 우남 이승만과 백범 김구, 그리고 몽양 여운형이었다. 그해 10월 10일부터 11월 9일까지 선구회(先驅會)라는 중도성향 단체가 한 달 동안에 걸쳐 정당·언론사를 포함한 105개 단체를 대상으로 실시한 여론조사에 의하면, 대통령 후보자로 이승만은 응답자 802명 가운데 과반수인 431명의 지지로 단연 선두였고, 이어 김구 293명, 여운형 78명의 순서였다.

이것은 당시 서울의 지식인들은 대한민국 건국의 두 주역을 이승만과 김구로 보는 경향이 뚜렷했음을 보여주는 지표다. 미국과 중국

---

42) *A Dictionary of Greek and Roman Antiquities*, William Smith, LLD, William Wayte, G.E. Marindin, Ed.(Albemarle Street, London. John Murray. 1890); https://www.perseus.tufts.edu/hopper/text?doc=Perseus:text:1999.04.0063:entry=princeps-cn

[표 1] 선구회 조사 내각 후보자 명단(1945년 11월)[43]

직 명	1 위	2 위	3 위	기 타
대 통 령	이승만(431)	김 구(293)	여운형(78)	기 권(176)
내무부장	김 구(195)	여운형(118)	안재홍(59)	허 헌(58)
외무부장	여운형(274)	이승만(137)	김규식(58)	김 구(55)
재무부장	조만식(176)	김성수(98)	정태식(39)	김규식(37)
군무부장	김일성(309)	김원봉(98)	이청천(78)	김규식(27)
사법부장	허 헌(371)	김병로(58)	최동오(52)	이강국(42)
문교부장	안재홍(275)	김성수(68)	김창준(68)	기 권(249)
경제부장	백남운(215)	이관술(98)	박헌영(36)	김규식(34)
교통부장	최용달(196)	하필원(58)	안재홍(36)	기 권(229)
노동부장	박헌영(371)	여운형(38)	기 타(212)	기 권(113)

에서 각기 독립운동을 한 두 사람이 같은 공간에서 활동한 시기는 이승만이 임정의 초대 대통령에 취임하기 위해 하와이에서 상해로 건너온 1920년 12월부터 다시 미국으로 떠난 1921년 5월까지 6개월뿐이다. 당시 두 사람의 관계는 임시 대통령과 경호책임자(경무국장)였다. 상해 임시정부의 심각한 정치적 갈등에도 불구하고 두 사람 사이에는 특별한 불협화음이 없었다. 이승만 임시대통령에 대한 탄핵이 진행될 때도 마찬가지다. 그 이유는 김구의 정치적 위상이 이승만과 대립각을 세울 만한 위치에 있지 못한 탓도 있지만, 그보다 이승만에 대

---

43) 잡지《선구(先驅)》1-3호(1945년 12월호).

한 김구의 생각이 우호적이고 포용적이기 때문이었다. 해방정국에서 김구의 마지막 비서로 동고동락한 선우진의 증언이다.

"백범 선생이 지방 순시할 때, 국민들이 환영의 뜻으로 솔문을 세워서 '환영국부김구주석(歡迎國父金九主席)'이라고 써붙여 놓았습니다. 백범 선생께서 그것을 보시더니 "국부(國父)는 한 나라에 한 사람, 이승만 박사뿐이니, 김구 옆에 붙은 국부라는 말은 떼어내라"고 하셨습니다. 백범은 "앞으로 통일된 대한민국 초대 대통령은 이승만 박사가 되어야 한다"고 말씀하셨습니다. 국민들은 백범을 추앙하는데 정작 백범 선생은 이승만 박사만 내세우는지 모르겠다고 주변에서 답답해하는 사람들이 많았습니다. 저는 일점일획의 가식 없는 그분의 말씀을 믿습니다. 백범 선생은 외교에 밝은 '우남장 형님'이 초대 대통령이 돼야 한다고 판단하신 것 같습니다."[44]

그런데 문제는 이승만과 김구의 사적인 관계가 아닌 집단화된 진영간의 정치적인 관계이다. 군정청에서는 임정 요인들을 환국시켜 정치적으로 활용한다는 구상에 따라 '정부 명의'가 아닌 '개인 자격'으로 입국하도록 하였으나 그들은 그렇게 생각하지 않았다. 김구는 귀국 소감을 묻는 기자에게 "국제관계에 있어서는 개인 자격이지만

---

44) 오동룡, 〈백범 김구의 비서 선우진 옹 혼신의 증언, 건국의 아버지 백범〉, 《월간 조선》(2008년 1월), p.664.

김구의 환국 다음날 만난 해방 공간의 세 주역
- 이승만, 김구, 하지(1948년 11월 24일)

국내 동포의 입장에서는 정부"라고 대답했고, 임정의 대변인 역할을 한 선전부장 엄항섭도 "대외적 관계에 있어서는 개인 자격이지만 국내에 있어서는 정부 자격으로 해석해야 할 것"이라고 강조하였다.[45]

이처럼 환국 이후 정국 주도권을 장악하려는 임정의 의도는 군정은 물론 이승만과의 관계에도 영향을 끼쳤다. 미군정청의 정치고문단 소속으로 좌우 합작 정부 수립을 위해 중요한 역할을 담당하던 버치 중위는 보고서에서 두 사람의 관계를 이렇게 분석하였다.

---

45) 〈조선신보〉, 1945년 11월 25일자; 〈중앙신문〉, 1945년 11월 25일자.

서구의 정치적 기준으로 이승만과 김구의 관계를 설명하기는 쉽지 않다. 고대 로마의 삼두정치에서 나타났던 정치동맹의 관점에서 내부적 관계를 설명하는 것이 더 이해하기 쉬울 것이다. 두 사람 사이에는 어떠한 정치적 또는 사적 애정이 없다. 제한적 목적을 위해 단지 임시적인 연합이 있을 뿐이다. 각각은 서로를 불안해하고 싫어한다. 공동의 노력에 의해서 정권을 잡고 나면 상대를 제거할 것이다. 삼두정치에서 나타난 것처럼 시시때때로 입장을 바꾸면서도 상대에 가까운 사람에게 관대하게 대하고 있다. 그러나 송진우의 암살에서 보는 것처럼 서로간의 옆구리를 공격하기도 했다.[46]

　　이 같은 버치의 평가와는 달리 일반적으로는 1945년말의 반탁운동부터 1947년 초반까지는 두 사람이 긴밀한 협력관계였고, 심각한 정치적 갈등을 겪게 되는 것은 1947년 12월 장덕수 암살사건과 이듬해 '5·10총선거' 이후라는 것이 보편적인 시각이다. 이렇게 악화일로를 걷던 두 사람의 관계는 1949년 6월 29일 김구가 암살당하면서 추종자들간에 다시는 회복할 수 없는 관계가 되었다. 따라서 이승만에 대한 평가도 우파에서 이승만을 건국 대통령이라고 부르며 국부로 추앙하는 데 반해, 좌파에서는 이승만을 독재자로 부르며 국부론을 비판한다.

　　2020년 7월 23일 국회 외교통일위원회에서 열린 통일부장관 인사

---

46) 박태균의 버치보고서(7), "이승만과 김구", 〈경향신문〉(2018년 5월 13일).

청문회에서 이인영 후보자는 과거 이승만 정권을 '괴뢰정권'이라고 말한 데 대한 질문을 받고, "독재적 성격을 가진 데 대해 비판이 많고 독립운동 과정에서 타협한 부분과 비타협한 부분에 대한 평가는 엇갈린다. 괴뢰정권이라고 단정하는 것에 대해서는 여러 가지 의견이 남아 있다"고 답변했다. 그는 이어서 "이승만 대통령을 우리의 국부(國父)다 하는 부분에 대해선 다르게 생각한다. 우리의 국부는 김구 주석이 되는 것이 더 마땅했다고 생각하고, 그런 역사 의식을 가지고 있다"고 덧붙였다.

대한민국 정부가 수립된 지 72년이 지난 시점에 국무위원 인사 청문회장에서 초대 대통령에 대한 평가를 두고 '국부 논쟁'이 불거진 것이다. 김구를 국부로 표현한 이인영의 주장은 여러 반론이 존재한다. 무엇보다 이승만은 국제정세를 정확히 파악하고 선제적으로 대응하여 유엔한국임시위원단의 감시하에 자유총선거를 치르고, 유엔 총회에서 대한민국이 국가로 승인을 받음으로써 건국을 완성하였다. 물론 이것은 이승만이 장기집권과 자유당의 부패로 비판받는 것으로 인해 국부라고 부르는 데 거부감을 갖는 것과는 별개의 문제이다. 이에 비해 김구는 국제정세를 파악하지 못하고 대한민국 정부 수립을 반대하였을 뿐 아니라 북한의 김일성과 남북협상을 시도하였고, 정부가 수립된 후에도 대한민국의 정당성을 부정했다.[47] 박명림의 지적은 더 구체적이다.

---

47) 양동안, "건국에 대한 이승만과 김구의 공과", 〈헌정〉 309호(2008년 3월), p. 46.

무엇보다도 김구의 노선에서 결여된 것은 국제성과 지역성이었다. ……김구는 해방 이후 임정 봉대, 반탁·반공, 미소공위 반대, 좌우 합작, 건국, 남북 회합, 양군 철수 주장을 포함한 현실적 성공과 실패에 대해 전혀 책임을 지지 않았고, 성찰도 표명하지 않았다. 그뿐 아니라, 제헌국회에서 제헌헌법 논의가 한창이던 1948년 6월에 "현재 국회의 형태로서는 대한민국 임시정부의 법통을 계승하는 아무 조건도 없다"고 본다고 말한 일도 있다. 이렇게 김구는 신생 대한민국을 인정하지 않았다. [48]

그러면 김구는 국부가 될 수 없는가? 손세일은 《월간조선》에 〈이승만과 김구〉를 14년에 걸쳐 장기 연재를 시작하면서 저자의 말에서 "이승만과 김구는 대한민국의 두 국부"라고 기술했다.

이승만과 김구는 우리 역사상 처음으로 근대적 국민국가를 창건한 정치지도자이다. 김구는 '국부는 이승만 박사 한 사람뿐'이라고 겸양의 말을 했지만, 이승만과 김구는 대한민국을 만든 국부라고 할 수 있다. 김구가 없었더라도 건국될 수 있었다고 생각하지 않는다. 임시정부는 1948년 대한민국 건국에 지대한 영향을 끼쳤으며, 백범이 있었기에 임시정부가 유지됐다. 임시정부 덕분에 대한민국에 적법성이 있

---

48) 박명림, 〈대한민국 건국과 한국 민족주의-김구 노선을 중심으로〉, 《한국정치외교사논총》 제31-1호, 2009년 8월, p.195, 202.

는 것이다.[49]

손세일의 시사점은 두 가지다. 하나는 국부가 꼭 한 사람이어야 할 이유가 없다는 것이고, 또 하나는 건국과 임시정부와의 관련성이다. 다른 '1919년 건국론자'들이 임정 중심의 건국론을 펼치던 것과 달리 '1948년 건국설'을 인정하면서도 임정으로부터 계승되는 헌법 정신을 강조한 것이다. 이승만과 김구를 대립관계로 보던 기존의 국부론과 다르게, 이승만과 김구 두 사람을 모두 국부로 주장하는 손세일의 논리는 얼마나 인정받을 수 있을까.

여기서 우리가 주목해야 할 것은 미국의 경우다. 미국의 초대 대통령 조지 워싱턴(George Washington, 1732-1799)은 대륙 총사령관으로서 영국과의 독립전쟁을 승리로 이끌어 국토를 지키고 민주헌법으로 미합중국을 세웠다. 모든 것이 국부의 조건에 부합된다. 그러나 미국은 국부라는 말 대신 '미국 건국의 아버지들(Founding Fathers of the United States)'이라고 부른다. 어느 특정인을 가리키는 말이 아니라, 미국 독립전쟁에 기여한 사람들로 건국 초기 대통령 5명을 포함하고, 대륙회의 연합규약, 독립선언서, 연합규약, 미국 헌법에 참여, 서명한 13개 주의 대표 정치인과 관련된 남성들을 일컫는다.[50]

---

49) 손세일, 〈이승만과 김구〉, 《월간조선》 257(2001년 8월), p.506; 손세일, "김구도 대한민국 국부, 1948년 8월 15일은 건국일", 《신동아》 675(2015년 12월), pp.130-135.
50) 자세한 내용은 https://www.biography.com/people/groups/founding-fathers 참조.

2달러 지폐 뒷면의 독립선언문 그림(John Trumbull 작)
- 서명자 56명 전원이 '건국의 아버지들'이다.

이 기준에 따르면 대상자는 147명이며, 이밖에도 1765년 버지니아 식민지회의 의원이 되어 독립운동에 앞장서고 "자유가 아니면 죽음을 달라!(Give me liberty, or give me death!)"는 명언을 남긴 패트릭 헨리(Patrick Henry, 1736-1799)도 '건국의 아버지'로 불린다. 그러나 이들은 오늘을 사는 정치인들과 똑같이 오류를 가진 인간이다.[51] 이 때문에 이것은 동양에서 영웅사관(英雄史觀)에 의해 국부(國父)를 추앙하는 것과는 전혀 다른 역사 인식이다. 역사의 주체를 민중으로 인식하는 민중사관(民衆史觀)은 더욱 아니다. 연방국가 미국의 정치적 특성과 자유민주주의 사상이 빚어낸 특별한 역사 인식이다.

그렇다면 대한민국도 한 사람의 국부를 추앙하기 위해 진영간에

51) Simon schama, The Founding Fathers, Unzipped, http://historynewsnetwork.org/article/140230

갈라져서 극한적인 갈등을 겪는 것보다 미국처럼 '건국의 아버지들'을 선정하면 되지 않을까? 사람에게는 누구나 공과가 존재한다. 역사적 인물에 대한 평가도 마찬가지다. 국제정세를 정확하게 판단하여 현실적으로 불가능한 통일 노선보다 대한민국 정부 수립을 우선하여 국가의 기초를 다진 이승만과 당시의 상황은 비현실적이었지만 통일을 강조하여 미래 '통일 한국'을 위한 이상의 기초를 심어 놓은 김구 두 사람의 선택에 괴리는 있었지만, 본질적으로 우리 국민을 위한 고민은 마찬가지였다. 이런 점에 감안할 때, 지금 우리 사회에는 '건국의 아버지들'에 대한 상대 진영의 입장을 상호 존중하도록 이끌어 주는 역사 인식으로서 국민통합사관(國民統合史觀)이 요구되는 시점이다.

1980년대 이후 한국사학계의 근간에는 강만길 교수의 《분단시대의 역사 인식》에 기초한 민족사학이 자리하고, 그 지향점은 통일국가 건설이었다. 이 때문에 한국 근·현대사는 분단 극복을 위한 이데올로기의 도구로 사용되었고, 민족을 세계로부터 고립시키는 결과를 낳았다. 이것은 마치 민족사학의 원조라 할 단재 신채호의 민족주의 사관이 국민의 민족적 자각을 사상적으로 뒷받침해 주는 한국사관을 제시했지만, 그의 민족사관이 지나치게 고유성을 강조하면서 세계와 단절된 것과[52] 마찬가지 현상이다. 또 통일 문제가 역사 연구의 도

---

52) 이기백, 〈한국사학에 있어서의 사관의 문제〉, 차하순 편, 《사관이란 무엇인가》, 청람, 1982, p.247.

그마(dogma)로 인식되면서, 건국 담론은 분단 담론으로 대체되었다. 그 결과 대한민국의 건국을 부정하고, 우리 역사를 폄훼하는 자학사관이 나타났다. 1975년 제18회 전국역사학대회에서 강만길 교수가 1960년대 후반부터 제기되어 온 식민사관의 극복을 위한 대안으로 민족사학을 주장하면서 '국민주의적 민족사학'에서 '민족주의적 민족사학'으로의 전환을 강조했을 때, 해방 후 1세대 역사학자들이 '민족주의적'이란 발상의 문제점과 개념의 모호성을 지적하면서 국사학이 현실 참여로 인한 정치화의 홍역을 치르게 될 것을 우려했다. 그런데 결국 역사학이 통일운동이 되어야 한다는 그의 분단사관론이 건국 논쟁 등을 일으켜 '역사학의 정치화'를 초래한 것이다.[53]

　민족사학이 지향하는 통일은 남북이 분단된 지가 77년이 지난 지금까지도 미완성이다. 남한과 북한이 각기 독립된 국가로 유엔에 동시 가입한 지 30년이 넘고, 세계 191개국과 수교하고 국제기구에서 주도적인 역할을 감당하는데도 불구하고 언제까지 통일이 되지 않으면 '미완의 건국'이라고 주장할 것인가. 더욱이 해마다 전국적으로 새롭게 탄생하는 가정 가운데 다문화가정이 10%를 넘으면서 민족에 대한 새로운 개념 정립이 필요한 현실에서[54] 언제까지 민족사학만 정도(正道)라고 내세울 것인가. 대한민국 건국의 정체성을 지키면서 변화하는 세계사의 흐름에 적용할 것인가에 대한 고민이 필요한

---

53) 박석흥, 앞의 책, p.195.
54) 통계청의 다문화 인구동태 통계에 따르면, 2019년 다문화 혼인건수는 2만 4천7백 건으로 전체 혼인의 10.3%를 차지한다.

시점이다. 그런 점에서 다양한 이해관계를 가진 국민에게 자유민주주의와 시장경제에 기초하여 건국한 국가 정체성을 확고하게 제시하고, 그 바탕 위에서 지난 시기 국가 공권력에 의해 억울하게 희생당한 국민을 포용하면서 사회 통합을 이루어내는 것이 국정을 경영하는 지도자의 자세이자 역사 인식이다.

제3부

친일 문제를 바라보는 새로운 패러다임

1. 친일 문제를 어떻게 볼 것인가?

1) 친일파와 반민족행위자

해방 이후부터 지금까지 대한민국에는 언제나 역사전쟁의 전운이 감돌고 있다. 특히 2008년 건국 60년을 앞두고 일어난 '건국절 제정' 논란부터 문재인 정부의 건국 100주년 기념사업까지 벌어진 역사논쟁은 그야말로 역사전쟁이었다.[1] 3·1운동과 임시정부 수립 100주년이 지난 다음날 열린 역사3단체의 〈국가정통론의 동원과 역사전쟁의 함정〉 학술대회 취지문은 그 의미를 이렇게 부여한다.

이러한 상황 속에서 또 하나의 역사적 논란이 전개되고 있다. 이른바 '건국'을 둘러싼 정치적·학문적 논쟁이 그것이다. 뉴라이트 진영의 '건국절 제정' 시도로 촉발된 이 논쟁은 1919년 임시정부 수립을 건국으로 보아야 한다는 또 다른 주장을 불러 왔다. 양쪽의 주장은 엄밀한 학

---

[1] 홍석률, "역사전쟁을 성찰하며", 〈국가정통론의 동원과 역사전쟁의 함정〉, 역사문제연구소 외, 2019.

문적 분석의 결과라기보다는 현실의 정치적 효과를 노린 일종의 이데올로기 싸움에 가깝다. 역사에 대한 과잉정치화의 폐해가 극명하게 드러난 사례이지 않을 수 없다.[2]

이 같은 '역사의 정치화'로 인해 일제로부터 해방된 지 75년이 지났지만 친일 논쟁은 그칠 줄을 모르고, 급기야는 국립묘지에 묻힌 유공자 가운데 친일파의 무덤을 파묘하자는 주장까지 등장하였다. 왜, 이런 일이 벌어지고 있을까. 두말할 나위 없이 역사학계에서 풀어야 할 친일 논쟁이 정치적 도구로 이용되었기 때문이다. 친일청산 작업은 해방 직후부터 우리 사회가 당면한 과제였다. 그러나 분단과 결부되어 정치·이념적 성격을 띠게 되면서 청산 작업은 실패하고 사회적 갈등의 원인이 된 '기억의 터'가 되었다. 그동안 '친일 적폐' 청산을 주도해 온 이들은 프랑스의 나치협력자 숙청을 우리가 배워야 할 모범적인 사례로 제시한다.

전후 프랑스는 나치강점기 대독협력자들에 대한 숙청과 처벌을 세 차례에 걸쳐 대대적으로 단행했다. 대독협력자에 대한 재판은 최고재판소·부역자재판소·공민재판부 등 세 곳에서 이루어졌는데, 약 9만 8천 명이 실형을 받고 이 가운데 3만여 명이 수감되었다. 이렇게 가혹할 정도로 대독협력자들을 처벌했던 프랑스는 결국 망국·관용·정의라는 이름으로 '1947년 8월 16일 법' '1953년 8월 6일 법'을 제

---

2) 〈국가정통론의 동원과 역사전쟁의 함정〉 학술회의 취지문, 위의 《자료집》, p.3.

정하여 반역자·밀고자·고문자 등을 제외한 대독협력자들에 대해 대대적인 사면을 단행했다. 대독협력자들의 사면을 위한 입법사유서에는 "정의는 관용 없이 이루어지지 않는다"고 적었다.[3]

이 때문에 프랑스 지성인들에게는 나치협력자들에 대한 숙청 작업이 부끄러운 역사로 기억된다. 대표적인 실존주의 철학자로 노벨문학상 수상자인 알베르 카뮈(Albert Camus, 1913-1960)와 사회철학자 레이몽 아롱(Raymond Aron, 1905-1983)은 "숙청이 완전히 실패했다"고 말하고, 역사가인 피에르 리오(Jean-Pierre Rioux, 1939년생)는 "국민적 기억의 곪은 상처"라고 정의한다. 그리고 《숙청의 역사》를 쓴 로베르 아롱(Robert Aron, 1898-1975)은 "숙청은 프랑스 국민들에게 망각하고 싶은 비극의 역사로 기억되고 있다"고 저술하였다.[4]

그 이유가 무엇일까? 프랑스의 경우 부역자 숙청의 가장 핵심적 형태는 '사법적 숙청'임에도 불구하고, 이에 앞서 '초법적 숙청'이 전국적으로 벌어졌다. 약식재판을 통해 독일 부역자들을 곧바로 처형하는 '약식처형'과 여성 부역자들의 머리를 깎는 '삭발식'이 그러한 본보기였다. 1944년 6월 6일 연합군의 노르망디상륙작전으로 대부분 지역이 해방을 맞이한 8월부터 11월 사이에 집중적으로 이루어진 '초법적 숙청'에서 8,100여 명이 처형당한 것으로 추산된다.[5]

---

3) 임종권, 《역사의 변명-망각과 기억》, 인문서원, 2022, pp.20-22.
4) 위의 책, pp.18-19.
5) 이용우, 《프랑스의 과거사 청산: 숙청과 기억의 역사 1944-2004》, 역사비평사, 2008, pp.59-60.

프랑스의 대숙청

이처럼 프랑스 국민들에게 남긴 '숙청의 트라우마'가 가해자와 피해자를 구분하기가 어려울 만큼 복잡하고 미묘한 성격을 띠기 때문이다. 한편에서는 숙청이 범죄자를 처벌하는 것으로 보고 당연시한 데 비해, 다른 편에서는 숙청을 국가 이성의 이름으로 자행된 인권침해라는 관점에서 범죄행위로 인식했다. 이로 인해 숙청은 프랑스 국민에게 잊고 싶은 기억이 되었다.

그럼에도 불구하고 우리 사회는 프랑스의 숙청 작업에서 보여준 단호함을 배우고 싶어한다.[6] 그러나 프랑스와 우리나라의 상황을 비

6) 박원순, 〈프랑스 과거 청산의 교훈〉, 《역사비평》 34(1996년 봄), p.81; 주섭일, 《프랑스 대숙청》, 중심, 1999, p.5.

교하기에는 큰 무리가 따른다. 프랑스는 독일에게 지배를 당한 기간이 4년에 불과하지만, 일제강점기를 살았던 조상들은 태어나면서부터 일본말을 배우고, 일본식 교육을 받고, 일본의 법과 통치 아래 살았다. 그들의 국적은 일본이고, 신분도 일본 신민(臣民)이었다. 우리의 친일청산이 프랑스처럼 쉽사리 진행될 수가 없었던 이유이다. 이런 점에서 친일청산은 우리 세대가 반드시 감당해야 할 부끄러운 '민족의 기억'이지만, 그 실천 과정에서 프랑스가 겪은 시대착오적인 오류를 범하지는 말아야 한다.

우리나라의 친일청산은 친일파란 꼬리표만 덧붙이면 인권 따위는 고려할 가치도 없다. 세계 어느 나라에 인터넷에서 대상자의 이름만 검색어로 입력하면 국가연구기관이 출판한 《한국민족문화대백과사전》을 통해 자동으로 '친일반민족행위자'라고 나타나는 경우가 있을까. 그야말로 국가권력에 의해 인권침해가 정당화되는 사례다.

친일파란 한말에 일제의 침략정책에 협력하고 추종한 세력을 가리키는 말로 당시에는 친청파·친러파·친미파도 있었다. 이에 비해 반민족행위자는 일본 제국주의의 식민통치에 협력하고 우리 민족을 탄압한 자를 의미한다.[7] 따라서 '친일파'와 '반민족행위자'의 개념은 동의어가 아니다. 더욱이 《친일인명사전》에 수록된 4,776명의 인사 중 '친일반민족행위진상규명위원회'가 친일반민족행위자라고 규정

---

7) 〈친일반민족행위자 재산의 국가 귀속에 관한 특별법〉(법률 제10646호, 2011년 5월 19일) 중 '제1조 목적'.

한 사람은 1,005명으로 20%에 불과하다. 왜, 그렇게 많은 차이가 날까? 민간단체인 민족문제연구소는 일제강점기에서 주요 직위에 오른 것 자체를 적극적 친일행위의 '산물'로 본 반면에, 진상규명위원회는 특별법에 의해 설립된 국가기관으로 법조문에 명시된 선정 기준에 따라 '행위와 결과'를 신중하게 판단하였기 때문이었다.

친일파에 대한 규정은 최초의 친일파 자료집인 《친일파 군상》의 인식이 보다 더 합리적이다. 이 책의 편집자인 김승학(1881-1964)은 친일과 반민족행위의 범주를 구분하여 부득이한 사정으로 협력적 태도를 보인 '소극적 친일파'에 대해서는 동정을 표하고, 친일행적의 선두부대인 '적극적 친일파'에 대해서는 중대한 처벌을 강조하였다. 주목할 것은 반민족행위자는 친일파와 동의어가 아니고, '적극적 친일파'

김승학과 《친일파 군상》

에 한정해서 사용한 용어라는 점이다. 그는 또 일제의 박해 가운데서도 백절불굴의 절개를 지킨 애국지사에게는 경의를 표했다.[8] 이것이 당시 친일 문제를 바라보는 백범 김구(1876-1949)의 시각이기도 했다.

후대에 '친일파 연구'의 선구자로 인정을 받는 임종국(1929-1989)도 친일파를 고발하는 것과 단죄하는 것을 구별했다. 그가 친일파를 연구한 목적은 잘못된 과거를 반성하고 역사를 바로세우는 것이지, 친일파 청산을 명분으로 사회를 분열시키고 갈등을 조장하는 데 있지 않았다. 임종국의 친일파 연구에 많은 국민이 공감하고 후원에 동참한 이유다. 그런데 그의 후예들이 《친일인명사전》을 편찬하면서 '친일행위'와 '반민족행위'를 동일시하였고, 친일행적의 본질을 판단하기보다는 친일행위자의 지위를 기준으로 친일의 경중을 가리는 우(愚)를 범했다. 예를 들어 관공서 관리는 고등관(군수) 이상, 군인은 위관장교(소위) 이상을 대상으로 삼은 것이다.[9]

무엇보다 큰 문제점은 한국 현대사에 대한 학계의 연구가 부족한 실정에서 친일청산 작업을 추진하다 보니 역사적 인물에 대한 생애를 종합적으로 평가하기보다는 '단편적인 행위'를 놓고 판단할 수밖에 없었다. 즉 일제강점기를 살아온 역사적 인물을 평가하면서, 개인의 다양성을 고려하지 않고 친일과 반일의 이분법적 판단이라는 한가지 잣대만을 사용했다는 점이다.[10] 이런 이유에서 친일반민족행위

---

8) 민족정경문화연구소 편, 《친일파 군상》, 삼성문화사, 1948, p.2.
9) 친일인명사전편찬위원회, 《친일인명사전》 1권, 민족문제연구소, 2009, p.21.

자의 선정 기준이 과연 올바른 것인지에 대한 논쟁이 이어졌다. 대표적인 인사가 고려대학교와 〈동아일보〉를 설립하고, 광복 후에는 부통령을 역임한 김성수(1891–1955)와 여성운동의 선구자로 이화여대 총장을 지낸 김활란(1899–1970)이다.

2) 인촌은 어떻게 친일파가 되었나?

일제하의 문화적 독립운동과 해방 후 대한민국 정부 수립 과정에 기여한 공적으로 인해 '건국공로자'로 추앙받던 인촌은 조선총독부 기관지에 학도병 참가를 권유하는 기고문을 실었다는 이유 등으로 2002년 일부 국회의원과 시민단체가 발표한 친일파 708명의 명단에 포함되었다. 뒤이어 2009년 친일반민족행위진상규명위원회가 발표한 친일반민족행위자 705인 명단에 포함되었고, 그와 동시에 《친일인명사전》에도 수록되었다.

2011년 인촌의 후손과 제자들은 국가보훈처에서 서훈 취소 결정이 내린 데 대해 법원에 소송을 제기했으나, 2017년 4월 13일 대법원은 인촌의 친일행적을 확정 판결했다. 그러나 역사적 사실을 재판으로 확정할 수는 없다. 판결은 〈친일반민족행위자 처벌에 관한 특별법〉에 따른 법리상의 판단일 뿐, 역사 논리의 완성이나 역사 연구의 끝이

---

10) 이완범, 〈김성수의 식민지 권력에 대한 저항과 협력 – '협력적 저항'에서 '저항적 협력'으로〉, 《한국민족운동사연구》 58, 한국민족운동사학회, 2009년 3월, p.402.

고려대 학생들에 의해 강제 철거당할 뻔한 인촌 동상(1989년 6월)

아니다. 친일파 논쟁에 대한 국민들의 공통된 관심사가 있다면 그것은 역사적 진실을 바로 아는 것이다.

인촌의 친일행적은 1938년부터 1945년에 이르는 기간 동안 학병을 권유하는 글을 게재하고 강연했다는 것이다. 이와 관련하여 유진오(1906-1987)의 대필설과 명의도용설이 제기되었지만 "비록 대필설이 사실이더라도 저작권법상 그 책임은 인촌에게 있다"는 지적도 있다.[11] 하지만 일제강점기의 글을 오늘의 시각에서 저작권법으로 판별한다는 것은 그야말로 어불성설이다. 설령 법적으로 그 글에 대한 책임이 인촌에게 있다 하더라도 '역사적 인물'을 평가할 때는 그가 일 평생 사회에 끼친 공과(功過)를 따져서 판단해야 한다.

인촌은 동일한 시대를 산 다른 지식인들과 달리 끝까지 창씨개명을 한 적이 없는 인물이다. 병상에 누운 도산을 뒷바라지한 것을 비롯해서 애국지사를 돕고 독립운동 자금을 지원했다는 증언도 부지기수다. 무엇보다 그가 보성전문과 〈동아일보〉를 통해서 민족의 독립 역량을 함양시킨 공로는 다른 어떤 독립운동가의 성과와도 비교하기 어렵다. '역사적 인물'을 평가하는 잣대는 친일만이 아니다. 건국이나 구국, 경제 성장, 교육과 문화 발전 등 다양한 기준이 적용되어야 한다. 어떤 '역사적 인물'을 단죄할 때는 그에 걸맞는 절차상의 과정을 거쳐야 국민적 합의를 도출할 수가 있지, 정치적인 의도를 가지고 친일 프레임을 만들어 여론몰이를 시도하는 것은 결코 바람직한 일이 아니다. 그런 점에서 인촌 김성수의 친일행적을 다시 검토해 본다.

1988년 필자가 남강문화재단에서《남강 이승훈과 민족운동》을 편찬할 때, 남강의 종손으로 한국 사학계의 거두이던 이기백 교수를 만난 적이 있었다. 그때 이기백 교수는 고이 간직하던 자료를 나에게 주었는데, 1981년 일본 교세이출판사에서 출판한《세계의 교육자 100인》이었다. 그 책에는 남강 이승훈과 인촌 김성수 두 분이 수록되었다. 이후 필자는 연구실을 떠나 오랜 기간 통일운동에 종사한 탓으로

---

11) 장신, 〈일제 말기 김성수의 친일행적과 변호론 비판〉, 《한국독립운동사연구》 32, 2009, p.294.

인촌이 《친일인명사전》에 등재된 과정을 몰랐다.

그래서 국회도서관과 국립중앙도서관은 물론 국사편찬위원회 한국사데이터베이스까지 검색해 보았으나, 뜻밖에도 인촌이 친일파라는 연구 논문을 찾기가 어려웠다. 필자가 과문한 탓인지는 몰라도 그때 어렵사리 찾은 것이라곤 장신과 오수열·신운용 등의 논문 세 편이 전부였다.[12]

이에 비해 인촌의 민족운동을 연구하고 그의 행적은 친일이 아니라고 주장하는 연구 논문은 10여 편이나 발견할 수 있었다. 그렇지만 제대로 된 학술적인 공청회도 없이 인촌은 친일파로 낙인찍혔다. 더욱이 《친일인명사전》은 우리 사회에서는 국민성금으로 편찬되었다는 명분으로 인해 권위를 부여하고 경전처럼 신성시하는 경향이 있다.

《친일인명사전》에는 인촌의 친일행위에 관하여 이렇게 기술하고 있다.

1937년 5월 보성전문학교 교장으로 다시 취임했다. ①같은 해 7월에 일어난 중일전쟁의 의미를 널리 확산시키기 위해 마련된 경성방송국의 라디오 시국 강좌를 7월 30일과 8월 2일 이틀 동안 담당했다. ②같은 해 8월 경성군사후원연맹에 국방헌금 1000원을 헌납했다. ③같은 해 9월 학무국이 주최한 전 조선시국강연대의 일원으로 춘천·

---

12) 장신의 앞의 논문; 오수열, 〈인촌 김성수의 생애와 친일행적 논란〉(《서석사회과학논총》 3-2호, 조선대학교, 2010); 신운용, 〈김성수의 친일의식 형성과 전개〉(《선도문화》 13, 2012).

철원 등 강원도 일대에서 시국 강연에 나섰다. ④1938년 7월 국민정신총동원조선연맹 발기에 참여하고 이사를 맡았다. ⑤같은 해 8월 경성부 방면위원, ⑥10월 국민정신총동원조선연맹이 주최한 비상시국 국민생활개선위원회의 의례 및 사회풍조쇄신부 위원으로 임명되었다. ⑦1939년 4월 경성부 내 중학교 이상 학교장의 자격으로 신설된 국민총력조선연맹 이사 및 평의원을 지냈다. ⑧같은 해 8월 흥아보국단 준비위원회 위원 및 경기도 위원을 지냈다. 이어 9월 조선보국단 발기에 참여하고, 10월에 감사로 뽑혔다. 산하의 비상시생활개선위원회 위원 등을 지냈다. ⑨1941년 조선방송협회 평의원과 조선사업협회 평의원도 겸했다.

이밖에 1943-1945년 기간 동안 〈매일신보〉와 〈경성일보〉, 잡지 《춘추》 등에 학병제·징병제를 찬양하는 논설글 및 사설을 기고하고, 학도지원병 지원을 독려하는 각종 활동에 가담했다.[13]

이상의 내용은 조선총독부 기관지인 〈매일신보〉 등에 실명으로 게재되었으며, 인촌이 친일파인지의 여부를 판단하는 데 결정적인 증거로 제시되었다. 그럼에도 불구하고 지금껏 논란이 계속된 것은 '역사적 사실(historical fact)'보다, 당시의 역사적 상황이 왜 그렇게 행동할 수밖에 없었던가에 대한 해석의 문제 또한 중요하기 때문이다. 이와 함께 일부 사실이 조작되고 왜곡이 되었다는 의문도 제기되었다.

---

13) 《친일인명사전》 1권, pp.25-26.

따라서 독립운동가로 건국에 중추적인 역할을 담당했던 인촌이 친일반민족행위자로 낙인찍히기까지의 과정을 살펴볼 필요가 있다.

그러면 인촌은 어떻게 친일파로 자리매김되었을까? 그동안 인촌이 친일파라는 주장을 처음 제기한 사람은 김승학이었고, 그후 임종국·정운현 등이 주도적 역할을 감당하였다. 따라서 이 글에서는 인촌의 친일파 논쟁에 주도적 역할을 한 이들의 주장을 단계별로 검증하였다.

3) 김승학의 《친일파 군상》과 인촌 김성수

인촌을 친일파로 처음 주장한 사람은 김승학(1881-1965)이다. 평북 의주 출신으로 국내외를 왕래하면서 무장투쟁과 언론활동을 전개한 독립운동가로 상하이에서 〈독립신문〉을 발행하다가 광복 후 서울에서 속간했다. 이때부터 김승학은 언론인이자 정치인으로 임정세력의 중추에서 활약하였다. 1946년 2월 8일 이승만의 독립촉성중앙협의회와 김구의 '신탁통치반대 국민총동원위원회'가 통합하여 대한독립촉성국민회로 발족했다. 임원은 총재 이승만, 부총재 김구 휘하에 집행부로 회장 오세창, 부회장 방응모, 총무부장 홍순필 등이었다. 이때 인촌을 포함한 각계 명사들이 대거 포진하였으며, 김승학도 가담하였다. 중앙 조직을 완료한 후 전국의 시·도·군단위로까지 지부조직을 확대하는 동시에 대한독립촉성국민회청년대가 설치되어 전위부대로 활동하는 등 국민운동단체로 조직이 형성되었다.

그렇지만 독립촉성중앙협의회와 한독당 외에 김규식·신익희의 추종세력까지 참여하자 조직이 비대해지면서 파벌간의 갈등으로 임원진이 수시로 개편되었다. 이 때문에 임정을 자율정부로 대신하자는 '임정 봉대파'와 남한 단독의 총선거를 주장하는 이승만 계열로 양분되었다. 이때 봉대파가 임시정부추진회를 구성하면서 김승학이 위원장을 맡았다. 그후 김승학은 임시정부 국무위원 겸 정치부장인 동시에 한독당 감찰위원장으로도 선정되었다. 1948년 3월에는 신탁통치를 반대하다가 서대문형무소에 수감되었다.

1948년 5월 31일 제헌국회가 개원한 후 임정계열에서는 미군정과 이승만 정권이 친일파를 옹호하고, 이들로 하여금 자신들의 활동을 억압한다는 데 큰 불만을 갖고 있었다. 그러던 차에 이승만이 대통령에 선출되면서 후임 국회의장으로 임정계열의 신익희가 선출되자, 8월 5일 제40차 본회의에서 김웅진(金雄鎭) 의원이 발의한 반민족행위처벌법 기초특별위원회 구성안이 가결되고, 이튿날 위원장 김웅진, 부위원장 김상돈(金相敦)이 선출되었다. 이어 9월 22일 법률 제3호로 반민족행위처벌법이 공포되어 반민특위가 구성되고, 11월 25일 제113차 본회의에서 반민특위 활동을 지원하는 법률안이 통과되었다. 이에 따라 특별재판부 재판관과 검사관, 반민특위 도(道) 조사부 책임자가 선출되면서 반민특위 조직을 완성하였다.

이때 임정측에서는 자신들의 입장을 정리할 필요성을 느끼고 김구의 지시에 따라 김승학이 친일파 263명의 명단을 작성하였다. 이와 함께 향후 구성될 반민특위 위원, 재판부, 검찰관의 명단을 수록했는

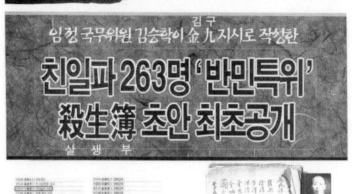

임정파의 '반민특위 살생부'를 보도한《월간중앙》(2001년 8월)

데, 그해 연말에 구성이 된 반민특위 재판관 17명 가운데 12명과 특별검찰부 권승렬 검찰장관, 노일환 차장을 비롯한 검찰관 9명의 명단을 정확하게 예견했다. 반민특위가 임정측의 주도로 만들어졌음을 알 수 있는 대목이다. 이런 점에서 이 책의 명단도 임정측의 친일파 청산 의지와 방법론, 청산 대상을 기록한 자료로 판단되지만, 결과적으로는 임정측이 만든 살생부가 된 셈이다. 반민특위가 임정측이 구상한 대로 활동하면서 친일반민족행위자를 판단하는 '프레임'도 그들의 의도대로 만들어졌다. 독립을 쟁취하기 위한 항일운동은 다양한 형태로 전개되었음에도 불구하고, 반민특위가 활동된 이후에는 평가 기준이 임정 순혈주의와 무장투쟁 중심으로 특정된 것이다. 이로 인해 국내에서 활동한 지식인의 상당수가 친일파로 매도당하는 결과를 낳았다.

김승학이 육필로 쓴 원고는 '반민특위 설치법'의 공포에 맞춘 1948년 9월 《친일파 군상》이란 제목의 책으로 출판되었는데, 표지에는 '예상 등장인물'이라는 부제가 붙어 있다. 반민특위가 조사할 명단을 사전 공표하여 정치적으로 압박한 것이다.[14]

이 책에는 김성수와 유억겸을 '선 항일, 후 친일인사'로 규정하여 "경찰의 박해를 면하고 신변 안전 또는 지위·사업의 유지를 위해 부득이 끌려다닌 자"로 분류하였다.[15]

"모 정당측은 김성수도 전시 협력이 많았다 하여 친일파시(親)한다. 그러나 전시에 모모 단체 모종 집회 등에 김성수 명의가 나타난 것은 왜적과 그 주구배들이 김성수의 명의를 대부분 도용한 것이라 하여, 김성수 자신이 출석 또는 승낙한 일은 별로 없다. 김성수는 조선의 교육사업, 문화사업을 위한 큰 공로자인 동시에 큰 희생자다. 그는 굉대(宏大)한 사업을 유지하기 위하여 몇 가지 일에 그 이름을 낸 일이 있

---

14) 이덕일, "친일파 263명 반민특위 살생부 초안 최초 공개", 《월간중앙》(2001년 8월), pp.168-177.
15) 앞의 《친일파 군상》, p.15.

었다고 한다."[16]

인촌을 친일파라고 일방적으로 매도하기보다는 그가 부일(附日)할 수밖에 없었던 상황을 나름으로 이해하고, 그에 대한 역사적 공과를 객관적으로 평가하려고 노력한 흔적이 엿보인다. 더욱이 그는 인촌의 친일행적에 대해 '명의도용설'을 인용함으로써, 인촌을 친일파로 분류한 데는 정치적 이유가 작용했을 가능성을 시사한다. 당시 인촌의 입장은 임정의 법통 아래 이승만·김구·김규식 등 3자합작에 의한 독립정부를 실현하는 것으로 민족진영이 대동단결해야 한다는 것이 정치적 신념이었다. 따라서 인촌은 이승만·김구·김규식 3자회담을 주선하고, 김구의 한독당과 자신이 이끄는 한민당의 합당을 추진했다. 이런 행동이 임시정부 복원을 통해 정통성을 내세우려던 임정의 입장에서는 이 같은 인촌의 존재가 다분히 불편할 수밖에 없었을 것이다.

"미군정의 보고서에 의하면, 김구가 인촌의 암살을 기도했다. 인촌은 한민당과 한독당의 통합에는 찬성했지만, 김구측이 자행한 인촌의 암살 기도가 미수로 끝나게 되자 한민당측은 임정을 노골적으로 증오하게 되었다. 인촌은 불쾌감을 드러내지는 않았으나 내심 분개했고, 김구에 대한 한민당과 후예들의 시선 역시 곱지 않게 되었다."[17]

---

16) 위의 책, p.31.

따라서 이러한 양측의 갈등으로 인해 인촌을 친일파로 규정하는 명단에 포함한 것이 아닌지에 대한 검토가 필요하다.

4) 임종국의 《친일문학론》으로 본 인촌 김성수

임종국은 1929년 10월 26일 경남 창녕에서 출생했다. 4세 때 서울로 이사하여 재동소학교와 경성농림고등학교를 거쳐 고려대 정치외교학과에 진학했다. 그러나 2학년을 마친 후 중퇴하고 문인의 길로 방향 전환했다. 1956년 《문학예술》에서 시 〈비(碑)〉, 《사상계》에서 시 〈자화상〉 〈꽃망울 서장〉으로 추천을 받아 문단에 등단했으며, 1966년에 《이상전집》과 《친일문학론》을 발간하여 주목을 받았다. 이후 그는 재야에서 문학평론가로 활동하면서 《한국문학의 사회사》 《일제침략과 친일파》 《일제하의 사상 탄압》 등을 남긴 친일파 연구의 선구자이기도 하다. 1968년에 고려대 정치학과에 재입학해서 이듬해 학사 학위를 취득했다.

임종국이 친일파 연구에서 독보적 위치를 차지하게 된 것은 친일이라는 말이 금기시되던 1966년에 이미 《친일문학론》을 펴낸 것을 기점으로 친일청산을 위한 역사를 조사, 기록했기 때문이다. 임종국은 어떤 작가의 작품을 올바로 이해하기 위해서는 그 사람이 살았던

---

17) 서중석, 〈해방 후 민족국가 건설운동과 통일전선〉, 《한국 현대 민족운동 연구》, 역사비평사, 1996, p.532, 535.

시대와 역사, 그런 문제에 대한 작가의 인식을 연구해야 한다고 생각했다. 따라서 그는 비평에 앞서 그 작품이 쓰인 시대적 배경과 역사를 샅샅이 조사했다. 이른바 '문학의 사회학적' 접근이다. 그러던 중 1965년 한일회담은 중요한 전환점이 되었다. 한일국교 수교가 체결된 후 발생할지 모르는 제2의 이완용에 대한 경고장으로 나온 책이 《친일문학론》이다.

이 책의 서문에 실린 〈자화상〉이라는 글은 역사에 대한 자각과 자기 반성으로부터 출발한다.

해방이 되었다고 세상이 뒤집혔다. 이때 내 나이 17세. 하루는 친구 놈한테서 김구 선생이 오신다는 말을 들었다. "얘! 그 김구 선생이라는 이가 중국 사람이래." "그래? 중국 사람이 뭘 하러 조선엘 오지?' '이런 짜식! 임마. 그것도 몰라! 정치하러 온대.' '정치? 그럼 우린 중국한테 먹히니?' 지금 나는 요즘 17세에 비해 그 무렵의 내 정신연령이 몇 살쯤 되었을까 생각해 본다. 식민지 교육 밑에서, 나는 그것이 당연한 줄로만 알았을 뿐 한번 회의(懷疑)조차 해본 일이 없었다. 이제 친일문학을 쓰면서 나는 나를 그토록 천치로 만들어 준 그 무렵의 일체를 증오하지 않을 수 없다.[18]

임종국의 자기 반성은 먼저 부친 임문호에게로 이어졌다. 그는 천

---

18) 임종국, 《친일문학론》, 평화출판사, 1966, p.6.

도교 지도자로서 시국 강연에 나가서 내선일체를 강조한 부친 임문호의 친일행적을 공개했다.

1937년 9월 4일–27일. 백동민·임문호·김병제로서 금산·회령·함흥 외 35개 처를 순회 강연케 하는 한편, 비타산적으로 내선일체의 정신을 발휘하고 '거국일치의 백격'을 고양하자는 등의 삐라를 발행했던 것이다.[19]

그 다음은 스승이 비판의 대상이 되었다. 고려대 시절의 은사인 유진오와 아버지의 사랑방을 드나들었던 백철·조용만·조연현 등의 문인들을 역사 앞에서 반성해야 할 사람들로 지목했다. 혈연과 학연·지연을 뛰어넘어 역사 앞에서 철저한 자기 반성을 통해 우리의 현대사를 바르게 세우려는 몸부림이었다. 임종국은 부친의 친구이자 고려대 스승으로 자기 결혼식 주례자였던 조용만의 일제하 행적도 《친일문학론》에 기록했다.[20]

임종국은 그가 평생토록 수집하고 손으로 써서 만든 12,000명의 인명카드를 비롯한 수많은 자료를 남겼다. 그리고 한평생 친일파 연구에 바친 그의 유지를 받들어 1991년에는 민족문제연구소가 설립되었다. 그런데 주목할 만한 사실이 있다. 임종국이 생전에 남긴 저술 가

---

19) 위의 책, p.23.
20) 위의 책, p.153.

임종국과 결혼식 주례자 조용만 ⓒ오마이뉴스

운데는 인촌 김성수의 이름을 발견할 수가 없다.[21] 이로 인해 임종국은 후학으로부터 공개비판을 받은 적도 있었다.

〈빼앗긴 시절의 이야기〉 마지막장을 넘기면서 몇 번이고 편저자의 이름을 확인했다. 책머리에는 '임종국 선집 ⑧ 민족문제연구소 편'이라고 적혀 있었다. 확인할수록 속이 편치 않았다. 이유는 책에 기록된 암울했던 역사로 인해서라기보다는 《친일문학론》으로 유명한 임종국

---

21) 임종국의 저작물 가운데 인촌의 친일행적을 기록한 것은, 그의 사후에 민족문제연구소가 출간한 《실록 친일파》에 실린 시국순회강연대 강원도반 명단에만 한 차례 있을 뿐이다. – 임종국, 《실록 친일파》, 실천문학사, 1991, p.327.

선생의 글에서 오점을 발견하였기 때문이다. ……책 전체의 40% 분량을 차지하는 '고대 산맥'에 이르면 고려대학교의 설립 과정과 후일담을 담고 있다. 그런데 그 기록이 그토록 객관적 자료를 중시했던 선생답지 않았다.

선생이 고대 출신이라는 점과 〈고우회보〉에 실린 글이라는 점을 십분 이해한다고 하더라도 속이 편치 않았던 이유는 이렇다. 문제는 선생 자신이 직접 인용한 '학도여 출정하라!'고 외쳤던 사람이 누구인지를 밝히지 않았다는 것이다. 유감스럽게도 김성수의 친일행적과 보성전문 교장자리에 있던 시기가 딱 맞아떨어지는데도 불구하고 선생은 보성전문을 민족학교로 추켜세우며 인촌을 그 중심에 놓기를 주저하지 않았다.[22]

왜, 그랬을까? 정말 그가 고대 출신이기 때문이었을까? 물론 그렇지는 않았을 것이다. 부친을 생전에 친일파로 고발하고, 스승과 문단의 선배들에 대해 친일행적을 밝히는 데 앞장섰던 그가 고대 출신이라는 이유로 인촌의 실명을 감추려 했다는 것은 한마디로 어불성설이다. 분명 다른 숨겨진 의도가 있었을 것이다.

그럼에도 불구하고 임종국에 대한 애정어린 후학의 비판은 계속하여 이어진다.

---

22) 고기복, "임종국 선생의 글을 읽고 속이 편치 않는 이유", 〈오마이뉴스〉, 1997년 2월 12일.

천안 '요산재'에서 병마와 싸우며 집필중인 생전의 임종국

학생들을 대상으로 근로동원이 실시되던 시절 '펜 대신 총을 잡으라'는 소리를 누가 했는지 모를 리 없는 선생께서 보성전문의 굳건한 성장에 혁혁한 공을 세운 인촌을 감싸고, 고대의 기틀을 이루어낸 인물로 묘사한 부분은 지나칠 수 없는 내용이었다. ……고대 설립자 김성수가 1943년 8월 담화를 통해 밝힌 '학도여 성전에 나서라'는 민족 번영을 위한 담화였나? 평생을 친일 연구에 매진했던 학자가 후배들의 모교에 대한 자긍심을 고취시키기 위해 잠시 학자적 양심을 접었던 걸까?[23]

23) 위와 같음.

여기서 주목할 부분이 "선생께서 보성전문의 굳건한 성장에 혁혁한 공을 세운 인촌을 감싸고, 고대의 기틀을 이루어낸 인물로 묘사한 부분"이라는 대목이다. 임종국은 친일파를 연구하면서 단순하게 친일행위를 밝히는 데 그치지 않고, 대상 인물의 역사적 공과를 따져서 평가하려던 것은 아닐까? 그는 인촌이 민족사학 고려대학교와 〈동아일보〉를 통해서 끼친 공헌과 일제하의 친일행적을 저울에 올려 놓고 어떻게 평가할 것인지를 고심한 것으로 보인다.

따라서 임종국은 '근대 역사학의 아버지'로 불리는 랑케가 "역사가는 오직 신의 발자취라 할 역사의 발전 과정을 경건되고 황송한 마음으로 신의 입김이 서려 있는 역사적 사실들로 하여금 이야기하게 하여야 한다"고 말한 것처럼, 기록은 남기되 평가는 언급을 자제함으로써 독자가 선입견에서 벗어나서 공과(功過)를 객관적으로 판단하도록 한 것이 아니었을까 하고 생각해 본다.

5) 정운현의 《나는 황국신민이로소이다》로 본 인촌 김성수

친일파 논쟁의 최대 성과물인 《친일인명사전》을 만든 민족문제연구소가 임종국의 유산이라면, 이것을 법적으로 가능케 한 친일반민족행위진상규명위원회는 정운현의 역할이었다. 경남 함양 출신으로 대구에서 학창 시절을 보낸 정운현은 경북대학교를 졸업한 후 〈중앙일보〉 현대사연구소 전문기자로 활동하면서 친일파에 관한 글을 썼다. 이후 〈오마이뉴스〉 창간 편집국장으로 옮겨 친일 논쟁의 선두에서 활

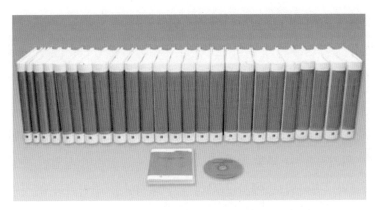

대한민국《친일반민족행위진상규명 보고서》

동했다. 2005년 6월부터 친일반민족행위진상규명위원회 사무처장
으로 재직하면서 《친일반민족행위진상규명 보고서》를 25권의 책으
로 발행하였다.

　민족문제연구소가 2009년에 발간한 《친일인명사전》도 2001년부
터 민간 차원에서 독자적으로 편찬작업을 벌인 성과이지만, 내용상으
로는 《친일반민족행위진상규명 보고서》와 대부분 일치한다. 현대사
전문기자 정운현의 저술과도 유사성을 느낄 수가 있다. 정운현은 인
촌과 〈동아일보〉에 관한 글을 많이 썼다. 〈오마이뉴스〉에 2009년 8
월 26일부터 10회에 걸쳐 연재한 '작심 기획, 동아 대해부'가 대표적
이다. 이 기획물은 제목부터 무척 자극적인데다가 표현도 난삽하기
그지없다. 친일청산을 부르짖던 당시 분위기를 독려하는 프로파간다
처럼 느껴지는 이유이다. 그러나 '은혜를 원수로 갚는 파렴치'‘〈동
아〉 앞세워 총독부와 뒷거래' 등 자극적인 제목을 단 글들은 지금 인

터넷에서 삭제되어 찾아보기가 어렵다.

필자가 확인한 바에 의하면, 이 글의 상당 부분은 위기봉이 쓴 《다시 쓰는 동아일보사(史)》를 차용한 것이다. 이 책은 부제가 '인촌 김성수와 동아일보, 그 오욕과 배반의 역사를 찾아서'인 것처럼 제대로 된 근거 제시도 없이 인촌과 〈동아일보〉에 대한 증오를 표출하였다.[24] 위기봉은 이 책의 저자 소개에서 자신을 인촌이 설립한 중앙고등학교와 〈동아일보〉에서 근무하다가 해직당한 경력자라고 소개하였다.[25] 저술 동기에 의심을 갖게 하는 부분이다.

정운현의 대표작인 《나는 황국신민이로소이다》(이하 '황국신민')에는 〈일장기 말소에 분노한 민족지 창업주〉란 글이 수록되었다. 그 가운데 3·1운동과 인촌에 관한 부분이다.

전 민족 차원의 의거로 일컬어지고 있는 3·1의거를 인촌은 중앙학교 교장 시절에 맞았다. 그러나 민족 교육의 기치를 내걸고 교육사업에 투신한 그가 보인 면모와는 딴판이었다. 《인촌 김성수》에는 "단판 승부

---

24) 이 책에는 '양 대가리 달아 놓고 개고기를 팔던 동아일보' '사이토 총독의 사생아 동아일보' '숙명의 곡예사 인촌 김성수' '기생관광의 원조 동아일보' 등 인신비하성의 말을 거침없이 쏟아 놓고 있다.
25) 위기봉의 자기 소개에 따르면 중앙고등학교 교사와 〈동아일보〉 광교영업소 차장 (1975년)을 지내고, 미국으로 이민 간 후에 〈대한민보(KOREAN JOURNAL MID AMERICA)〉 발행인 겸 주필로 활동하였다고 한다. 그러나 필자가 〈동아일보〉 동우회에 확인한 결과 가명일 가능성이 큰 것으로 판명되었다.(위기봉, 《다시 쓰는 동아일보사》, 녹진, 1991, 속표지 참조)

는 자폭행위이며, 운동은 2선, 3선으로 이어져야 하고, 중앙학교를 살려야 한다는 주위의 강권에 의해 인촌은 2월 27일 고향 줄포로 낙향했다"고 나와 있다. 이것은 같은 민간 사립학교인 보성학교 교주 의암 손병희와 교장 윤익선이 3·1의거에 가담했다가 체포·투옥된 사실과 정반대되는 사례이다. 결국 인촌은 학교를 살린다는 명목으로 민족적 거사를 외면한 동시에 일제와의 정면 대립을 교묘하게 피한 셈이다.[26]

이 글을 보면 한마디로 인촌은 기회주의자이며 배신자처럼 묘사되었다. 그러면 이런 주장은 얼마나 일리가 있을까? 역사학자의 관점에서 그의 글을 분석해 본다.

현재까지의 연구 성과에 의하면 3·1운동은 국내외 8군데서 태동하였으며, 그 진원지는 상해의 신한청년당이다.[27] 1918년 12월 15일 미국 우드로 윌슨 대통령 특사로 상해에 온 크레인을 만난 신한청년당에서는 여운형은 만주와 연해주로, 장덕수는 일본으로, 선우혁은 국내로 파송하여 국제정세 변화에 따른 대책을 협의했다. 결과 1919년 2월 1일에는 만주와 연해주에서 활동하는 독립운동가 39명의 명의로 무오독립선언서가 발표되었으며, 평양에서도 선우혁의 방한을 계기로 '105인 사건' 동지들을 중심으로 기독교계의 유력한 인사들이

---

26) 정운현, 《나는 황국신민이로소이다》, 개마고원, 1999, pp.186-187.
27) 신용하, 〈신한청년당의 독립운동〉(한국학보 44집, 1986); 김희곤, 〈신한청년당의 결성과 활동〉(한국민족운동사연구 1, 1986); 정병준, 〈중국 관내 신한청년당과 3·1운동〉(한국독립운동사연구 65, 2019).

모여 3월 3일 고종 국장일을 기해 독립운동을 추진하고 있었다.

한편 일본의 도쿄 유학생들도 1918년말부터 독립운동을 실행하려는 분위기가 고조되었는데, 이들을 대표한 송계백이 독립선언서를 인쇄할 활자와 경비를 구하기 위해 1919년 1월 국내로 잠입했다. 그는 모교인 보성학교를 찾아 은사인 최린에게 동향을 보고하고, 보성학교 선배인 현상윤을 통해 중앙학교의 송진우와 김성수에게도 알렸다. 이렇게 상해의 신한청년당과 도쿄 유학생들을 진원지로 국내에 파급된 독립운동 움직임은 서울의 중앙학교와 천도교(보성학교), YMCA와 감리교 인사들, 평안도 지역의 장로교 세력 등으로 제각기 추진되고 있었다.

그런데 이렇게 다양한 세력이 한군데로 모이는 결정적 사건이 2월 11일 계동 130번지 인촌 김성수의 자택에서 이루어졌다. 최남선의 전갈을 받고 평북 선천에서 급거 상경한 이승훈이 이곳에서 송진우·최린 등과 만난 후에 기독교를 조직화하여 천도교와 연합하는 독립운동을 거사하기로 약속한 것이다. 이 일로 인해 서울과 평양에서 각기 추진되었던 3·1운동을 하나로 연결하면서, 기독교와 천도교 세력을 연합한 후 불교까지 포함한 종교 세력의 단일화를 이룰 수 있었다.[28] 따라서 인촌은 3·1운동의 방관자가 아니라 오히려 촉진자였다고 말할 수 있다.

---

28) 〈이승훈 취조서〉, 경성지방법원 예심판사 영도웅장(永島雄藏) 조서(1919년 4월 21일); 구체적인 내용은 필자, 〈남강 이승훈 연구 ─ 3.1운동을 중심으로〉, 《동방학지》 46·47·48합집, 연세대학교 국학연구원, 1985, pp.643-644.

'김사용의 집'으로 알려진 계동 103번지 인촌 고택

　다만 인촌이 거사 이틀 전인 2월 27일 고향 줄포로 내려가서 3·1
운동의 시위현장에 없었고, 이로 인해 처벌을 피하게 된 것이 비겁한
행위였다는 지적에 대해서는 앞으로 연구와 검증이 필요하다. 3·1
운동 거사 당일 인촌이 서울에 없었던 이유는 두 가지다. 3·1운동을
장기적으로 추진하기 위한 구상에 따라 제2의 시위운동을 주도할 세
력으로 중앙학교 인사들이 빠졌으며, 중앙학교에서도 모의단계부터
인촌은 남아서 학교를 지키기로 했다는 것이다.[29] 이 주장에 대해서
는 객관적으로 입증할 만한 자료는 없지만 당시 정황으로 보면 수긍
이 가는 대목이다. 안창호가 '105인 사건'으로 구속되자 곧장 대성학
교가 폐교당한 사실을 기억하는 이들로서는 당연한 선택이었을 것이

---

29) 권오기 편,《인촌 김성수》, 동아일보사, 1985, pp.130-135.

다. 또 내성적인 인촌의 성품으로 미루어서도 짐작할 수 있는 일이다.

인촌은 전면에 나서는 것을 좋아하지 않았으며, 배후에서 후원하면서도 실질적으로 책임지는 스타일이었다. 후원자적 태도는 실력양성론에 기반을 둔 근대화론과 관련성이 있는데, 일제와의 정면 대결은 피한 채 교육·기업·언론 등을 통해 실력을 양성함으로써 근대화된 사회를 지향한 데 따른 것이다.[30]

'황국신민'은 계속해 3·1운동 직후 인촌의 행적에도 문제를 제기한다.

3·1의거 직후에 그는 전국의 유지들을 찾아다니면서 독립운동 자금으로 생각하고 출자하라며 자금을 모집하여 그해 10월에 경성방직을 설립했다. 당시 그는 3·1의거 직후의 고조된 민족의식을 바탕으로 비교적 수월하게 거액의 자금을 모집할 수 있었다. 결국 3·1의거의 방관자였던 그가 3·1의거의 최대 수혜자가 되었으니, 이는 '역사의 아이러니'가 아닐 수 없다.[31]

이 주장에도 모순이 나타난다. 인촌이 경성방직 설립자금을 모금하

30) 이완범, 〈김성수의 식민지 권력에 대한 저항과 협력〉, 《한국민족운동사연구》 58, 2009년 3월, p.405.
31) 정운현, 앞의 책, p.187.

일제강점기 경제적 항일운동으로 불리는 경성방직의 '태극성표 광목' 신문 광고

러 다닌 것은 3·1운동이 일어나기 1년 전인 1918년 봄의 일이다. '경주 최부자'로 유명한 최준은 그때 인촌의 예방을 받고 이듬해 10월 경성방직 창립 발기인으로 참여하고, 〈동아일보〉 설립에도 주주로 참여했다. 더욱이 인촌은 몇 사람의 부호로부터 더 쉽게 큰돈을 투자받는 것보다 많은 조선인이 참여한 민족기업을 세우고 싶다는 꿈을 이루기 위해서 '1인1주운동'을 전개했다.[32] 그런데 이것을 경성방직 설립자금을 수월하게 모금하는 방안으로 오도하면서, 3·1운동의 방관자이던 인촌이 최대 수혜자가 되었다고 강조하는 것은 지나친 억지주장이다.

'황국신민'의 공격은 거기에 그치지 않고 아예 기생관광의 원조는 인촌과 〈동아일보〉라고 주장한다.

(경성방직 운영을 위해) 인촌은 일본의 광고주들에게 금강산관광·기

---

32) 앞의 《인촌 김성수》, p.139. – 김성수의 주장처럼 경성방직은 1919년 창립 초기 총 2만 주의 지분 중에서 90%가량을 188명에 달하는 소액주주들이 나누어 가지고 있었다.

생관광 등의 향응을 베풀기도 했다. 일본인 기생관광의 뿌리가 민족지 〈동아일보〉에서 비롯한 것임을 아는 사람은 그리 많지 않다. 한 언론학자는 당시 〈동아일보〉가 민족지를 표방한 채 계열 기업의 선전지 역할을 한 것에 불과한 것이었다고 혹평했다.[33]

그러나 어디에도 〈동아일보〉가 기생관광의 원조라는 내용의 출처나 어느 언론학자의 말인지에 대해서는 언급이 없다. 인촌을 친일파로 매도한 또 다른 주제는 '일장기 말소사건'이다. 그는 '일장기 말소에 분노한 민족지 창업주'라는 제목하에 다음과 같이 주장하였다.

일장기 말소는 〈동아일보〉에 앞서 여운형이 사장이던 〈조선중앙일보〉가 먼저 행한 사건임에도 불구하고, 마치 〈조선중앙일보〉가 〈동아일보〉 지면을 모방해 일장기를 말소한 것처럼 역사적 사실을 왜곡하고 있다. 일제하 그가 민족주의자였는지 어떤지를 보여준 단적인 사례가 하나 있다. 흔히 〈동아일보〉가 '민족지' 운운하면서 단골로 내세우는 메뉴가 1936년에 발생한 '일장기 말소사건'이다. 우선 이 사건은 〈동아일보〉 회사 차원에서 행해진 것이 아니라, 당시 체육부 이길용 기자 개인의 애국심에서 비롯한 것임을 먼저 밝혀둔다. ……따라서 이 사건을 '동아일보의 민족운동'의 일환으로 보는 것은 어불성설이다. 이 사건에서 인촌의 역할은 이에 관련된 10여 명의 기자를 해직시킨 일뿐이었다.[34]

---

33) 정운현, 앞의 책, p.188.

이길용 기자와 일장기가 말소된 사진(동아일보, 1936년 8월 13일)

첫째, 이 글을 대하는 순간 "일장기 말소는 여운형이 사장이던 〈조선중앙일보〉가 먼저 행한 것"이라는 부분이 와닿는다. 정말 〈동아일보〉는 〈조선중앙일보〉보다 늦게 보도해 놓고 파렴치하게 〈조선중앙일보〉가 모방했다고 거짓말을 한 것일까? 이에 대해 부산대학교 신문방송학과 채백 교수는 사건의 진상을 이렇게 밝히고 있다.

8월 13일자 〈동아일보〉 조간(지방판)에 〈조선중앙일보〉(서울판)가 게재한 사진과 똑같은 사진을 실었는데, 서울판이 당일 새벽에 인쇄하던 반면에 지방판 조간은 그 전날 인쇄하던 관행에 비춰 손기정의 우

34) 위의 책, pp.189-190; 위기봉, 앞의 책, pp.169-176; 〈오마이뉴스〉, 2004년 7월 14일

승 사진은 〈동아일보〉가 먼저였다고 결론지을 수 있다.[35]

두 신문이 같은 날 일장기를 말소했지만 굳이 시간상으로 따지자면 〈동아일보〉가 먼저 보도한 것이라고 명확하게 결론을 내린 것이다. 게다가 조선총독부 사찰은 〈동아일보〉에서 소용돌이가 일어나고 열흘이 지난 후에야 〈조선중앙일보〉에서도 동일한 사건이 알려졌기에 〈동아일보〉에서는 그렇게 인식했을 여지가 다분히 존재한다.[36]

둘째, "이 사건은 〈동아일보〉 회사 차원에서 행해진 것이 아니라, 체육부 이길용 기자 개인의 애국심에서 비롯한 것"이라는 부분이다. 그런데 당사자인 이길용의 주장은 전혀 다르다. 그의 회고담이 실린 《신문기자 수첩》의 내용을 살펴보자.

세상이 알기로는 베를린올림픽 마라톤의 일장기 말소사건이 이길용의 짓으로 꾸며진 것만 알고 있다. 그러나 사내의 사시(社是)라고 할까. 전통이라고 할까. 방침이 일장기를 되도록은 아니 실었다. 우리는 도무지 싣지 않을 속셈이었다. 이것은 내지(內地)라는 글을 쓰지 않는 것이나 마찬가지였다. 항다반(恒茶飯)으로 부지기수였다.[37]

35) 채백, 《사라진 일장기의 진실》, 커뮤니케이션북스, 2008, p.177.
36) 인촌기념회 편, 《인촌 김성수전》, 인촌기념회, 1976, p.391.
37) 《신문기자 수첩》, 모던출판사, 1948; "손기정 선수 일장기 말소사건, 주역 이길용 기자 회고록", 〈동아일보〉 2005년 12월 26일.

이길용의 회고담이 실린《신문기자 수첩》의 겉표지와 속기사

　이 사건이 개인의 영웅담이 아니라 〈동아일보〉의 전통이었다는 이 길용의 말은 이보다 4년 전인 1932년 8월 9일자 〈동아일보〉 1면의 로스앤젤레스 하계올림픽 마라톤에서 6위로 입상한 김은배 선수의 사진에도 일장기를 지웠다는 사실을 통해 확인할 수 있다.

　그러면 '일장기 말소에 분노한 민족지 창업주'라는 말은 무슨 뜻일 까? '황국신민'은 그에 관하여 이렇게 고발한다.

　급히 동아일보사로 오는 자동차 속에서 인촌은 일장기 말소는 몰지 각한 소행이라고 노여움과 개탄을 금할 수 없었다. 사진에서 히노마 루(일장기)를 지워 버리는 데서 오는 '쾌(快)'와 〈동아일보〉가 정간되

김은배 선수의 가슴에 일장기 대신 양정고보의 Y를 넣은 동아일보(1932년 8월 9일)

고 영영 문을 닫게 되는 데서 나타나는 '실(失)'을 생각하면 그 답은 분명했다.(《인촌 김성수》)[38]

그런데 이상한 점이 발견된다. 왜, 〈동아일보〉는 자기 회사 설립자인 인촌의 전기를 발간하면서 이렇게 불편한 얘기를 실었을까? 그래서 원문을 찾아 대조해 보았다.

---

38) 정운현, 앞의 책, p.189; 위기봉, 앞의 책, p.173.

(전략) 산란한 마음을 억누르지 못하던 인촌은 (돌아오는) 도중에 문제의 신문을 구해 그 사진을 보고 생각이 달라지는 것을 느꼈다. 민족의 정기가 위축되어만 가고 변절하는 유명인사의 군상이 늘어가는 세태로 볼 때, 히노마루 말소는 잠자려는 민족의식을 흔들어 놓은 경종이 아닌가 하는 생각이 든 것이다. 그렇게 생각하니 마음이 다소 가라앉는 것 같았다. 그에 대한 탄압은 민족 대표지로서 쾌히 짊어져야 할 십자가라고 생각되기도 하였다.[39]

아뿔싸. 전체 내용 가운데 뒷부분은 의도적으로 생략한 채 앞부분의 내용만 편집하여 고의로 사실을 왜곡했다. 심지어 그가 차용한 위기봉의 책에도 나오는 부분을 빼버린 것이다. 일장기 말살사건을 대하는 인촌의 분노는 사실이 아니라 조작된 분노였던 것이다. 이렇게 《나는 황국신민이로소이다》에서 제기한 3·1운동과 일장기 말소사건의 내용은 상당한 오류가 발견되었다. 필자가 《친일인명사전》과 《친일반민족행위진상규명 보고서》 등의 내용에 대해서도 철저한 검증을 제기하는 이유이다.

---

39) 인촌기념회 편, 앞의 책, p.388.

2. 누가 친일파인가?

1) 중앙학교의 3·1운동

2020년 3월 1일 봄비가 대지를 촉촉히 적시는 가운데 북악 기슭의 중앙고등학교 교정에 20여 명이 모여들었다. 3·1운동 102주년을 맞아 역사의 현장을 방문하러 온 사람들이었다. 교정 중앙에 서 있는 6·10만세기념비를 지나 '3·1운동의 책원지'인 숙직실을 찾았다. 3·1운동 당시 숙직실이 있던 자리에는 표지판만 남겨졌고, 새로 지은 숙직실은 3·1기념관으로 꾸며져 있다. 중앙학교 숙직실은 1919년 1월 동경 유학생 송계백이 2·8독립선언서 초안을 소지하고 국내로 잠입하여 중앙학교 교사로 근무하던 와세다대학교 선배 현상윤을 찾아 비밀리에 만난 곳이다.

이후 현상윤과 중앙학교 교장 송진우, 교주인 김성수가 만나 독립운동의 거사를 모의하였고, 최남선과 최린 등이 이곳을 드나들면서 3·1운동이 무르익게 된 역사적인 장소이다. 그래서 이곳을 '3·1운동의 책원지'라고 부른다. 이들은 민족적인 거사를 위해 평안도의 기독교 세력을 연결하기로 의견을 모으고, 오산학교 졸업생인 김도태

'3·1운동 책원지'를 알리는 비석과 '중앙학교 숙직실 터' 표지판

를 보내 이승훈과의 접촉을 시도하였다. 이렇게 해서 서울로 올라온 이승훈은 계동 김성수의 별채에서 송진우와 현상윤을 만나 거사 계획을 듣고 제휴할 것을 약속하였다. 이날이 2월 11일이다.[40]

이때까지 국내외 8군데에서 태동하던 3·1운동은 이날을 기점으로 연합하기 시작했다. 사실상 3·1운동이 단일화된 민족운동으로 출발하게 된 분수령이었다. 그런데 그 역사의 현장을 담은 중앙학교 구내의 3·1기념관에 들어서는 순간 깜짝 놀랐다. 겉은 그런대로 모습을 갖추었으나, 실내는 전기도 들어오지 않고 유품이 아무렇게나 방치되어 있는 것이 마치 폐가(廢家) 같았다. 3·1기념관을 방문한 필자는

---

40) 구체적인 내용은 〈김형석의 역사산책〉, "북촌 역사기행－계동길 따라 '3·1운동의 현장'을 가다", https://blog.naver.com/wif0691/222035582587 참조.

인촌사랑방모임 이훈 박사의 요청에 따라 '중앙학교의 3·1운동'을 주제로 예정에 없던 즉석 강연을 갖게 되었다. 왜, 이렇게 되었을까? 김성수와 현상윤은 후일 《친일인명사전》에 올랐다. 중앙학교 교장과 〈동아일보〉 사장을 지낸 송진우도 한때 친일 시비가 일었다. 이로 인해 중앙학교의 3·1운동은 평가절하되었다.

그런데 2020년 11월 강경화 외교부장관의 시아버지 이기을이 1941년 중앙고보 시절 '5인 독서회' 활동으로 체포됐다가 기소유예로 풀려난 사실을 인정받아 독립유공자로 등록되었다. 당시 조선총독부는 이들의 퇴학을 강요하였지만, 끝까지 맞섰던 이가 현상윤 교장이다. 이때 현상윤 교장이 총독부를 드나드는 모습을 두고 일각에서는 '친일파'라고 손가락질했다. 그는 3·1운동 때 민족대표 48인으

봄비를 맞으며 중앙고등학교 구내의 3·1기념관을 찾은 시민들

로 꼽힐 만큼 크게 공헌하였다. 하지만 교육자로서 제자에 대한 사랑과 구국의 인재를 양성한다는 사명감이 총독부를 출입하도록 이끌었다.[41] 그가 총독부 학무국을 찾아다니며 관리들을 설득한 결과 이들은 무사히 졸업하였고, 이기을도 연희전문에 진학하여 경영학을 전공한 후 모교 연세대학교 교수가 될 수 있었다. 이기을은 은사의 은혜에 보답하는 마음을 담아 2008년 모교에 '현상윤 기념장학금'을 기탁하였다.

현상윤은 창씨개명도 끝까지 거부했지만 친일단체에서 강연하고 언론에 일본을 동조하는 글을 발표한 것으로 인해 2009년 《친일인명사전》에 올랐다. 죄명 중에는 중앙학교를 대표하여 국방헌금을 납부했다는 사실도 포함되었다. 현상윤은 광복 후에도 교육계에 종사하면서 보성전문학교 교장으로 재직하다가 이듬해 승격한 고려대학교 초대 총장에 취임했다. 1950년 9월 6·25전쟁의 와중에 북한군에 납치되어 북송 도중 황해도에서 미군의 폭격으로 사망한 것으로 전해진다. 그렇다면 교육자 현상윤의 행적은 친일이었을까, 아니면 교육을 통해 독립 역량을 배양하기 위한 민족운동이었을까? 이 질문은 그와 함께 중앙학교를 이끌어 온 인촌 김성수와 고하 송진우에게도 해당된다.

2) 누가 친일파인가?

41) 이기을, "5인 독서회 사건과 현상윤·최복현 선생", 《계동 일번지: 중앙학교 100년, 남기고 싶은 이야기들》, 중앙교우회, 2009, pp.53-56 참조.

중앙고보 제1회 졸업기념 사진
(1922년 3월 18일; 좌로부터 김성수, 최두선, 송진우, 현상윤)

친일파란 어떻게 정의할 것인가? 《정치학대사전》에는 친일파에 대하여 이렇게 정의한다.

일제강점기에 일본을 지지하고 따른 무리이다. 친일파는 한말, 일제강점기에 일제의 침략에 협조하면서 국권을 상실케 하였거나, 일제를 등에 업고 동족들에게 위해(危害)를 가하거나, 독립운동을 방해한 자들을 총칭해서 하는 말이다. 그러므로 현재 일본에 있는 지인(知人)과 가까이 지낸다거나 일본인들과 사업차 거래하는 사람들까지를 여기에 포함시키는 것은 아니다.

즉 친일파는 일제강점기의 특수한 상황에서 파생한 매국적인 무리를 가리키는 말로 1945년 광복과 함께 시효가 끝난 용어이다. 그럼에도 불구하고 우리 사회에서는 끊임없이 친일파라는 용어가 사용된다. 게다가 얼마 전부터 토착왜구(土着倭寇)라는 신조어가 등장했다. 진보 성향의 역사학자인 전우용은 '자생적인 친일파'를 의미하는 토착왜구는 일제강점기 호남에서 활동한 항일 유학자 이태현이 쓴《정암사고》라는 산문집에서 '토왜(土倭)'라는 말이 '친일 부역자'란 뜻으로 사용되었는데, 이 '토왜'를 현대식으로 풀어 쓴 말이 '토착왜구'라고 주장한다.

그렇지만 실상은 '언어의 유희'일 뿐, 실제로 토착왜구는 존재하지 않는다. 진보 정치세력이 보수 정치인을 겨냥하여 만들어낸 프로파간다(propaganda)일 따름이다. 토착왜구가 정치권에 회자된 것도 2019년 나경원 자유한국당 원내대표가 "반민특위로 인해 국민들이 분열됐다"고 말한 데 대해, 민주평화당 정동영 대표가 "토착왜구가 21세기 대한민국 한복판을 휘젓고 있는 현실을 두고 볼 수 없다"며 반격하면서부터이다. 이후 7월부터 종군위안부 문제를 둘러싸고 한일관계가 파국을 치달으면서 토착왜구라는 말도 빈번하게 사용되었다.

〈大韓每日申報〉(1910년 6월 22일)에 실린 '토왜천지' 기사

그동안 '친일 시비'는 보수정당의 '종북 시비'에 대응해서 진보정당에서 주로 사용하고 있다. 2004년 제17대 총선을 앞두고는 "민족반역자의 후손 99%가 새누리당에 있다." "이번 총선은 친일파 대 독립운동가 전쟁이다"라는 구호까지 등장했다. 이렇게 보수정당의 정체성을 두고 친일파라는 공격이 계속되자, 2019년 나경원 '국민의힘' 원내대표가 나서서 "친일파를 따지고 보면 상대(더불어민주당)가 10배는 더 많다"고 반격했지만, 일반인의 인식으로는 보수정당과 친일파를 동일시하는 경향이 여전하다. 그러면 정말 보수정당은 친일파 후손인 토착왜구이고, 진보정당은 독립운동가의 정당일까? 아니면 나경원의 말처럼 진보정당이 열배나 더 친일파의 후손들이 모인 집단일까?

지금까지 친일파 명단을 공개적으로 발표한 자료는 네 가지다. 첫번째는 1948년 한국독립당 감찰위원장을 지낸 김승학이 저술한 《친일파 군상》에 등장하는 263명이고, 두번째는 2002년 2월 제16대 국회 때 '민족정기를 세우는 국회의원 모임'이 발표한 708명이다. 세번째는 2009년 11월 8일 편찬한 《친일인명사전》에 수록된 4,776명이고, 네번째는 2009년 11월 30일 발간된 《친일반민족행위진상규명 보고서》의 1,005명이다.

2015년 인터넷 매체인 〈뉴스타파〉는 광복 70주년을 맞아서 대통령 소속 친일반민족행위진상규명위원회가 확정 발표한 친일인사 1,005명의 후손 가운데 일제로부터 작위를 받은 귀족과 조선총독부 자문기구인 중추원 참의를 지낸 최고 엘리트 후손들을 집중 추적하여 친일파 후손 명단 1,177명을 발표하였다. 이와 함께 4부작 다큐 〈친일과 망각〉을 제작 방영하였다. 이렇게 네 차례에 걸쳐 발표된 친일파 명단은 '친일파 4종 세트'라고 불리며 '친일 적폐청산'을 주장하는 데 텍스트로 사용되고 있다.

3) 친일파의 후예로 거론되는 정치인들

대한민국 역대 대통령은 거의가 친일 시비에 휘말렸다. 첫번째 대상자는 윤보선 대통령이다. 1897년 8월 26일 충남 아산에서 태어난 윤보선은 일제강점기 중추원 참의를 지낸 윤치소의 아들로서, 중추원 고문을 지낸 윤치호가 당숙이다. 윤보선은 이 같은 집안 분위기 속에 성장하였으며, 교동소학교를 졸업한 후 일본에 유학하여 게이오의숙 중등과에 입학했다. 그러나 도쿄 유학생활에 싫증을 느끼고 중국의 신해혁명에 심취하였던 그는 학교를 중퇴하고 1915년말 귀국하였다.

그후 여운형을 만나서 독립운동에 뜻을 품게 된 윤보선은 1917년 중국 상하이로 건너가 신규식의 집에 머물면서 독립운동에 가담하였고, 1920년 3월 23세의 나이로 임시정부 의정원 최연소 의원에 선출되었다. 1921년 임시정부 대통령 이승만의 지시를 받고 일본에 밀입국하여 독립운동자금 3,000원을 마련하는 성과를 거두었다. 그럼에도 불구하고 독립운동가 윤보선이 '친일파 후손'이라는 불명예를 얻게 된 것은 국내 최고 명문가로 꼽히는 그의 집안 인물 중에 7명이나 《친

국내 최고 명문가로 꼽히는 윤보선 일가(1960)
왼쪽부터 윤일선(서울대 총장), 윤치영(국회 부의장), 윤보선(대통령),
윤치왕(육군 의무감), 윤치창(주영 공사), 윤영선(농림부장관)

일인명사전)에 이름이 등재되었기 때문이다.

　1917년 경북 구미에서 태어난 박정희는 1937년 대구사범학교를 졸업하고 문경의 심상소학교 교사로 봉직하다가 1940년 만주 신경 군관학교에 입학했다. 이때 그는 군관학교에 합격하기 위해 "일본인으로서 '개와 말의 충성(犬馬の忠)'을 다하겠다"는 혈서를 지원서에 기재한 것이 〈만주신문〉에 실렸다. 신경 군관학교를 차석으로 졸업하면서 성적 우수자 추천으로 1942년 일본 육군사관학교 제57기로 편입학했다. 1944년 일본 육사를 수석 졸업하고 만주군 소위로 임관되어 관동군에 배치되었는데, 당시 창씨개명한 이름은 다카키 마사오(高木正雄)이다. 해방이 되고 1946년에 뒤늦게 귀국한 박정희는 육군사관

학교에 입교하여 제2기로 졸업하고, 육군 대위로 임관하였다. 6·25 전쟁 동안 주로 육본 정보국에서 근무하다가 1953년 장군으로 진급했으며, 1961년 제2군 부사령관으로 재임중에 5·16군사정변을 주도했다. 1963년 제5대 대통령으로 선출되어 경제개발을 단행하였고, 국가 발전의 기틀을 마련하였다.

그의 통치기간중에 정일권(국무총리), 강영훈(국무총리), 최규하(국무총리), 백선엽(교통부장관), 이선근(문교부장관), 이주일(감사원장), 윤태일(서울특별시장), 김백일(1군단장), 이한림(1군사령관), 강문봉(2군사령관), 신현준(해병대 사령관) 등 만주국 출신 군인과 관료들이 국정의 중요 직책을 수행한 경우가 많았다. 이 때문에 박정희를 중심으로 한 만주 출신의 친일 인맥이 대한민국을 통치했다는 비판도 제기된다.

한편 1919년 강원도 원주에서 출생한 최규하는 가문에서 한학을 수학한 후에, 경성제일고보와 도쿄고등사범학교 영문과를 거쳐 만주

문경 심상소학교 교사 시절의 박정희(뒷줄, 우측 끝)와
일본 육사 졸업 후의 수습사관 박정희

전두환(맨 왼쪽)의 예우를 받는 윤보선(가운데)과 최규하 전직 대통령

국 대동학원 정치행정반을 졸업하였다. 졸업 후 길림성 통양현에서 행정과장으로 근무했다. 친일 의혹이 제기되었지만 뚜렷하게 드러난 행적은 없다. 이런 점에 비추어서 최규하는 적극적인 친일파가 아니고, 일제 지배에 순응하여 공무원으로 복무한 부일파라는 주장도 있다. 그렇지만 친일이던 부일이던 간에 최규하를 친일파 범주에 넣는 것은 타당하지가 않다. 최규하는 《친일인명사전》에도 등재되지 않았다.

〈뉴스타파〉가 공개한 친일파 후손 가운데 장·차관 및 1급 이상의 고위 공직자를 지낸 사람은 33명이다. 이 명단에 포함된 인사로는 김상협(국무총리), 이현재(국무총리), 문태준(보사부장관), 안병화(상공부장관), 장성환(교통부장관), 이종찬(국방부장관), 김성진(보사부장관), 홍진기(법무부장관), 장석윤(내무부장관), 이순용(내무부장관), 윤영선(농림부장관), 구용서(상공부장관), 민복기(법무부장관, 대법원장), 현병철(국가인

권위원장) 등이다.

전·현직 국회의원은 모두 21명으로 김남(13대), 김상흠(5대), 김성진(6대), 김우평(5대), 김원전(4대), 김형오(5선), 문태준(4선), 박용익(3,4대), 박정훈(14,15대), 박종률(3선), 박현서(10대), 양정규(6선), 윤여훈(9,10대), 윤영선(2대), 이종찬(9,10대), 이진(12대), 정구영(6,7대), 정진동(6,7대), 지갑종(11대), 진성호(18대), 홍영표(4선) 등이다. 이 중에는 윤영선(농림부장관), 문태준(보사부장관), 이종찬(국방부장관)처럼 공직자와 중복된 경우도 여럿이다. 이들 정치인은 선거 때마다 친일 프레임을 둘러싼 논란이 일었고, 인위적으로 만들어진 경우도 찾아볼 수가 있다.

이현재 전 국무총리는 '김서규의 손녀사위'이다. 김형오 전 국회의장도 '지희열의 손녀사위'라고 나온다. 이들만이 아니다. 지갑종(고영희의 증손사위), 양정규(장헌식의 외손녀사위), 윤여훈(서병주의 손자며느리) 등의 후손이라고 부를 수 없는 경우만 13명이다. 직계후손 중에서도 아들·손자는 21명뿐이고, 나머지는 외손자·증손자·고손자 등으로 연좌제가 행해지던 군사정권 시절에도 이렇게 단죄하지는 않았다. 한마디로 정략적인 의도라고 볼 수밖에 없다.

또 다른 문제점도 발견된다. 제1공화국에서 내무부장관을 지낸 이순용은 1907년 한일신협약(정미7조약) 체결 때 학부대신으로 조약 체결에 공을 세워, 일본 정부로부터 '훈1등 욱일대수장'을 서훈받은 이하영의 5남이다. 그러나 그는 3·1운동 이후 중국 상하이로 망명했고, 다시 미국으로 건너가서 43세의 나이로 미군에 입대하였다. 한국

2015년 〈뉴스타파〉가 해방 70주년 특집으로 제작한 다큐 〈친일과 망각〉

인 최초의 OSS 요원으로 선정되어 버마 전투를 치르고, 광복군과 함께 국내 진공 작전을 준비했다가 일본의 항복으로 뜻을 이루지 못한 독립운동가다. 그런 그를 단순히 친일파의 후손으로 매도한 것이다.

그러면 현역 정치인 가운데는 누가 친일파 후손일까? 진보진영의 공격은 김무성 전 의원에게 집중된다. 김무성의 부친 김용주는 1905년 경남 함양에서 출생했다. 18세에 조선식산은행에 취직하면서 포항에 정착했는데, 이때 독서회를 조직하고 야학의 교사로 활동하면서 3·1정신을 본받는다는 뜻에서 삼일상회를 설립했다. 1926년 독서회 사건으로 인해 체포되었으나 무죄로 석방되었고, 이듬해 신간회 영일군 지부 간사로 활동했다. 1936년 포항 영흥학교를 인수하고 교장으로 취임하여 애국운동을 전개하였다.

그러다가 1937년 조선총독부에서 13도 도청의 자문기관으로 설치한 경상북도 도회 평의원에 당선된 것을 필두로 가네다 류슈(金田龍周)로 창씨개명한 후 '국민총력 경상북도연맹'과 '조선임전보국단 경북도지부'에서 활동했다. 대구 국체명징관과 대구신사 건립 비용과 군용기 5대를 헌납하고, 징병제 시행에 감사의 뜻을 〈아사히신문〉에 광고로 게재했다는 것이 민족문제연구소 주장이다. 그러나 김무성은 이 주장을 강력하게 반박하면서 오히려 김용주 평전《강을 건너는 산》을 출간하여 일제강점기의 민족운동과 건국운동에의 공적을 밝힌 것이다.

왜 '강을 건너는 산'이라고 했을까. 해촌이 일제강점기 극일로부터 8·15와 6·25를 겪은 민족 수난의 강을 앞에 두고 우두커니 지켜본 산이 아니라 '용감하게 강을 건너는 산'이었다고 종합 해설한 제목이라는 설명이다. 해촌은 해방된 조국에서 미군정청과 격론하고, 대한민국 정부 수립 후에는 이승만 대통령의 외고집에 맞서고, 6·25 때는 맥아더 장군을 설득하여 강을 건너는 큰 산의 면모를 보여주었다고 한다.

주일공사 취임 민단 환영식에서 인사말을 하는 김용주(좌)
주일대표부에서 6·25전쟁중 긴급지원을 위한 회의 장면(우)

그의 아호 해촌(海村)은 우리나라 해운사의 효시인 대한해운공사 설립자로서의 뜻이 담겨 있다. 해촌은 해방 직후 미군정청이 조선의 모든 일본 기업을 적산(敵産)으로 분류하자 당국자와 논쟁을 거듭하여 조선인 소유 재산을 인정받아 신생 대한민국의 민족자본 형성의 길을 열고, 대한해운공사를 설립하여 초대 사장을 맡은 한국 해운산업의 창업자라는 것이다. 따라서 이 같은 주장을 검증하고, 학문적으로 평가해야 할 필요성이 제기된다.

진보진영에서 대표적인 친일파 후손은 홍영표 의원이다. 그의 조부 홍종철(창씨명 洪海鍾轍, 코우카이 쇼와다치)은 전라북도에서 관료 겸 기업인으로 활동하면서 일제의 토지조사사업에 협조하는 등의 친일행위로 인해 조선총독부 중추원 참의로 재임하였다. 이 때문에 홍종철은 해방 이후 반민특위에 체포되었다가 25일 만에 풀려났다. 이런 조부의 행적을 두고 홍영표는 광복 70주년을 맞아 공개 사과했다. "친일 후손으로서 사죄드립니다"는 성명을 발표하고 민족정기를 고양하는 사업에 매진할 것을 선언하였다. 그후 다시 친일잔재 청산을 외치고 있다.

이렇게 김무성과 홍영표, 보수와 진보진영을 대표하는 위치에 선 두 정치인은 친일파 후손이라는 비난 앞에서 정반대의 입장을 보여 주었다. 이밖에도 신기남·김희선·이미경 전 의원 등 다수의 정치인도 친일파의 후손으로 밝혀졌다.

어디 그뿐이랴. 토착왜구 논쟁을 일으킨 정동영 의원의 부친은 조선식산은행 계열인 금융조합 서기였다. 유시민 노무현재단 이사장의

2013년 홍영표 의원이 한국독립유공자협회로부터 감사패를 받고 있다.

부친 유태우는 만주국 역사 훈도이었고, 큰아버지는 면장 출신이다. 박원순 전 서울시장 부친 박길보는 창녕보국대 출신으로 '위안부 모집과 관리 운송' 업무를 담당하였다. 문재인 대통령의 부친 문용형은 함경남도 흥남시청에서 농업계장을 지냈다고 한다. 보수 야당인사 중에도 김용균·남경필·최연희 전 의원의 부친이 면장을 지냈고, 정두원 전 의원은 조부가 군수를 지냈다. 이밖에 정우택 전 의원의 부친은 경기도 지방과장, 박관용 전 의장의 부친은 경남도경 산하 부산경찰서에서 사법계 순사로 근무하였다.

그러나 나는 이들 정치인을 '친일파 후손'이라고 부르지 않는다. 친일파라는 용어가 광복된 지 75년이 지난 지금은 실효성을 상실했기 때문이다. 연좌제 역시 1894년 갑오개혁 때 폐지된 봉건시대 유물인데다, 대한민국 헌법 제13조 3항은 "모든 국민은 자기의 행위가 아닌 친족의 행위로 인하여 불이익한 처우를 받지 아니한다"고 규정되어 있다. 설령 친일파 직계이더라도 그들이 조상을 선택해서 후손으로 태어난 것은 아니다. 따라서 당사자가 매국노이거나 반민족행위를 저지르지 않은 이상 '친일파의 멍에'를 씌워서는 안 된다.

역사는 어떤 관점에서 바라보느냐에 따라 평가가 달라지기 마련이다. 1965년 한일수교를 통해 일본과 국교정상화를 이룬 박정희 대통령에 대해서는 '대일 청구권자금'으로 경제개발에 활용하여 성공한 '용일(用日)'이라는 주장과 '선조의 희생 대가'를 돈으로 청산한 '굴욕'이라는 상반된 관점이 존재한다. 일왕을 천황이라고 공개 천명하며, 1989년 1월 9일 일왕 히로히토의 분향소를 찾아가 절한 김대중 대통령에 대해서도 국익을 위한 '실리주의 외교'라는 긍정적인 평가와 국격을 저버린 '저자세 외교'라는 부정적인 평가가 공존한다.

왜, 이런 결과가 나타날까? 영국의 저명한 역사가이며 철학자인 콜링우드(R. G. Collingwood, 1889-1943)는 "역사가가 과거의 사건을 대할 때는 그 사건의 내면과 외면을 구별해야 한다"라고 강조한다. 그런데 일반적으로 행위자의 외면(겉으로 드러난 행위)만 보고 내면(생각이나 사상)을 제대로 이해하지 못한 데서 나타나는 결과이다. 박정희를 '친일독재자'라고 비난하는 사람들은 그가 겪었던 극심한 배고픔에 대한 가슴 아픈 추억을 이해하지 못한다. 마찬가지로 김대중을 친일이라고 비판하는 사람은 그가 1973년 도쿄에서 납치된 후에 죽음을 기다리던 절박함을 이해하지 못한다.

박정희와 김대중의 '대일 인식'이 친일이었는지, 또는 극일이었는지에 대해서는 그들의 내면세계를 이해하지 않고는 판단할 수가 없다. 따라서 그들에 대한 평가 역시 전 생애를 통해서 어떤 삶을 살았고, 지도자로서 어떤 공(功)과 과(過)를 기록했는지 계량적인 검증을 요구한다. 어떤 위인도 완전한 삶을 산 경우는 없다. 이 때문에 역사를 바라보는 시선은 과거를 향하되 과거에 함몰되어서는 안 된다. 역사란 '현재와 과거의 끊임없는 대화'이며, 그 대화는 미래를 향한 것이어야 한다. 우리 사회가 언제까지 친일파를 둘러싼 논쟁에 휩쓸려 국력을 허비할 수 없는 이유이다.

제4부

대한민국 건국의 시기를 살다간 선각자들의 일화

제1화
우남 이승만과 한성감옥 집단 개종사건

1902년부터 1904년 사이에 한성감옥에서 아주 특별한 사건이 발생했다. '한성감옥 집단 개종사건'인데, 그 중심인물이 이승만으로 사건의 배경은 이러하다. 1896년 서울에서 결성된 독립협회는 우리나라 최초의 근대적 시민운동으로, 초기에는 충군애국(忠君愛國)하는 계몽운동을 펼쳤으나 만민공동회를 개최한 후 점차 체제개혁을 요구하는 반체제 정치운동으로 발전했다. 이에 수구세력들은 황국협회를 조직하여 독립협회 활동을 훼방하면서 사회불안을 야기하였고, 1899년 1월 9일 박영효 일파의 고종 폐위 음모에 가담했다는 혐의로 이승만을 체포한 것을 시작으로 개혁파를 제거하였다. 이로 인해 이상재·이원긍·유성준·홍재기·안국선·김정식·이준·신흥우·양의종·박용만·정순만·이승인·유동근·이동녕·이종일 등이 체포되었다.

배재학당 출신의 이승만이 옥에 갇히자 아펜젤러와 벙커 선교사 등이 석방운동을 펴는 한편, 감옥서에 기독교 서적과 교양서적을 넣어주었다. 이들 외에 언더우드·게일·헐버트 선교사 등도 옥중의 지식인들에게 관심을 갖고 책을 넣어주면서 한성감옥서에는 도서실이 꾸

한성감옥에 수감된 이승만(좌측에서 세번째),
앞열에 선 아이가 이승만의 유일한 혈육이던 아들 봉수.

며졌다. 그리고 1902년 10월에는 감옥서장 김영선의 배려로 이승
만·신흥우·양의종이 주관하는 학교도 설립되었다. 이상재의 후손
이 2019년 독립기념관에 기증한 유품 중에는 1903년 1월 17일부터
1904년 8월 31일까지 20개월 동안 한성감옥에 있던 옥리와 죄수가
도서실에서 책을 대출한 내용을 기록한 도서대장이 포함되었다.

도서대장의 끝부분에는 〈감옥서 서적목록〉이라는 감옥서에 수장
된 도서목록도 실려 있는데, 정치·철학·역사에 관한 한문서적부터
한문과 한글로 쓴 기독교 서적과 〈그리스도신문〉〈신학월보〉 등의 정
기간행물까지 다양한 서적이 비치되어 있었다. 당시 한성감옥서에는
300여 명 남짓한 죄수들이 수감되었는데, 1903년 1월부터 1904년 8

월까지 20개월 동안에 도서실에서 책을 빌려 간 사람은 229명이었고, 대출권수는 총 2,020권에 달하였다.

책을 많이 대출한 순서는 유성준 93회, 홍재기 82회, 이원긍 69회, 김정식 68회, 이상재 44회 등이었다. 이승만·신흥우·양의종 등은 주로 영문서적을 대출하여 영어 단어와 문장을 열심히 외웠는데, 후일 이승만이 출옥한 다음날인 1904년 8월 9일 그를 만난 윤치호가 쓴 일기에는 이렇게 기록되어 있다.

"오늘 4시에 거의 6년 동안을 투옥되었다가 어제 석방된 이승만을 방문하였다. 그는 훌륭한 청년이다. 감옥에 있는 동안 그의 영어 실력은 크게 향상되어 영어로 말할 수 있고, 좋은 글을 쓸 수 있게 되었다."(《윤치호일기》 권6, p.51)

2019년 8월 8일 독립기념관에 기증한 이상재 선생의 유품들

그러면 이들은 무슨 책을 가장 많이 읽었을까? 한글 서적을 순서대로 열거하면 〈신약전서〉 110회, 〈그리스도신문〉 70회, 〈국문독본〉 67회, 〈사민필지〉 51회, 〈천로역정〉 50회 등이고, 한문으로 된 책 가운데도 〈신약성서〉가 35회로 가장 많았다. 이것은 도서실에 수장된 서적이 벙커를 비롯한 선교사들의 기증도서여서 성경과 기독교 서적이 많았지만, 언더우드와 벙커 선교사가 일요일마다 교대로 감옥을 방문하여 죄수들을 접견하고 신앙상담을 한 때문이었다. 이처럼 정치범들은 한성감옥에 도서실이 설치된 1년 동안은 닥치는 대로 책을 읽었으나, 그 뒤에는 성경을 읽는 데 몰두하였다.

이런 환경에서 이승만의 적극적인 전도를 통한 집단적인 옥중 개종사건이 일어났다. 이승만은 배재학당 시절 기독교를 접했지만, 그가 세례를 받고 크리스천이 된 것은 감옥서 안에 학교가 설립된 지 얼마 후인 1902년 크리스마스였다. 그때부터 이승만은 동료 죄수들을 전도했는데, 40명 이상의 죄수와 옥리까지도 개종시켰다. 그 중에는 이상재·이원긍·홍재기·김정식·유성준 같은 저명한 정치범들도 포함되었다. 이 같은 이승만의 변신에는 옥중생활에서 겪는 고난과 역경도 중요한 요인으로 작용했다. 이승만은 체포된 후에 혹독한 고문을 당하면서 하나님께 간절한 도움을 구하는 기도를 드렸다.

1902년 8월 러시아 연해주에서 창궐한 콜레라가 함경도를 거쳐 서울까지 침범하여 매일같이 200-300명의 사망자가 발생했다. 한성감옥서에도 연일 희생자가 속출하자 이승만은 밤새워 환자들을 돌보며 시신을 거두었다. 세브란스병원 원장 에비슨 박사에게 도움을 청하였지만, 감옥서에서는 출입을 금지시키고 고열에 시달리는 환자에게 물도 주지 않은 채 간수가 가망이 없다고 판단되는 환자를 문밖에 내놓고 죽었는지 살았는지 발로 툭 차보는 것이 고작이었다. 이렇게 콜레라가 맹위를 떨치게 되자 시체가 쌓이고 삶과 죽음이 뒤엉킨 생지옥에서 이승만은 헌신적으로 환자들에게 정성을 쏟아부었다. 이로 인해 죽음을 앞둔 동료 죄수들에게 그는 '구원'을 전하는 사제와 같은 존재였으며, 고통에 울부짖는 환자들은 "이승만" 이름을 부르며 몸부림치다가 눈을 감았다.

이승만이 1902년에 친필로 쓴 〈감옥서 사망자 기록〉

이승만이 감옥에서 쓴 〈Obituary of Kam Ok Su(감옥서 사망자 기록), 1902〉에는 영문으로 된 사망자들의 명단이 기록되어 있다. '여자 죄수, 두 살짜리 딸을 남기고 죽음' '하루아침에 10명 콜레라로 죽음' 등의 상황을 일일이 메모했는데 12월에는 모두 84명이라고 적혀 있다. 한성감옥의 열악한 인권 실태는 콜레라만의 문제가 아니었다. 그래서 이승만은 독립협회 초대 회장으로 재판도 없이 사형당한 안경수의 선고문을 그대로 베껴서 보관했고, 2년간을 함께 옥살이하다 처형된 장호익은 칼날이 세 번 내리칠 때까지 만세를 불렀다는 사실도 기록했다. 이승만을 비롯한 정치범들은 이런 절망적인 상황에서 삶과 죽음을 생각하면서 더 깊은 신앙의 세계에 심취하였다.

이승만의 전도를 받은 이상재는 환상중에 '위대한 왕의 사자'로부터 "세 번이나 믿을 기회를 주었는데도 믿지 않느냐"는 질책을 받자 성경을 집중적으로 읽고 개종을 결심했다. 유성준은 1년 동안을 성경을 읽은 후 언더우드의 권면을 받아 기도하던 중에, 가슴이 터지는 것 같고 눈물이 쏟아져서 40 평생에 지나온 모든 행동이 정직 청렴결백, 공평한 줄로 자신하고 자랑한 것이 '자기를 위한 공명심' 때문이었다는 죄를 확연히 깨닫고서 개종을 결심하였다. 그는 후일 〈기독신보〉에 회고담을 게재하면서 1903년 12월 옥중 개종자들의 집회에 관해 소개하였다.

"이해 12월말에 피수된 여러 동지들이 모여 서로 말하기를, 우리가 이와 같이 하나님의 무한한 은총을 얻음은 모두 이근택 씨의 덕이라.

종신수로 한성감옥에 복역중인 이승만과
그가 쓴 '옥중전도'가 실린 〈신학월보〉(1903년 5월)

출옥한 후에는 그를 심방하고 치사함이 옳다고 말하고, 원수 갚을 생각
이 이같이 변한 것을 일동이 감사하는 뜻으로 하나님께 기도하였다."

'거듭난 그리스도인'으로 변화된 이들은 '경위원 총장' 직위로 경
찰권을 남용하여 개혁파들을 불법적으로 체포한 '원수 이근택'을 용
서했을 뿐 아니라, 오히려 "이와 같이 하나님의 무한한 은총을 얻음
은 모두 이근택 씨의 덕이라"고 고백하는 놀라운 반전을 이루어냈다.
우리나라에 기독교가 전래되기 시작한 1870년대부터 기독교인이 된
사람은 상인 또는 서민 출신들이었다. 관리나 양반층에서도 기독교
에 호의를 가진 사람은 있었지만, 신앙의 세계에 들어간 사람은 없었

다. 그런데 '한성감옥 집단 개종사건'으로 정부의 고위관리들이 개종했다는 사실은 한국사회에서 기독교의 위상이 상당히 높아진 것을 뜻하는 동시에 이들을 통해 양반 지식인들이 합세하면서 신분계층의 다양화를 이루게 되었다는 점에서 주목해야 할 사건이다.

이들 옥중 개종자들은 1904년 러일전쟁이 일어나기 직전에 거의 다 석방되었다. 1월 하순에 이상재·이원긍·김정식·홍재기 등이 무죄로 석방되었고, 유성준은 황해도 황주로 유배당했다가 1905년 4월 중순에 석방되었다. 이들은 석방된 후 유성준·이원긍·안국선 등은 게일 선교사가 시무하던 연동교회로, 이준은 상동교회로 출석하였고, 이상재·신흥우·김정식 등은 황성기독교청년회(YMCA)를 통해 기독교 신앙운동을 전개했다. 한편 이승만은 1904년 8월 특별사면령을 받아 5년 7개월의 옥고를 마치고 석방되었다.

1904년 11월 이승만은 민영환과 한규설의 주선으로 한국의 독립을 청원하기 위해 미국으로 건너갔다. 1905년 2월에는 조지워싱턴대학(George Washington University)에 장학생으로 입학했다. 그해 8월에는 시어도어 루스벨트(Theodore Roosevelt, 1858-1919) 대통령을 만나 한국의 독립 보존을 청원하였지만, 러일전쟁을 계기로 미국이 일본을 지지하게 되면서 성과를 거두지 못하였다. 1907년 6월 조지워싱턴대학 콜롬비아학부를 졸업하고, 9월에는 하버드대학(Harvard University) 석사과정에 입학하여 1년 만에 수료하였다. 1908년 9월 프린스턴대학 박사과정에 입학하여 1910년 7월 18일 〈미국의 영향을 받은 영세 중립론(Neutrality as influenced by the United States)〉이란 논문으로

이승만(2열, 좌①)은 하버드대학을 1년 만에 수료하고 석사학위를 취득하였다.
(1908년 6월 24일)

박사학위를 받았으며, 1912년 프린스턴대학출판부에서 책으로 출간되었다. 미국 유학 5년 만에 이룬 쾌거였다.

이승만의 프린스턴대학 재학 시절 총장이던 윌슨(Woodrow Wilson, 1856-1924)이 1910년에 뉴저지 주지사로 선출되었고, 1913년에는 제34대 대통령으로 당선되었다. 이승만에게는 연방정부 및 주류사회와 소통할 수 있는 창구가 마련된 것이다. 특히 윌슨 대통령이 1918년 1월 8일 제1차 세계대전 종전을 앞두고 발표한 민족자결주의를 한국 독립의 기회로 활용하려는 노력은 국내에서 3·1운동이 태동하는 데 결정적인 영향을 미쳤다.

이때 여운홍을 매개로 한 이승만의 역할에 대해서도 새로운 주장이 제기되었다.(구체적인 내용은 "3.1운동을 바라보는 새로운 시선 - '우남 이승만'과 '인촌 김성수'의 3.1운동", 〈김형석의 역사산책〉 참조)

이렇게 볼 때, 이승만의 한성감옥 집단 개종사건은 기독교가 한국사회에서 도약할 수 있는 전기를 마련했을 뿐 아니라, 민족적으로는 한국인들이 미국을 무대로 외교를 통한 독립운동을 전개하는 시금석이 되었다. 또 종신수(무기수)이던 이승만은 세계적인 명문대학에서 수학하고 국제적인 정치가로 부상하는 인생 역전의 계기로 작용하였다는 점에서 매우 중요한 사건이다.

제2화
백범 김구와 안중근 집안의 3대에 걸친 인연

2018년 5월 한 단체가 대학생들을 대상으로 존경하는 독립운동가를 조사한 결과 유관순, 안중근, 김구의 순으로 나왔다.

그런데 안중근(1879~1910)과 김구(1876~1949)가 서로 총을 들고 싸웠다면 믿을 수가 있을까? 이 믿기 어려운 얘기는 역사적 사실이다. 백범김구선생기념사업회 회장인 김형오 전 국회의장이 《백범일지》를 쉽게 풀어쓴 《백범 묻다, 김구 답하다》에는 그 장면을 이렇게 소개한다.

전군을 구월산 패엽사로 옮길 준비를 하고 있던 어느 날 밤, 신천군 청계동에 사는 안태훈 진사가 밀사를 보내왔다. 안태훈의 토벌군은 1894년 12월 맏아들 안중근을 앞세워 동학 접주 원용일 부대 2천여 명을 대파해 동학군을 두려움에 떨게 했다. 우리에게 청계동 토벌군은 경계 대상이었다. 그런 안태훈이 동학 접주인 내게 왜 밀사를 보낸 걸까. 내막을 알아보니 안 진사는 비밀리에 내 신상이며 행적을 조사한 뒤 "팔봉 접주가 아직 어린데도 대담한 인품을 지녀 사랑스럽도다. 하여 토벌하지 않겠지만, 그가 만약 청계동을 치려다가 패멸당한다면 인재를 잃게 될 일이 아깝노라"며 좋은 뜻으로 밀사를 보냈다는 것이다. 나는 곧바로 참모회의를 열어 안태훈의 토벌군과 일종의 공수동맹을 맺기로 밀약했다. "나를 치지 않으면 나도 치지 않고, 어느 한쪽이 불행에 빠지면 서로 돕는다"는 내용이었다.

"몽금포에서 은거하던 나는 텃골로 돌아왔다. 왜병들이 동학당을 수색하던 때라서 부모님은 화를 피해 다시 멀리 가라고 권유하셨다. 그런데 정덕현이 청계동 안태훈 진사에게 가보자고 했다. 나를 포로처럼 대할까 보아 망설이자 "안 진사가 나이 어린 형의 담대한 기개를 높이 평가했으니 염려말고 같이 가자" 하여 그를 따라나섰다. ……본채에서 우리를 반겨 맞은 안 진사가 내게 말했다. "오늘 이처럼 찾아주시니 감사할 따름이오." 안 진사는 그날로 사람을 보내 텃골에서 우리 부모님을 모셔 오게 하고, 본채 인근에 우리가 살 집 한 채를 마련해 주었다."(김형오, 《백범 묻다, 김구 답하다》, pp.113-115)

얼마나 감동적인 미담인가? 그러면 역사적인 사실은 어떠한지 살펴보자. 우선 김구와 안중근이 동학군 토벌의 전쟁터에서 조우한 얘기는 《백범일지》 외에는 다른 기록이 없다. 그러나 국사편찬위원회가 작성한 한국사데이터베이스에 수록된 《동학농민혁명사 일지》에는 "1894년 11월 13일(음) 신천의 동학농민군이 신천까지 진출한 평양에 주둔해 있던 일본군 및 의병장인 신천 진사 안태훈과 전투를 벌였다"는 기록과 1894년 11월 19일(음) "영문에서 차임한 의려장(義

旅長)인 신천군 진사 안태훈이 모집한 포군 70명과 촌정 100명에게 동학농민군 영장 3명이 포살당하였다"는 것이 기록되어 있어서 역사적 사실임을 알게 한다.

또 《백범일지》에는 김구의 동학군과 안태훈의 토벌군이 싸우지 않고 동맹을 맺었으며, 나중에 김구가 안태훈에게 피신한 것으로 기술했지만, 여하튼 김구가 안태훈에게 투항한 것은 분명한 사실이다. 더욱이 《백범일지》가 김구의 자서전임을 고려하면 주관적 입장이 많이 개입된 점을 감안해야 한다. 그런 점에서 "김구가 안중근 부대의 습격을 받고 생포되었으나, 안태훈 진사에 의해 목숨을 구하고 안씨 집안사람으로 편입되었다"는 안천 교수의 주장은 주목할 만하다.

이처럼 당시 정황을 살펴보면, 안태훈의 선봉장인 안중근에 의해 김구가 생포되었다는 주장이 설득력이 있다. 그런데 여기서 반전이 일어났다. 안태훈은 적장인 김구의 사람됨을 알아본 후 처단하지 않고 오히려 품어준 것이다. 김구는 물론 소작농이던 그의 부모들까지 청계동으로 이주하여 생활하도록 배려해 주었다. 그렇지만 두 집안의 인연은 오래가지를 못했다. 이듬해 11월 을미개혁이 시행되면서 단발령이 선포되자, 이에 맞서 의병을 일으키자는 김구의 제안을 안태훈이 거절했기 때문이다.

김구와 안태훈의 사이에는 '소작농 출신의 상놈'과 '지주 출신의 양반'이라는 신분의 차이보다 '독실한 서학(천주교) 신봉자'와 '동학 접주 출신'이라는 종교적 갈등이 도사리고 있었다. 당시 상황을 김구는 《백범일지》에 이렇게 기록했다.

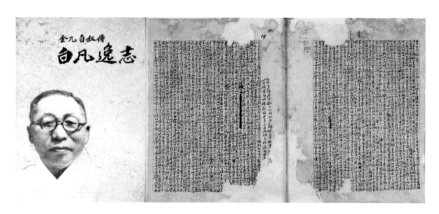

백범 김구의 자서전《백범일지》

　"안(태훈) 진사 같은 인격으로서 되었거나 못 되었거나 제 나라에서
일어난 동학은 목숨을 내어놓고 토벌까지 하면서 서양 오랑캐의 천주
학을 신봉한다는 것부터 괴이한 일이거니와, 그것은 그렇다 하더라도
목을 잘릴지언정 머리를 깎지 못하겠다는 생각은커녕 단발할 생각까
지 가졌다는 것은 대의에 어긋나는 일이라고 생각했다."

　이로 인해 두 사람은 반년을 넘기지 못하고 헤어졌다. 그리고 한때
는 적대적 관계이던 김구와 안중근 집안은 항일투쟁을 전개하면서부
터 긴밀한 협력관계를 유지한다. 안중근의 아랫동생 안정근은 러시
아군으로 제1차 세계대전(1914-1918)에 참전한데 이어 1920년 청산
리전투에도 참전하여 맹활약했다. 그후 안정근은 낙양군관학교에 한
인특별반을 설치하여 한인 청년들을 모집하는 일을 담당하였고, 막
냇동생 안공근은 임시정부에서 15년 이상을 활동하면서 김구를 보좌

하였는데, 윤봉길 의거 후 김구가 가흥으로 피신하게 되자 상해와 가흥을 오가면서 한인애국단을 총괄하였다.

1940년 안중근의 조카인 안미생이 김구의 장남 김인과 결혼하게 되었다. 안정근의 장녀로 1914년 베이징에서 태어난 안미생은 칭화대학교 영문과와 쿤밍서남연합대학에서 수학한 후, 충칭 영국대사관 직원으로 근무하다가 1939년부터 임시정부에서 활동했다. 영어와 러시아어에 능통했던 그녀는 김구의 비서로 일했으며, 1940년 충칭에서 김구의 장남 김인(1917-1945)과 결혼했다. 이들의 결합은 일시적으로 적대적이던 김구와 안중근의 집안이 화해하고 사랑으로 회복되었음을 보여주는 상징적인 사건이 되었다.

안미생은 임시정부 김구 주석의 비서로 일하는 한편 한국독립당(상임위원), 재충칭 애국부인회 등에서 활동하다가 1945년 11월 23일 임정 요인들이 환국할 때 제1진으로 귀국했다. 일행은 김구 주석을 비

안중근 의사 가족들
- 좌로부터 아버지 안태훈 진사, 어머니 조마리아 여사, 안중근 의사

롯해서 부주석 김규식, 국무위원 이시영, 참모총장 유동열, 문화부장 김상덕, 선전부장 엄항섭 등 15명이었는데, 여성으로는 안미생이 유일했다. 따라서 안미생은 경교장에 기거하며 시아버지 김구의 비서에서부터 가정 살림까지 도맡았다. 해방정국에서 사실상 임시정부 주석의 퍼스트레이디 역할이었다.

안미생은 김구의 자부라는 인식을 뛰어넘는 유능한 외교관이자, 독립운동가로 여성운동에도 관심을 기울였다. 그녀는 1945년 12월 22일 서울 풍문여고 강당에서 열린 '전국 부녀총동맹 결성대회' 석상에서는 수천 명의 청중이 운집한 가운데 다음과 같은 요지의 축사를 했다.

"그동안 얼마나 고생하셨습니까. 아버지가 감옥에서 죽고, 남편이 왜놈에게 실갱이를 당하는 일 등 가족이 분산될 때 여러분은 국내에서 얼마나 쓰라린 경험을 하셨습니까. 그러나 우리는 저 태양 아래 이제 3천만 민족이 자유스럽게 살 수 있게 되었습니다. 그것은 우리의 국내 국외에서 피 흘리며 싸워 온 그 결정체이며, 또 동맹군이 애쓴 결과입니다. 8월 15일 제2차 전쟁이 끝나고 왜놈이 연합군에게 항복을 하므로 우리 조선은 자유의 해방을 얻었으나 우리 부녀에 대해서는 이중삼중으로 중한 날입니다. 여성은 과거 봉건주의 제도와 자본주의의 착취에서 해방을 한 것입니다.

조선 여성뿐 아니라 세계 여성이 함께 해방이 된 것입니다. 이 해방은 부녀에게 말하면 세계 역사가 한 10여 년 뛰었다고 볼 수 있습니다.

경교장에서의 김구와 안미생(1946년)

우리 건국 단계에 있어서 우리 부녀의 책임은 중합니다. 그것은 한 나라가 잘 되려면 한 집안이 잘 되어야 하고, 한 집안이 잘 되려면 부녀의 노력 여하에 있기 때문입니다."(〈서울신문〉, 1945년 12월 23일)

이렇게 활발하게 활동하던 안미생은 1947년 9월 돌연히 미국으로 떠났다. 그리고 미국에서 여생을 보내면서 2007년 사망할 때까지 다시는 귀국하지 않았다. 1949년 6월 26일 김구가 서거했을 때도 미국 뉴욕에서 안수잔나 명의의 조전만 보내고 장례식장에는 나타나지 않았다. 안미생이 갑작스럽게 잠적한 이유에 대해서는 오늘까지도 여러 가지 추측만 난무한다.

하나는 김구가 1946년 하반기부터 중국 동북지방에서 한인 군대를 조직하여 중국 공산군과 싸우는 '만주 계획'을 구상하고, 중화민국의 장제스(蔣介石) 총통과 회담을 추진하기 위해 1947년 9월초 안미생을 중국에 파견했다. 이때 미군 정보 당국에서 안미생이 장제스의 부인 쑹메이링(宋美齡)을 통해서 장제스를 만나는 과정을 파악하고, 안미생이 홍콩을 거쳐 미국으로 망명하도록 주선했다는 주장이다.

다른 하나는 안미생이 남편 김인의 죽음을 앞두고 시아버지 김구가 보여준 태도에 대한 원한 때문이라는 주장이다. 1945년 3월 29일 해방을 5개월 앞두고 27세의 청년 김인이 폐렴으로 사망했다. 이때 안미생은 시아버지 김구를 찾아가 폐렴에 특효약으로 알려진 페니실린을 맞게 해달라고 간청했다. 그런데 김구는 "폐병으로 죽어가는 다른 동지들도 그렇게 해주지 못하는데 아들이라고 특별히 대우할 수 없다"며 이를 거절했다.

김구는《백범일지》에 당시 상황을 기술했다.

"중경의 기후는 9월초부터 다음해 4월까지 구름과 안개 때문에 햇빛을 보기가 힘들며, 저기압의 분지라 지면에서 솟아나는 악취가 흩어지지 못해 공기는 극히 불결하며, 인가와 공장에서 분출되는 석탄 연기로 인해 눈을 뜨기조차 곤란했다. 우리 동포 3, 400명이 6, 7년 거주하는 동안 순전히 폐병으로 사망한 사람만 70-80명에 달했다. 이

1948년 경교장에서 김구와 함께 - 좌측은 안공근의 장남 안우생, 우측은 장우식

는 중경에 거주하는 전체 한인의 1-2할에 해당하는 숫자이니 놀라지 않을 수 없다. 중경에 거주하는 외국 영사관이나 상업자들이 3년 이상을 견디지 못한다는 곳에서 우리가 6,7년씩이나 거주하다 큰아들 인이도 역시 폐병으로 사망하였으니, 알고도 불가피하게 당한 일이라 좀처럼 잊기 어렵다.”

이처럼 망명지에서 임시정부를 이끌던 김구의 입장에서는 병으로 죽어가는 아들을 보면서도 공과 사를 구분하면서, 엄격한 원칙을 고수할 수밖에 없었을 것이다. 그러나 부인인 안미생의 입장에서는 아들의 죽음을 두고도 몰인정한 것처럼 보이는 그런 시아버지의 태도가 두고두고 가슴에 한으로 남아 있었을 것이다.

후일 김구의 둘째아들 김신은 이때의 모습을 다음과 같이 회고했다.

"형님의 병세는 나아질 기미가 보이지 않았다. 마지막으로 기대를 걸어 볼 것은 페니실린밖에 없었다. 그러나 일본군의 봉쇄로 물자 수송이 어려워서 페니실린을 구하기 힘들고, 가격도 매우 비쌌다. 형수는 아버지에게 페니실린을 구해 달라고 부탁했지만, 아버지는 정색을 하며 말씀하셨다. '여기 있는 동지들 중에서 그 병을 앓다가 죽은 사람이 많은데, 어떻게 내 아들만 살릴 수 있단 말이냐.' 형수는 아버지의 매정한 대답에 마음속으로 원망했을 것이다."

그럼에도 불구하고 안미생은 해방이 되자 시아버지를 따라 귀국해 경교장에 살면서 김구의 비서로 활동했다. 그는 천주교 세례명 '수

남편 김인의 죽음을 회상하는 안미생의 인터뷰 기사 – 〈자유신문〉(1945년 11월 27일)

잔(또는 수산나)'이라는 이름을 쓰면서 반탁운동에도 참여했다. 그러다가 1947년 9월 돌연 미국으로 떠났다. "남편이 없는 이 나라에 살기 싫다"는 말을 종종 남겼다고 한다. 안미생의 입장에서는 태어나지도 않고, 아무 연고도 없는 한국에서 시아버지를 도우며 혼란한 정국 가운데 살아가는 현실이 더없는 고통으로 다가왔을 것이다.

그후 1949년 3월 27일 부친 안정근이 상하이에서 별세한데 이어 6월 26일 시아버지 김구의 암살 소식이 들려오자 대한민국은 더 이상 의지할 곳도 없고, 돌아갈 필요도 없는 곳이 되어 버렸다. 1960년대 중반 안미생은 고국에 남은 딸 김효자에게 연락해서 미국 유학을 권유했고, 서울대 조소과를 졸업하고 도미한 김효자도 이후로 소식이 끊겼다. 이렇게 보면 김구와 안중근 일가의 질긴 인연은 '해피 엔딩(happy ending)'인지, '새드 엔딩(sad ending)'인지조차 가늠하기 힘든 우리 역사의 아픔이다.

제3화

도산 안창호의 명연설,
"나라가 없으면 집도, 몸도 있을 수 없소"

안창호(安昌浩)는 1878년 11월 9일, 평남 강서군 초리면의 대동강 하류에 위치한 도롱섬에서 아버지 안흥국과 어머니 제남 황씨의 셋째 아들로 태어났다. 위로 두 형과 아래로 여동생이 있었는데, 본관은 순흥이며, 호는 도산(島山)이다. 12세 때 아버지를 여의고, 할아버지 밑에서 자라났다. 어린 시절 동네의 소문난 개구쟁이지만 공부한 것을 모두 외울 정도로 영특하였다. 14세 때 대동군으로 이사하면서 성리학자인 김현진의 문하에서 한학과 성리학을 배웠다. 이때 동문수학하던 선배 필대은(畢大殷)을 통해 새로운 세상에 눈을 뜨게 되었는데, 필대은은 어린 안창호의 가슴에 민족주의를 심어주었고, 서울로 가서 신학문을 수학할 것을 권면하였다.

이에 1895년 17세의 나이로 상경한 안창호는 밀러(F. S. Miller; 1866-1937) 선교사를 만난 후 구세학당에 입학했다. 구세학당은 언더우드(H. G. Underwood; 1859-1916) 선교사가 설립한 고아원을 겸한 남자학교로 새문안교회 안에 운영되었다. 게일(J. S. Gale; 1863-1937)

안창호가 다닌 민로아학당 학생과 교사

선교사가 교장으로 취임하면서 구세학당으로 불리었으며, 경신중·고등학교의 전신이다. 구세학당에서는 한문과 영어·성경공부를 가르쳤는데, 그곳에서 안창호는 송순명의 전도로 기독교인이 되었다.

1897년 안창호는 서재필·윤치호 등이 주관한 독립협회에 참여하고, 이승만·양기탁·이상재 등과 만민공동회에서 활약했다. 20세에 독립협회 관서지부 책임자가 된 안창호는 평양 쾌재정에서 만민공동회를 열고 평양감사 조민희와 수백 명의 청중 앞에서 연설한 것이 감탄을 자아내며 그 명성이 관서지방 일대에 널리 퍼졌다. 이때부터 그는 웅변가로 탁월한 능력을 발휘했는데, 그가 가는 곳마다 군중들이 구름떼처럼 몰려들었고, 연설을 듣는 사람마다 변화되었다. 그는 전국적인 연사로 순회강연을 다니면서 독립정신과 민주주의를 설파하였다.

1898년 경성부 종로에서 열린 만민공동회에서 정치혁신안 6개조를 건의한 것으로 인해 만민공동회가 일진회의 습격을 받고 해산하게 되자 안창호도 낙향하였다. 그는 이듬해에 강서군 동진면에 '우리 모두 조금씩 앞으로 나아가자'는 뜻의 점진학교를 설립하면서 탄포리교회도 세워서 교육과 기독교 전도에 헌신하였다.

1902년 9월 안창호는 제중원에서 밀러 선교사의 주례로 이혜련과 결혼식을 올리고 다음날 미국으로 떠났다. 상해와 요코하마를 거쳐 태평양을 횡단하던 안창호는 하와이 근처에서 오랜만에 육지섬을 보았다. 그는 그때의 감격을 간직하고자 자신의 호를 도산(島山)으로 정하였다. 후일 그는 〈태평양상의 일(一) 소도(小島)〉라는 글에서 그때의 심정을 회고했다.

"벌써 30여 년 전에 내가 미국으로 유학 갈 때의 일이지요. 요코하마에서 배를 타고 망망한 태평양을 지나게 됐습니다. 하루이틀, 십여 일을 가도 도무지 육지를 볼 수 없더군요. 정말로 지루하고 갑갑한 중 육지가 여간 그립지 않습디다. 그러자 하와이 부근을 지나게 됐지요. 망망한 수평선 저쪽에 조그만 섬 하나가 있더군요. 그 섬을 바라보니 여간 반갑고 그립지 않습디다. 표망한 대양 중에 홀로 서 있는 그 섬의 기개. 나는 그 섬을 바라보고 어떤 대양의 선구자나 만난 듯해서 여간 감격하지 않았습니다. 그래서 내 호를 도산(島山)이라 했습니다."(안창호, 〈조광(朝光)〉, 1937년 8월)

샌프란시스코에 도착한 도산은 말도 잘 통하지 않는 상태에서 미국인의 가사를 거들어 주면서 학업을 시작하고, 1904년 리버사이드로 이주하여 오렌지 농장에서 일하면서 한인을 대상으로 영어와 성경공부를 가르쳤다. 이듬해 장남 필립이 태어났으며, 한인공립협회(韓人共立協會)를 창립하고 초대 회장에 피선되었다. 공립협회는 600명의 회원으로 3층 건물의 공립협회 회관을 설립하고 순국문판 신문인 〈공립신보(共立新報)〉를 발행하여 교민사회에 보급하였다.

그는 당시의 일을 설명하면서 그런 자신의 역할을 도산이라고 표현했다.

"샌프란시스코에 내려 하룻밤을 자고 거리에 나가니까 조선 사람들이 서로 상투를 붙잡고 뺨을 치며 싸움을 하는구려. 해외 수만리를 와서 조선인끼리 싸움을 하다니요? 기막힌 일이 아닙니까? ……그래서 나는 그때부터 도산 노릇을 했지요. 그들에게 좋은 말로 설명하고 해외에 와서 고생하는 우리들이니 상부상조하고 서로 위로하자고 권했습니다. 그래서 나는 공부도 공부려니와 재류 조선인을 도와주자는 주의 아래서 공립협회(共立協會)라는 것을 조직하고 그들의 살길을 열어주고, 생활개선과 융화의 정신을 가르쳐 줬습니다."(안창호, 〈조광〉, 1937년 8월)

1905년 을사늑약으로 대한제국의 외교권이 박탈되자 조약을 반대하는 항의성명서를 발표하고, 윤치호·서재필 등과 함께 을사늑약에

도산 안창호(좌 3)와 리버사이드 오렌지 농장의 한인 인부들

반대하는 운동을 주도하였다. 1907년 미국에서 귀국한 후에는 신민회·대한협회·대성학교 등의 설립을 위해 서울과 평양에서 많은 연설을 하였는데, 그의 연설을 듣고 감동을 받아서 독립운동에 뛰어든 우국지사들이 많았다. 그 가운데 3·1운동 당시 기독교측 민족대표로 종교간의 단일화를 성사시킨 남강 이승훈과의 일화가 유명하다.

　1907년말 한일신협약(일명 정미7조약)이 체결되어 군대를 해산당하고 외교권도 박탈당했다는 소식을 접한 이승훈은 울적한 마음으로 평양에 나갔다가 안창호가 쾌재정에서 "나라가 없이는 집도 몸도 있을 수 없고, 민족이 천대받을 때에 나 혼자만 영광을 누릴 수는 없소"라고 연설하는 것을 듣고 깊은 감명을 받았다. 그는 그 자리에서 술

과 담배를 끊기로 작정하고 단발을 단행한 후, 다음날 안창호를 찾아
갔다. 두 사람은 14세의 나이차에도 불구하고 의기투합했다. 이승훈
은 안창호의 권유로 곧바로 신민회에 가입한 후 평북 총관과 태극서
관 관주를 맡았고, 12월 24일 오산학교(五山學校)를 설립했다. 이 학교
는 신민회 계열의 중등교육기관으로 평양 대성학교, 선천 신성학교와
함께 서북지방을 대표하는 3대 민족 교육의 산실이 되었다.

　이렇게 안창호는 양기탁·윤치호·전덕기·김구·유길준·이동휘·
이갑·이회영·이승훈 등을 규합하여 신민회를 설립했다. 자유독립
국을 세우기 위해서는 국권회복을 위한 실력 양성과 이를 위해 국민
이 새로워져야 한다는 의미에서 이름을 신민회(新民會)라고 정했다.
그러던 중 1909년 10월에 있었던 안중근의 이토 히로부미(伊藤博文)
암살사건에 관련되었다는 혐의로 2개월간 일제에 의하여 체포되었
다가 풀려나자 1910년 청년 장교 출신인 이갑 등과 망명을 떠나 북
경·청도·상해·블라디보스토크 등지를 유랑했다. 국외로 이주하는
한인들의 정착촌을 마련하기 위한 시찰이었다.

　8월 29일 한일합방이 체결되자 중국에 망명중이던 유동열·신채
호·이갑 등과 중국 청도에서 모임을 가졌다. 이때 안창호의 교육과
산업의 진흥을 통한 독립준비론이 밀리고 독립전쟁론이 우세했다.
특히 이동휘는 "나라가 망한 이때 산업은 다 무엇이고, 교육은 다 무
엇이냐. 둘이 모이면 둘이 나가 죽고, 셋이 모이면 셋이 나가 싸워 죽
을 것이다"는 주장을 굽히지 않았다.

　이에 실망한 안창호는 러시아·독일·영국 등을 거쳐 미국으로 건

너갔다. 5년 만에 로스앤젤레스 집으로 돌아온 안창호는 토목공사장의 인부, 가정 청소부 등으로 일하면서 생계를 꾸렸다. 그러나 한인 사회는 그를 그냥 놔두지 않았다. 1912년 11월 샌프란시스코에서 각 지방총회를 망라한 대한인국민회 중앙총회가 결성되면서 그를 총회장에 선임했다. 이에 그는 민족운동의 핵심체로 민족성 부흥을 위한 청년 엘리트 단체의 필요성을 절감하고 흥사단을 조직하는 한편 종전의 〈공립신보〉를 〈신한민보〉로 이름을 바꿔 속간하였다.

그후 1919년 4월 11일 중국 상해에서 임시정부가 수립되자 내무부총장으로 선임되었고, 이어 국무총리 대리에 선출되어 정식으로 취임했다. 상해 임시정부는 처음부터 모든 지역의 대표로 구성된 단일성 임시정부가 아니었다. 3·1운동에는 국내외의 다양한 세력이 운동에 참여했고, 7개의 독립정부가 등장했는데, 이 가운데 실제 힘을 갖춘 것은 3개로 러시아 동포들로 구성된 국민의회, 상해에 망명한 독립운동가 중심의 상해 임시정부, 국내에서 각 지역 대표로 구성한 한성 정부였다. 따라서 상해 임시정부는 세 정부의 통합 작업을 거쳐 한성 정부 영구집정관 총재 이승만을 대통령, 러시아령의 국민의회를 대표한 이동휘를 국무총리, 안창호를 내무총장으로 한 삼각 정부를 구성했다.

그러나 내부적으로는 이승만 대통령은 미국식 민주주의, 이동휘 국무총리는 사회주의를 각기 주장하면서 갈등이 계속되었다. 안창호는 두 사람을 중재하고 화해를 주선하였지만 실패하였다. 1921년 이동휘가 '레닌의 자금 횡령사건'으로 국무총리직을 사퇴하고 시베리아

이동휘

이승만 안창호

1920년 12월 상해 임시정부를 방문한 이승만을 환영하는 이동휘와 안창호

로 떠났으며, 뒤이어 이승만의 위임통치건의 문제로 논란이 일자 이
승만도 미국으로 떠나 버렸다. 이후에도 임정의 해체를 주장하는 창
조파와 고수를 주장한 개조파의 대립이 심화되었다. 1923년 임정의
개조파와 창조파의 대표 124명이 참석한 국민대표회의를 열었으나
이마저 결렬되자, 개조파를 대표하던 안창호도 상해를 떠나게 되었다.

안창호는 1923년부터 만주에 이상촌을 건립하기 위해 노력했으나
일제의 침략으로 실패하자, 1929년에 필리핀에 재만 한인들을 이주
시키고 이상촌을 건설하기 위해 백방으로 노력했으나 그마저 실패하
였다. 1932년 4월 29일 윤봉길 의사가 상하이 홍커우공원에서 폭탄
투척 의거를 감행했을 때, 사전에 연락을 받지 못해서 일경에 체포되
었다. 곧장 서울로 호송되어 4년형을 선고받고, 대전형무소에 수감
되었다. 1935년 2월 소화불량증이 악화되고, 폐와 간이 나빠져서 병
보석으로 가출옥했다. 이후 대동군 대보산 송태산장에 은거하면서
이상촌을 구상하였다. 1937년 6월 28일 수양동우회 사건으로 체포

되어 서대문형무소에 수감되었다. 1938년 3월 10일 서대문형무소에서 병이 위중하여 경성제국대학교 부속병원으로 이송되었지만 61세를 일기로 사망하였다. 1962년 건국훈장 대한민국장이 추서되었다.

광복 직후 우리나라에는 "땅에는 김영옥 대령(미군 최초의 아시아계 대대장), 하늘에는 오종구 소령(미 육군항공대 전투기 조종사), 바다에는 안수산 대위(미 해군 최초 아시아계 여성장교)!"라는 말이 유행했다. 이들은 제2차 세계대전 때 맹활약한 한국계 '미국 전쟁 영웅'이다. 이 중에 안수산(Susan Ahn)은 안창호의 3남2녀 중에 셋째이자 맏딸이다. 인종 차별과 여성 차별의 이중 장벽을 극복한 여장부로 한국인과 미국인의 존경을 동시에 받았던 인물이다. 안창호는 세 차례에 걸쳐 18년간 미국에 체류하면서 이혜련 여사와의 사이에 3남2녀를 낳았다. 장남 안필립은 아버지가 없는 가정에서 경제적인 책임을 도맡았다. 독신으로 살면서 할리우드 영화배우로 우뚝 섰다. 차남 안필선은 UC버클리를 졸업한 후 엔지니어로 일했고, 장녀 안수산은 제2차 대전 때 동양계 해군 대위로 첫 사격 교관이었다. 차녀 안수라는 시누이·막냇동생과 파노라마시에 중국 식당을 오픈한 뒤, 가족 비즈니스로 성공을 거두었다. 이렇듯이 안창호의 다섯 자녀는 아버지처럼 성공적인 삶을 살았고, 아버지의 사상을 후대에 전하는 데 힘썼다.

안창호는 일제강점기인 1938년 해방의 감격을 맛보지 못한 채 별세하였다. 이 때문에 그를 건국의 인물로 다룬 적이 거의 없다. 그러나 그의 일생은 조국의 독립을 위해 헌신하였으며, 그가 추구한 최종 목표는 민주공화정에 기초한 국가를 세우는 일이었다. 애초부터 미국

미군에 입대한 도산의 자녀들
- 왼쪽부터 안필선(공군), 안필립(육군), 안수산(해군)

에서 자유민주주의를 배우려는 목적으로 유학길에 올랐던 안창호는 1906년말 샌프란시스코에서 대한신민회(大韓新民會)를 조직하면서부터 본격적인 독립운동에 나섰다. 그는 이 회의 설립 목적을 '자유문명국 성립'이라고 명시함으로써, 을사늑약 이후 조국의 동포들을 구원할 새로운 국가 형태는 자유주의 국가임을 천명했다.

"무릇 우리 한국인은 내외를 논할 것 없이 통일연합으로 그 길을 정하고, 독립과 자유로 그 목적을 세워야 할 것이다. 이는 신민회가 발원하는 바이며, 신민회가 회포하는 바다. 약언(略言)하면 역시 말하기를 신(新)정신을 불러 깨우치고, 신단체를 조직해서 신국가를 건설할 뿐이다."

1907년 1월 20일 샌프란시스코를 떠난 안창호는 2월 20일 한양에 도착했다. 그리고 4월에 '자유문명국 성립'을 목표로 하는 한양의 신민회가 비밀리에 조직됐다. 이로써 5천년 역사에서 군주제를 대체할 건국 담론으로 자유주의 국가 담론이 지식인들간에 공론화되기에 이르렀다. 회원들간에 철저하게 비밀을 엄수한 탓에 일제의 정보망은 1909년에야 신민회 관련 정보를 확보할 수 있었다. 그 내용은 "한국으로 하여금 열국의 보호 아래 공화정체의 독립국으로 함에 목적이 있다"는 것으로, 이에 신민회를 민주공화제를 추구하는 비밀정치조직으로 판단했다.

이에 일제는 1911년 데라우치 총독 암살모의사건을 조작하면서 신민회 회원들을 탄압하였다. 이처럼 안창호의 항일독립운동은 새로운 국가 건설을 위한 건국의 준비과정이었다는 점에서, 도산 안창호 역시 건국에 이바지한 역사적 인물로 평가받아야 할 것이다.

제4화

자필 여권으로 대한민국의 '올림픽 문'을 연
이원순

YMCA를 통해 크리스천이 되다

해사(海史) 이원순은 1890년 10월 8일 서울 중구 삼각동(지금 을지로1가)에서 부친 이명선(李明善)과 모친 백씨(白氏) 사이에서 태어났다. '구리개'로 불리던 이곳은 당시에는 한약업의 중심지로서 그의 집안도 조부가 한의원(韓醫院)이었고, 부친은 건재약국을 경영했다. 이 같은 환경에서 태어난 그는 서예가로 명성이 높던 노당 김석준(金奭準)의 서당에서 한학을 배웠다. 17세 때 서당 공부를 마친 후에 배재학당 영어과에서 1년을 수학하고, 이어 관립 외국어학교 영어과를 졸업했다. 그러나 장래 진로가 불투명했기에 전라남도 해남에 내려가서 양잠 기술을 전수받던 중에 1910년 8월 한일합방 소식을 듣고 상경하였다.

서울로 돌아온 후에는 황성기독교청년회(서울YMCA)를 찾아가 영문 타자를 배우면서 YMCA 활동에 적극 참여하였다. 당시 YMCA는

1910년대 YMCA 모습

구한말 고관을 지낸 현홍택이 기증한 수천 평의 종로 부지 위에 미국의 백화점왕 워너메이커가 기부한 10만 달러로 4층 건물을 건축한데다가, 각종 서구 문물을 접할 수 있는 '근대화의 요람'으로 인재들이 모여들었다. 이곳에서 이원순은 교육·전도부장을 맡고 있던 이승만에게 성경을 배우고, 이상재의 강연을 들으면서 기독교 신앙을 체계적으로 익혔다. 주일이 되면 교회들을 찾아다니며 설교를 들었다.

이원순은 특히 종교교회 정춘수 목사의 설교를 통해 많은 감화를 받았다. 그는 그때 정춘수 목사의 설교를 듣고 감동받은 내용을 100세의 나이가 되어 간증으로 소개했다.

"나는 내가 천상천하에서 유일무이한 존재인고로 내게는 하나님도 부모도 필요 없다고 생각했던 사람이다. 그리하여 나만을 위해 모든 이익과 권세를 차지하겠다고 마음먹었다. 그러다가 나는 동물 중에서도 가장 미물인 지렁이를 보고서 깜짝 놀랐다. 지렁이도 남을 위해 생겨난 것이 아니니, 그것 역시 천상천하에 유일무이한 것이 아니겠는가. 지렁이도 저만 살겠다고 생각할 것이다. 나와 다를 게 무엇이 있겠는가. 나는 크게 회개하고 그때부터 하나님을 믿고, 국가와 민족을 생각하게 되었다."

이 설교는 이원순의 삶에 지표가 되었다. 1911년부터 경신학교 밀러(F. S. Miller, 閔老雅: 1893-1897) 교장의 비서 겸 초등반 영어교사로 일하며, 1912년 보성전문학교 법과 야간부에 입학하여 1914년에 졸업했다. 이 시기에 그는 경신학교에서 만난 이갑성·어운형·한백선

이원순이 경신학교에서 근무하던 시절의 캠퍼스 '죤디웰스기념당'(1910년)

등과 어울려서 진로 문제를 고민하고 있었다. 기회만 있으면 해외로 나가는 것이 모두의 꿈이었다. 성사 여부는 오직 하나님의 뜻에 맡기고 그날이 오기를 간절히 기도했다.

미주 독립운동의 구심점

이원순은 1914년 하와이로 망명했다. 당시 하와이는 약 7천 명의 한인이 거주하던 미주 독립운동의 중심지였지만, 한인사회는 독립운동의 방법론을 두고 무장투쟁론을 주장한 박용만파와 외교독립론을 주장하는 이승만파 사이에 심한 갈등을 빚고 있었다. 하와이에 먼저 도착했던 박용만은 대조선국민군단을 통해 독립군을 양성하였고, 박용만의 주선으로 뒤늦게 하와이로 건너온 이승만은 한인학원을 운영하며 후진을 키웠다. 이원순은 박용만의 비서가 되어 대조선국민군단에서 활동하던 가운데, 1919년 3월 3일에는 호놀룰루에서 대조선독립단을 창단하고 회장에 취임했다. 임시정부 외무총장에 선출되어 상해로 떠난 박용만을 대리하여 하와이 교민사회의 실질적인 지도자가 된 것이다.

이원순은 대조선독립단의 활동을 하면서도 가구판매업과 부동산 중개업으로 상당한 재산을 모았고, 1922년 3월 14일 이 독립단의 유력한 회원이던 신홍균 목사의 딸 매리와 결혼했다. 하와이대학교에서 사회사업학을 전공한 매리는 결혼 후에도 학업을 계속하여 보스턴에 있는 퍼커스대학 맹인교육전문과를 졸업하고 평생을 사회사업

LA대한인국민회 앞에 선 '재미 한족 연합회' 대표들(1942년 4월 5일)
– 좌에서 9번째가 이원순

분야에서 일했다.

하와이 교민사회는 이원순이 이끈 대조선독립단과 이승만 계열의 대한인동지회로 양분되었다. 대한인동지회는 대한감리교회가, 대조선독립단은 성공회의 성루가교회가 각기 후원했다. 이런 대립관계는 하와이 교민사회뿐 아니라 민족의 독립 역량에도 큰 손실이었다. 그런데 1928년 10월 박용만이 북경에서 피살당하고 독립단이 혼란에 빠졌을 때, 이승만이 이원순에게 함께 일할 것을 제의했다. 이에 독립단 내부에서는 이원순만 동지회에 참여하고 독립단은 그대로 존속하되, 외교 문제에 한해서 이승만의 정책에 협조하기로 합의가 이루어졌다.

이원순은 1929년에 대한인동지회 회장에 취임하여 1943년까지 역임하면서 한글과 영어로 된 〈태평양주보〉 주필을 맡아 교포들을 계몽하며 독립운동을 전개했다. 1930년부터 1943년까지 대한민국 임시정부 주미 행서위원, 1941년부터는 한족연합회 위원장, 1943년부터 1945년의 광복까지는 임시정부 워싱턴 주재 구미위원회 위원 등으로 활동하면서 외교적 방법으로 조국 독립을 위한 투쟁의 최선봉에서 분투했다.

세기를 넘어선 희생과 헌신

대한인동지회 고문단(1939년 10월 25일)
- 1열 좌에서 세번째가 이승만, 다섯번째가 이원순

이원순은 광복이 된 후에도 미국에 머무르며 활동했고, 부인 이매리는 미군정청 후생고문으로 서울에서 근무했다. 이원순은 광복 직전 워싱턴에서 개최된 범태평양연맹대회 대표단 선정 문제로 이승만과 불화가 생겨 귀국이 곤란한 상황이었다. 이때 그의 생업은 주로 교회 건물을 중개하던 부동산 소개업자였다. 1946년 뉴욕에서 한미무역회사를 설립하였으며, 1947년에는 한인이민위원회 위원장에 피선되어 한인이민법안의 미국 의회 통과를 도왔다.

이 무렵 그가 뉴욕에서 스포츠와 연관돼 조국 대한민국을 위해 공헌하게 된 사연은 이러하다. 해방 직후 발족을 본 조선올림픽위원회(KOC)의 여운형 회장은 경신중학 시절부터 이원순의 절친한 친구였다. 그가 초대 KOC 회장이 되면서 국제올림픽위원회(IOC) 가입을 도와 달라는 부탁에 따라 뉴욕에 거주하던 에이버리 브런디지 IOC 부위원장을 찾아간 이원순과 월터정이 한국의 가입과 올림픽 출전을 강력히 요청했고, 이때 반쯤 승낙을 받을 수 있었다.

1947년 여름 스웨덴의 스톡홀름에서 열리는 IOC 총회는 한국의 가입 여부가 결정되는 아주 중요한 회의였다. 5월 29일 전경무 올림픽대책위원회 부위원장이 IOC 총회에 참석하기 위해 미군 군용기편으로 출장을 떠났으나 일본 상공에서 추락하는 바람에 사망하고 말았다. 이에 올림픽대책위원회는 이원순에게 급전을 보내서 IOC 총회 참석을 부탁했는데, 이날이 총회가 열리기 열흘 전이었다. 그런데 이원순은 미국에 30년 이상 살면서도 시민권이 없었기 때문에 미국 여권을 발급받을 수 없었고, 대한민국 정부도 수립되기 전이어서 대한민국 여권을 발급받는 것도 불가능했다. 그래서 그가 생각해 낸 묘안이 직접 타이핑한 여권을 만들어 여행하는 것이었다. 이원순이 스스로 여권에 기록한 내용은 이러했다.

"나는 한국인으로 KOC(대한올림픽위원회)와 대한체육회의 요청을 받아 IOC 총회에 참석할 예정이며, BOC(영국 올림픽위원회)와 1948년 런던올림픽 참가 문제를 협의하러 간다."

6월 11일 이원순은 타자용지 두 페이지로 된 여권을 들고 뉴욕 주재 영국 총영사관을 찾았다. 이를 받아든 영사관 직원의 표정이 일그러졌다. "이게 뭡니까?" "보시는 대로 내 개인 여권입니다." 내용을 천

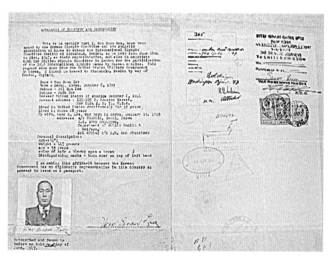

이원순이 만든 여권(국가등록문화재 제491-1호)

천히 읽어본 직원은 한동안 여권을 만지작거리더니 무어라고 중얼거리며 영사실로 들어갔다. 한참 만에 환한 얼굴로 나온 그는 두말없이 비자에 도장을 찍어 주었다. 자신을 얻은 이원순은 곧바로 덴마크 총영사관에 가서도 어렵지 않게 비자를 받을 수 있었다.

결국 총회에 임박해서 스톡홀름에 도착한 이원순은 IOC에 가입 신청을 했고, 6월 20일 소집된 제40차 총회에서 "아시아의 작은 신생국에게도 올림픽에 참가할 기회가 주어져야 한다"고 열변을 토한 끝에 한국의 가입이 정식으로 승인되었다. 이원순은 곧이어 영국으로 날아가서 런던올림픽위원회에 한국 선수단의 출전 신청서도 접수를 완료했다.

이때 사용하였던 여권은 문화재청에 의해 등록문화재 491-1호로 등록되어 한국체육박물관에 보존되어 있다. 이후 이원순은 대한체육회 고문과 대한상공회의소 주미 대표로 위촉을 받고, 워싱턴 주재 한국대사관 건물 구입과 한국 최초의 함정인 백두산호를 구입하는 일을 도왔다. 뉴욕에서 부동산업으로 크게 성공한 그는 뉴로셀에 호화저택을 구입해 살면서 동포 행사에도 적극 참석하고 유엔총회 한국대표단의 안내역을 맡았지만, 1953년 9월 40년간의 미국 생활을 청산하고 귀국했다.

이원순은 그해 대한올림픽위원회 부위원장과 한국증권주식회사 회장에 취임한 것을 필두로, 체육계와 경제계에서 주로 활동하면서 민간외교의 중요한 순간마다 결정적 역할을 감당했다. 특기할 사건은 1962년 5월 10일 김대중 대통령이 이희호 여사와 종로구 체부동

이원순 자택에서 열린 김대중 이희호 결혼식(1962년 5월 10일)

에 살고 있던 이원순(이희호의 외삼촌) 댁에서 결혼식을 올린 것이다. 1982년에는 미국으로 유출됐던 통일신라시대 금동보살삼존상 등 소장문화재 40여 점을 국가에 헌납했다.

이원순은 교회 장로로 경건하게 생활하면서 장수했는데, 100세 때 회고록 《세기를 넘어서》를 출간하였다. 103세에 별세하자 국립묘지 독립유공자 묘역에 안장되었다. 대한민국의 독립과 발전에 기여한 이원순의 다양한 공적은 1975년 국민훈장 무궁화장, 1982년 보관문화훈장, 1991년 건국훈장 애국장 등으로 입증되고 있다.

제5화
조국의 광복과 산업보국의 꿈을 이룬
유일한

고난으로 점철된 조기 유학의 꿈

유일한은 1895년 1월 15일 부친 유기연과 모친 김기복 사이의 6
남3녀 중에 장남으로 평양에서 출생했다. 출생시 이름은 유일형(柳
一馨)인데, 미국의 신문배급소에서 일하던 중에 발음을 잘못 알아
듣고 '세계 제1의 대한제국'이라는 의미로 해석할 수 있는 '일한(一
韓)'으로 기록한 사건을 계기로 유일한으로 개명했다. 그의 부친은
교회를 통해 신앙은 물론 근대화의 조류에 접하게 되었으며, 일찍이
평양을 중심으로 싹트기 시작한 산업경제에도 관심을 가져 농수산
물 도매상과 '싱거(Singer) 미싱' 대리점을 경영한 재력가였다. 평양의
창동교회를 다니던 부친이 선교사에게 9세짜리 아들의 유학을 부탁
하였다. 1904년 부친은 대한제국 순회공사 박장현과 조카인 박용만
(1881-1928)이 미국으로 건너가는 편에 동승할 수 있도록 조치했고,
유일한은 그들을 따라서 샌프란시스코에 정착했다.

미국 유학을 떠나기 전 부친 유기연과 함께

그런데 조기 유학한 지 얼마 후부터 부친의 사업이 어려워져 힘든
생활을 감내해야 했다. 네브래스카 주로 이주하여 커니라는 작은 도
시에 사는 성실한 침례교 신자인 미국인 자매의 가정에서 생활했다.
유일한은 이들의 보살핌과 신앙 지도로 낯선 환경에 적응하면서 신
문팔이·구두닦이 등으로 고학하며, 1915년에는 고등학교를 졸업하
였다. 학창 시절 유일한은 박용만이 설립한 헤이스팅스소년병학교
에서 군사훈련을 받으면서 빼앗긴 조국을 되찾는 독립군의 지휘관이
되겠다는 열정을 불태웠다. 이곳에서 보낸 3년의 시간은 조국의 의
미를 가슴속에 간직하는 계기가 되어 훗날 독립운동과 유한양행 기
업경영의 지표로 작용했다. 한편으로는 야구와 미식축구 선수로 활

약하며 무슨 일이든지 정성껏 노력하면 반드시 성공할 수 있다는 신념을 갖게 되었다.

항일투쟁과 산업보국(産業報國)

유일한은 고등학교를 졸업한 후 디트로이트 변전소에서 1년간 근무하며 마련한 학자금으로 미시간대학교 상과에 진학했다. 재학중 3·1운동이 일어나자 필라델피아한인대회에서 '한국 국민의 목적과 열망을 표방하는 결의문' 작성에 참가했다. 당시 미국 주재 한인 총대표회의는 서재필이 주도했는데, 이 사건을 통해 유일한은 이승만·서재필 등 민족지도자들과 교유하게 되었다. 대학을 졸업한 후 미시건 중

헤이스팅스소년병학교 야구팀(1열 우측이 유일한)

앙철도회사, 제너럴 일렉트로닉 등에 취업하였다가 이내 사직하고
창업을 시도했다. 수차례 시행착오 끝에 미국에서 인기가 높던 숙주
나물을 통조림에 저장하는 방법을 개발했다. 1922년 대학 동창으로
식품업에 종사하던 웰리스 스미스와 동업해 숙주나물 통조림을 만드
는 라초이(La Choy) 식품회사를 설립했는데 큰 성공을 거두었다.

1925년 라초이 식품회사 원료 구입차 상하이를 방문하는 길에 귀국
하여 북간도로 이주한 가족과 21년 만에 상봉했다. 그해 대학 동창으
로 소아과 의사인 호미리(胡美利)라는 중국계 여성과 결혼했는데, 얼
마 후에 세브란스의전 교장이던 에비슨(O. R. Avision, 魚丕信, 1860-

1926년 귀국 당시 〈동아일보〉에 보도된 유일한 박사와 호미리 여사

1956)의 초청으로 귀국했다. 에비슨은 그에게 연희전문학교 상과 교수로, 부인 호미리에게는 세브란스의전 교수로 부임할 것을 제안했지만, 유일한은 유한양행의 창업을 선택했다.

2년 전 한국을 방문했을 때 어려운 경제 여건을 보고 일자리를 제공할 수 있는 기업을 창설할 마음을 가졌기 때문이다. 그 중에 제약업을 선택한 것은 "건강한 국민만이 장차 교육도 받을 수 있고, 나라도 찾을 수 있다"는 판단에서다. 따라서 그는 귀국할 때 많은 양의 의약품을 가지고 왔다. 이후 유한양행을 운영하면서 미국 의약품을 수입 판매했다. 결핵약, 진통소염제, 안티푸라민 등 필수 의약품을 주로

1926년 창업 당시의 유한양행(종로2가 소재)

판매했는데, 특히 유한양행에서 직접 제조 판매한 안티푸라민은 가정상비약으로 인기를 끌었다. 1933년에는 미국 아보트사와 합작으로 중국 대련에 약품 창고를 세우고, 만주지역으로 사업을 확장했다. 그의 아내 호미리도 소아과를 개업하고 저렴한 실비로 환자를 치료해 주었다. 이렇게 이들 부부는 윤리경영, 의료윤리를 실천하면서 비밀리에 독립운동가들의 활동을 도왔다.

그러나 일제의 감시로 활동이 어려워지자 1938년 미국으로 건너가 남가주대학교(USC)에서 경영학을 공부하고, 1941년 석사학위를 받았다. 제2차 세계대전이 일어나자 미국 육군 전략처(OSS, Office of Strategic Services) 산하 한국담당 고문으로 발탁되었고, 이때 노벨문학상 수상자인 펄벅이 중국 고문으로 발탁되어 친분을 나누었다. 로스앤젤레스에서 한인 국방경위대를 창설하여 맹호군으로 명명하고, 한국 침투를 위해 OSS 특수 공작부대에 배속되어 군사훈련을 받았다. 이들은 국내로 침투하여 국토 수복작전을 전개할 '냅코작전(NAPKO Project)'을 준비했지만 일본의 패망으로 실행하지 못했다. 그렇지만 유일한은 버지니아 주 핫스프링에서 태평양 연안 12개국 대표가 모여 전후 일본 처리 문제를 논의한 태평양문제연구회(IPR: Institute of Pacific Relation) 회의에 한국 대표로 참가했다.

1946년 7월 귀국하여 유한양행 사장으로 복귀했지만 중국과 북한에 있던 자산을 상실했다. 그해 조선상공회의소가 설립되자 초대 회장에 취임하였으나, 이승만 정권이 들어서자 초대 상공부장관 제의를 거절하고, 미국으로 건너가 스탠퍼드대학교에서 국제법을 공부하

국내 진공작전을 수행하기 위해 OSS훈련을 마친 광복군 제3지대 대원들

였다. 이후 국내로 입국하려다가 번번이 거부당하였는데, 이 기간에
6·25전쟁이 일어나서 유한양행은 다시금 어려움에 처했으나 직원들
의 헌신적인 노력으로 회사를 지켜냈다.

'노블레스 오블리주'의 표상이 되다

유일한은 1953년 귀국하여 전쟁으로 파괴된 회사를 재건하고, 이
때 소사 공장부지에 고려공과기술학원을 설립하여 교육사업을 시작
하였지만 재정적인 부담으로 1957년에 폐교되었다. 1962년 국내에
서 두번째로 기업을 공개하여 투명경영을 실현하고 정직한 세금 납부
로 산업훈장을 받았다. 인재양성에도 힘을 기울여 1963년 개인 소유

유일한 박사 가족 – 왼쪽부터 유일한, 딸 유재라, 아들 유일선, 부인 호미리 여사

주식 1만 2천 주를 연세대학교에, 보건장학회에 5천 주를 장학기금으로 각기 기부했다. 1965년에는 개인 주식 5만 6천 주를 팔아 학교법인 유한재단을 설립하고 유한공업고등학교를 개교하여 전교생에게 전액 장학금을 지급하며 산업보국을 위한 인재를 양성하고, 1966년에는 유한중학교를 개교하여 중고등학교 과정의 무상교육을 시행했다. 평소 신념인 '국민에게 좋은 상품을' '나라에는 정직한 납세를' '사회에서 얻은 이윤은 사회로 환원한다'는 기업정신의 발로였다.

독실한 크리스천으로서 기독실업인들의 귀감이 되었고, 1963년·1968년·1970년 세 차례에 걸쳐서 대통령 표창을 받았다. 1971년 3월 11일 세브란스병원에서 하나님의 부름을 받았는데, 4월 4일에 공개된 유언장에는 그가 살아온 인생을 어떻게 정리했는지를 보여주고 있다.

"손녀 유일링(당시 7세)에게는 대학 졸업시까지의 학자금으로 1만 달러를 주고, 딸 유재라에게는 유한공고 안의 내 묘소와 주변 땅 5천 평을 주어 유한동산으로 꾸미게 하며, 아들 유일선은 대학까지 졸업시 켰으니 앞으로는 자립해서 살아라. 그리고 남은 재산인 유한양행 주식 14만 961주는 전부 사회와 교육원조신탁기금(유한재단)에 기증한다."

정부에서는 그의 업적을 기려 국민훈장 무궁화장을 추서했고, 1995 년에는 건국훈장 독립장이 추서되었다. 이렇듯이 유일한은 '노블레스 오블리주'를 보여준 기업인의 표상으로 존경받고 있다. 그가 각종 공 익재단에 기증한 유한양행 주식의 40%는 현 시가로 2조 원이 넘는 천 문학적 액수이다. 어떻게 이 엄청난 일을 감당할 수 있었을까? 그것 은 두말할 나위 없이 그의 독실한 신앙심이 가져온 결과다. 그런 의미

유한공업고등학교에 잠든 유일한 박사 부녀

에서 유일한의 기도문은 매우 감동적이다.

"만물을 창조하시고 전지전능하신 주님. ······저희들이 이 땅에서 살아가는 동안 과거의 잘못을 통해 더욱 성장할 수 있도록 도우시고, 슬픔과 후회를 저희 마음속에서 떠나게 하시고 대신 어제의 편견이나 내일의 두려움 없이 정해진 사람의 길을 걸어갈 수 있도록 성령과 용기와 의지를 저희들 마음에 심어 주소서. 저희에게 유혹을 이겨내고 탐욕과 부러워함을 정복하게 하시고 증오와 고통을 극복할 수 있는 힘을 허락하소서. ······무엇보다 온 인류가 참된 목적을 위하여 일하고 평화로운 마음으로 이 세상을 살아갈 수 있도록 저희의 마음을 겸손함과 이웃을 아끼고 사랑하는 마음으로 가득 채워 주소서. 아멘."

제6화
박현숙과 숭의여학교 송죽결사대

　박현숙은 1896년 10월 17일 평양에서 아버지 박정규(朴貞圭)와 어머니 최광명(崔光明) 슬하 8남매 중 둘째딸로 태어났다. 가정 형편은 부유한 편이었고, 기독교를 신앙하는 가정이었는데 믿음이 좋은 어머니에게 철저한 교육을 받으면서 자라났다. 정진소학교를 졸업한 후 북장로교 선교부에서 운영하는 숭의여학교로 진학했다. 그때 숭의여학교에는 1회 졸업생으로 김경희와 황애덕이라는 민족정신이 투철한 교사가 근무하였는데, 1913년 두 선생을 주축으로 졸업생과 재학생들이 모여 항일 비밀여성단체인 송죽결사대를 창립했다. 박현숙은 그 중에서 가장 먼저 발탁되어 독립운동자금을 모금하는 책임자로 일했다.

　박현숙은 1915년 숭의여학교를 졸업한 후에 전북 전주에 있는 기전여학교(紀全女學校) 교사로 부임했다. 미국의 남장로교 선교부에서 설립한 미션스쿨이었는데, 박현숙은 그곳에서 임영신·유현순·오자현 등의 학생들과 함께 기도회를 통해서 신앙심을 고취하고, 공주회(公主會)라는 비밀결사를 조직하여 민족정신을 함양했다. 이에 학생

기전여학교 송죽형제회(좌에서 세번째가 임영신)

들은 천황 사진에 먹칠하기와 쓰개치마 벗기 등으로 항일의식을 실
천했다. 박현숙은 기전여학교에 근무한 지 2년 만인 1917년 모교인
숭의여학교의 교사로 부름을 받고 평양으로 돌아왔다. 그러나 공주
회는 송죽형제회로 불리며 전주 지역 독립운동에 앞장섰다.

　기전 70년 역사에서 겨우 2년을 근무한 박현숙 선생에 대한 평가
이다.

　"신앙적 애국정신으로 무장되어 있던 박현숙이 틈날 때마다 애끓는
심정으로 조국의 비참한 역사적 현실을 학생들에게 자세히 설명해 줌
으로써 예민한 소녀들의 가슴에 나라 사랑하며 걱정하는 마음을 깊게
심어 줄 수 있었던 것이다. 특히 박현숙 교사는 학생들로 구성된 결사

대까지 비밀히 조직했는데, 이들 학생들은 구국기도회를 쉬지 아니하였던 것이다. 의식 있는 한 교사의 감화력과 영향력은 이처럼 컸던 것이다. 바로 이 구국결사대원을 중심으로 전주의 만세운동이 주도되었고, 이 중에서 임영신 같은 여걸이 나왔다는 것은 조금도 놀라운 일이 아니다."(《기전 70년사》(1970) 중에서)

숭의여학교 교사가 된 박현숙은 송죽결사대 3대 회장을 맡았다. 숭의여학교와 남산현교회를 무대로 토론회를 주도하면서 역사 강좌를 열어 민족정신 고취에 힘썼다. 이렇게 평양에서는 숭의여학교의 송죽결사대가 숭실학교의 조선국민회와 함께 독립운동의 양대 거점이 되었다.

평양 숭의여학교 전경(1932)

3·1운동에 앞장서다

1919년 2월 13일 서울에서 천도교측 인사들과 만나 독립운동을 논의한 이승훈이 평양으로 내려왔다. 다음날 평양교계 지도자인 길선주·신홍식 목사를 만나 거사 계획을 설명하고, 두 사람은 민족대표로 참여를 약속했다. 신홍식은 상경하기 전에 목회하던 남산현교회 교인들과 평양에서의 만세운동을 의논했는데, 박현숙의 역할은 송죽결사대 대원들과 3·1운동에 사용할 태극기를 제작하고 학생을 동원하는 일이었다. 이에 따라 박현숙은 20일 한선부·권기옥 등의 학생 대표를 비밀리에 불러 태극기를 만들도록 지시했다.

평양의 3·1운동은 3월 1일 오후 1시를 기해 장로교는 숭덕학교에서, 감리교는 남산현교회에서, 천도교는 천도교당에서 각기 '광무 황제 봉도식'을 가진 후 예배당 종소리를 신호로 거리에 뛰쳐나와 함께 시위를 벌이는 것으로 시작되었다. 박현숙은 만세운동을 주도하다가 붙잡혀서 경찰서에 구금되었다. 이때 옥고를 치른 사람들은 상상하기조차 어려운 고초를 겪었다. 당시 평양에서 옥고를 치른 한 여성의 얘기를 담은 감리교 선교부의 자료이다.

"나는 평양에서 3월 2일 체포되어 구금되었다. 거기에는 감리교 여자 12인과 장로교 여자 2인, 1명의 천도교 여자가 있었다. 감리교 여자 중 세 사람은 전도부인이었다. 경관들은 채찍으로 우리들을 내려

치면서 옷을 다 벗기고, 벌거숭이로 여러 남자들 앞에 세워 놓았다.
……내 양손은 뒤로 잡혀져서 꽁꽁 묶였다. 내 알몸을 사정없이 때리
고 땀이 흐르면 찬물을 끼얹곤 했다. 춥다고 하면 그때는 담뱃불로 내
살을 지졌다. ……한 전도부인은 두 손을 묶였을 뿐만 아니라, 두 발을
꽁꽁 묶인 채 기둥에 매달려 있게 했다. 우리는 성경책을 빼앗기고, 기
도는 고사하고 서로 말도 못하게 했다. 사람으로는 견딜 수 없는 무서
운 욕과 조롱을 우리는 다 받았다."(The Korean Situation, 《기독교사상》,
1966년 2월호)

　박현숙은 위의 보고서 가운데 감리교 여자 12인에 포함된다. 징역
1년을 선고받고 평양형무소에 복역하던 박현숙은 고문의 후유증으
로 건강이 악화되어서 8월 31일 병보석으로 출옥한 후에 9월 18일
김성업(金性業)과 남산현교회에서 결혼식을 올렸다. 그는 도산 안창
호의 수제자로 보성전문학교를 졸업하고 흥사단에서 활동하던 독립
운동가다. 박현숙이 투옥되기 전에 이미 약혼을 한 사이로 그녀가 옥
고를 치를 때도 옥바라지를 감당했다. 그러나 박현숙은 신혼생활중
에도 대한애국부인회 평양지회 부회장으로 활동하면서 독립운동자
금을 모금하고 임시정부가 발행한 〈독립신문〉을 국내에 반입하다가
발각되어 징역 2년 6개월을 선고받았다. 결혼한 지 겨우 8개월 만의
일이었다.
　1922년 가출옥한 박현숙은 건강이 회복되자 숭의여학교에 복직을
시도했지만 일제의 방해로 좌절되었다. 1923년 송죽회 출신의 황애

박현숙(우) 가족사진(1933)
- 부군 김성업, 여동생 박인숙과 조카, 남동생 박근선

덕·신의경 등과 평양YWCA를 결성한 후에 회장으로 활동했다. 박현숙은 1927년 6월 17일 신간회 여성 조직으로 출범한 근우회 중앙집행위원으로 선출되었다. 1928년 1월 30일 박현숙·조신성·박승일 등에 의해 평양지회가 조직되었으며, 1930년 근우회 중앙본부가 해체된 이후에도 박현숙은 평양지회를 중심으로 계속해서 활동을 펼쳤다. 1941년 평양YWCA '기도의 날' 행사에 소개한 기도문이 반전을 주장했다는 이유로 '치안유지법 위반'으로 또다시 구속되었다. 박현숙은 나약한 여성의 몸으로 3번에 걸쳐 4년 10개월의 옥고를 치렀다.

한편 남편 김성업은 1920년 4월 1일 〈동아일보〉가 창간되자 평양 지국장을 맡았는데, 이곳은 또 하나의 독립운동 거점이었다. 그러다가 1937년 수양동우회사건에 연루되어 4년 5개월간 구금당하면서 경찰의 혹독한 고문으로 평생 불구자가 되었다. 여성독립운동가 중에서 박현숙처럼 오랜 기간 수형생활을 감당한 사람을 찾기란 쉽지 않다. 더욱이 남편인 김성업까지 큰 희생을 치른 것을 감안하면 이들 부부야말로 독립운동사의 큰 별이다.

대한민국과 교회를 위한 헌신

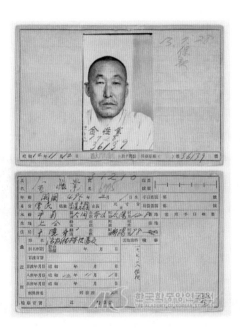

일제 주요 감시 대상 인물카드, 남편 김성업(1937년 서대문형무소에서 작성)

1945년 8월 15일 광복이 되자 새로운 국가 건설을 위한 움직임이 활발하게 나타났다. 바로 그날 서울을 비롯한 각 도별로 건국준비위원회(이하 '건준')가 조직되었다. 평양에서는 16일 '건준'이 결성되었는데, 조만식이 위원장으로, 박현숙은 여성부 부장으로 선정되었다. 1946년 1월 4일 평양에서 열린 '인민정치위원회 회의'에서 박현숙은 조만식과 함께 신탁통치 반대를 선포한 후 위원직을 사임했다. 그날부터 조만식은 연금되고, 박현숙은 감시를 받았다. 이 일로 박현숙은 2월 17일 서울로 월남했으며, 4월 26일 이북여성동지회 결성식에서 월남한 미혼여성들을 돕는 일을 제안했는데 이것이 대한민국 최초의 사회복지법인 '송죽원'이 되었다.

박현숙은 1946년 12월 12일 미군정 남조선 과도입법의원이 되어

서울특별시 서대문구에 소재한 사회복지법인 송죽원

임영신
(상공부 1948. 8~49. 6)

김활란
(공보처 1950. 8~11)

박현숙
(무임소 1952. 10~54. 6)

이승만 정부의 세 여성장관 – 임영신은 기전여고 시절 박현숙의 제자였다.

공창제 폐지에 앞장섰고, 1948년 8월 15일 대한민국 정부가 수립되자 박순천과 함께 감찰위원에 임명되었다. 1952년 무임소장관, 1953년 제4대 민의원을 역임했다. 이후 1963년 제6대 국회의원에 선출됨으로써 미군정기 입법의원을 포함 세 차례 국회의원과 한 차례 장관을 지내면서 대한민국을 대표하는 여성정치인으로 자리매김했다.

사회활동에도 힘써서 MRA(도덕재무장운동) 세계대회 한국 대표, 대한부인회 부총재, 3·1여성동지회 회장 등을 지냈다. 1953년 모교인 숭의여자중고등학교를 서울에 재건하고 이사장으로 일하면서 후일 유치원부터 초·중·고·대학을 아우르는 숭의학원의 토대를 마련했다. 박현숙은 서울에 재건된 남산현감리교회 장로로 섬기면서 세 곳의 교회를 건축하고, 1959년 한국대학생선교회(CCC) 설립이사, 1964년 국회조찬기도회 초대 회장, 1966년 대통령조찬기도회 초대 회장, 1968년 국제기독교조찬기도회 한국 회장 등으로 섬겼다. 박현숙은 1980년 향년 84세를 일기로 소천하였다.

정부에서는 건국포장을 추서하고 국립대전현충원에 남편 김성업

이윤영(중) 국무총리 서리와 함께 국민의례를 행하는 박현숙 장관

과 합장했다. 그리고 1990년 부부 독립운동가인 김성업-박현숙 부부에게 건국훈장 애국장이 동반 추서되었다.

제7화

김활란, '이화'를 위한 순교인가?
'입신'을 위한 친일인가?

대한민국 여성사를 쓰다

김활란은 1899년 1월 18일 인천에서 부친 김진연(金鎭淵)과 모친 박도라(朴萄羅)의 3남5녀 중 막내로 태어났다. 호는 우월(又月), 세례명은 헬렌(Helen)이다. 부친은 평안북도 철산에서 농업에 종사하다가 개항 후 제물포로 이사하여 창고업자가 되었고, 모친은 교회에서 전도부인 역할을 담당했다. 7세 때 유아세례를 받으면서 '헬렌'이라는 세례명을 받았는데, 학교에 입학하면서 원래 이름인 '기득(己得)' 대신에 헬렌을 한자식으로 고쳐 '활란(活蘭)'으로 정했다. 1907년 인천 영화학당(永化學堂)에 입학했으나, 이듬해 부친의 사업 실패로 서울로 이사하고 이화학당(梨花學堂)에서 초등·중등·고등과를 차례로 졸업한데 이어, 1918년 3월에는 대학과를 졸업하여 한국인 여성으로는 최초로 대학 졸업자가 되었다. 대학 졸업 후 바로 이화학당 고등보통과 교사가 되었으며, 재직중인 1919년 3·1운동이 일어나자 비밀결사에

김달하(형부)와 김애란(언니)의 약혼 사진 속의 11세 소녀 김활란

참여했다.

　1920년 6월 '이화전도대'를 결성하여 전국 각지를 돌면서 농촌계
몽과 전도활동을 펼쳤으며, 1922년 4월 중국 베이징에서 개최된 세계
YMCA 대회에 김필례와 여성대표로 참석했다. 그해 조선감리회 웰치
(H. Welch) 감독의 추천으로 미국 오하이오 주의 웨슬리언대학교에 입
학하여 철학과 교육학을 공부했다. 1923년 6월 세계 YWCA 대회에 참
석한 후 일시 귀국하였을 때, 김필례(金弼禮)·유각경(兪珏卿) 등과 함께
YMCA 여자부를 독립시켜 조선 YWCA를 창설했다. 1924년 6월 웨슬
리언대학교에서 우수 졸업생으로 학사학위를 받고, 보스턴대학교 대
학원에 진학했다. 1925년 6월에 〈철학과 종교의 관련성〉이라는 논문
으로 철학 석사학위를 받았다. 김활란은 귀국과 동시에 이화여자전문

학교 교수가 되었고, 학감을 겸임했다. 이때 잡지 《여론(女論)》을 창간하고, 취지문에서 "여성이여 어서 앞으로 나가자!"라고 주장했다.

김활란은 1927년 1월 전문직 여성들의 친목 모임인 망월구락부가 직업부인회로 개편되면서 실행위원에 선정되었다. 그해 5월 근우회가 창립되면서 회장에 선출되었고, 7월에는 하와이 호놀룰루에서 열린 제2차 태평양문제연구회의에 참석했다. 1928년 4월 예루살렘에서 개최된 국제선교회의에 참석하기 위해 사이공에 당도했을 때 공개적으로 단발을 결행했다. 귀국을 한 후에는 단발 위에 남바위를 쓰고 한복 두루마기를 입은 채로 구두를 신고 다녔는데, 구습에 함몰되었던 한국 여성의 '무지와 구습의 타파'에 앞장서려는 여성운동의 일환이었다. 1928년 근우회에서 탈퇴한 후에는 사회활동을 끊고 선교

김활란(앞, 좌 2)의 이화학당 대학부 졸업사진(1918)

활동에만 전념하였다. 1930년 컬럼비아대학교 대학원에 입학하였으며, 1931년 10월 〈한국의 부흥을 위한 농촌 교육(Rural Education for the Regeneration of Korea)〉으로 한국 여성으로는 최초로 철학 박사학위를 받았다.

일제강점기에서 건국사업까지

김활란은 1931년 6월 덴마크의 경제부흥 사례를 소개한 《정말인(丁抹人)의 경제부흥론》을 저술하여 실력양성론을 주장했다. 1932년 9월부터 1939년 8월까지 이화여전 부교장(학감)을 지내면서, 이 무렵 농촌 교육을 통한 문맹퇴치와 여성계몽에 주력하는 한편 브나로드운동에도 동참했다. 농한기에는 부녀자들을 모아 교육의 필요성을 역설하면서 전도 강연을 병행하였고, 재정 문제로 곤란을 겪고 있던 안산 샘골(심훈의 소설 《상록수》 무대)의 최용신을 지원하는 데 앞장섰다. 1930년대 후반 독립운동단체 흥업구락부에도 가입하여 활동했으며, 1939년 제7대 이화여자전문학교 교장이 되었다.

해방이 되자 1945년 9월 미군정청이 조직한 한국교육위원회 위원에 임명되었고, 그해 10월 이화여전 학장에 취임했다. 12월 독립촉성중앙부인회를 조직하여 반탁운동을 전개하고, 대한YWCA를 재건하여 이사장에 취임했다. 1946년 4월 이화여전이 이화여자대학교로 승격한 후 초대 총장에 취임하여 1961년까지 재직하였으며, 1948년 UN총회에 한국 대표로 참석한 후 수차례에 걸쳐 UN과 유네스코총회에

참석했다. 대통령 구미특사(1948년 8월), 전시내각 공보처장(1950년 8
-11월), 코리아타임즈 사장(1952년 1월), 대한적십자사 부총재(1955년),
한국여성단체협의회 회장(1959-1970년) 등을 역임했다.

　이처럼 김활란은 '조선 최초 여성'이란 타이틀을 달고 다양한 활동
으로 한국여성사를 개척한 역사적 인물이었다. 그리고 이 같은 공로를
인정받아 1963년 8월 '대한민국상'(교육부문)을 수상했으며, 필리핀 막
사이사이상 공익부문상과 미국 감리교회 다락방상을 수상했다. 1965
년 9월부터 대한민국 순회대사로 임명되어 1970년 임종할 때까지 재
직하였다. 1970년 2월 10일 사망했는데, 그녀의 생전 유언에 따라 한

주미 한국대사관에서 열린 3·1운동 31주년 리셉션에서
이승만 대통령을 대리하여 덜러스 미 국무장관을 영접하는 김활란 특사(1950년 3월 1일)

국 최초로 장례식을 음악회로 대신했다. 정부에서는 대한민국 일등수
교훈장을 추서하였다.

교육운동과 친일의 사이에서

김활란이 세상을 떠난 지 30년을 앞두고 1998년 이화여대가 '김활
란상' 제정을 공표한 것을 계기로 그녀의 행적에 대한 재평가가 시작
되었다. 2005년 8월 15일 대한기독교감리회는 광복 60주년을 맞아
정춘수·박희도·김영섭 등 목사 9명과 신흥우·윤치호·김활란 등 평
신도 3명을 '친일행각 대표적 참여자'로 선정했다. 한국감리교회사를
새로이 쓴다는 명분으로 행한 사실상의 '종교적인 파문' 조치였다.

이후 《친일인명사전》 편찬과정에서도 논쟁의 중심에 자리했고, 결국
2009년 친일반민족행위진상규명위원회가 발표한 704인에 포함되었
다. 이후 시정을 요구하는 소리도 높았지만 그녀의 이름 앞에는 '친
일반민족행위자'라는 타이틀이 붙어 있다. 또 이화여대 교정에 세워
진 동상을 철거할 것을 요구하는 학생들의 시위도 계속되고 있다.

도대체 무엇이 문제일까? 《친일인명사전》에서는 이렇게 고발하고
있다.

김활란은 일제의 황국신민화정책에 호응하여 1936년 6월 총독부
사회교육과 사회교화진흥간담회를 시작으로 1937년 1월부터 방송교
화선전협의회 부인강좌반 강사로 활동했다. 이후 조선부인문제연구

회·애국금차회·이화애국자녀단·국민총력조선연맹·임전대책협의회·조선임전보국단·전위여성격려대·국민동원총진회·조선언론보국회·조선국민의용대 등에도 그녀의 이름이 등장한다. 이밖에 〈매일신보〉 〈동양지광〉 〈조광〉 〈반도의 빛〉 〈대동아〉 〈신시대〉 등에 친일을 주장하는 많은 글을 남겼다.

이 같은 김활란의 행적을 두고 여성계에서는 "여성 교육과 이화여전을 살리기 위한 순교자적 행위였다"는 동정론과 "적극적 친일주의자로서 정죄해야 한다"는 단죄론이 맞섰다. 그러면 김활란을 어떻게 이해하고 평가해야만 할까? 역사가가 역사적 인물을 평가할 때는 육하원칙에 따라 대상자의 삶의 행적을 조명하는 것이 첫번째다. 여기에는 '무엇을?' '어떻게?'와 더불어 '왜?'라는 물음에 충실할 필요가

김활란의 동상 앞에서 시위하는 학생들(2017년 11월 13일)

있다. 역사를 연구하고 교육하는 목적은 재판장처럼 결과를 심판하는 것이 아니라, 역사적 인물의 삶과 사상을 연구하여 올바른 역사의식을 갖게 하는 데 있기 때문이다.

김활란은 '왜?'라는 물음에 대해 "이화를 지키기 위해서였다"고 답한다. 설령 그것이 방법론상 잘못된 판단이고, 결국 이화여전이 폐교를 당하고 농촌지도원 연성소가 되었을지라도 친일의 동기가 이화를 지키고 여성 교육을 통해 민족 역량을 함양하기 위해서였다는 주장은 사실이다. 남들과 달리 평생을 독신의 이화인으로 산 김활란에게는 일제에 의해 다른 학교들이 폐교되는 사례들을 바라보면서 이화를 지켜야 한다는 강박관념이 친일의 길로 나서게 한 이유였다. 결국 그녀의 가장 큰 잘못은 '이화'라는 학교사회를 조국 '조선'보다 더 사랑한 데 있었다. 혹자는 "김활란이 일제에 의해 주도된 공간에서 '조선적 기독교'를 실현하려 하고 여성 교육을 시도한 것이 자멸행위를 가져왔다"고 평한다.

그러나 우리는 '베드로의 실수'(죄)를 통해서 신앙적인 교훈을 얻는 것처럼, '김활란의 잘못'(친일)을 통해 역사적인 교훈을 얻게 된다. 다만 대한민국과 한국 교회는 김활란의 친일행적 때문에 국가와 교회의 발전에 공헌하고 이화를 통한 여성 교육에 평생을 헌신한 그녀의 공적을 모두 묻어 버리고, 개인적인 신앙행위와 인격까지도 자의적으로 판단하고 매도하는 어리석음을 범해서는 안 된다. 김활란처럼 일제강점기를 살면서 '친일의 길'로 걸어간 부끄러운 역사도 '한국인의 자화상'이기 때문이다.

제8화
대한민국 건국에 몸바친 건국대 설립자
유석창

대한민국은 혼돈의 시간을 보내고 있다. 코로나19로 인한 사회적 혼란이 2년이나 계속되지만, 그보다 더 심각한 것은 국가 정체성에 대한 가치관 혼란이다. 그래서 우리 조상들은 어떻게 대한민국을 건국하고 어떤 나라를 세우려 했던가 하는 궁금증이 더해지고, 건국을 위해 자신을 희생한 선구자들의 자취가 그리워지는 것은 당연한 일이다. 그런 점에서 평생을 "항상 조국의 건국을 생각하고 민족의 번영을 위해 마음을 비운다"는 뜻의 '상념건국 허심위족(常念建國 虛心爲族)'의 정신을 마음에 담아서 상허(常虛)라는 호를 사용하고, 자신이 세운 학교명을 건국대학교로 정한 유석창(劉錫昶) 박사를 생각하게 된다.

상허 유석창 박사는 누구인가?

유석창은 1985년 4월 '대한민국 사학 역사' 100년 동안 귀감이 될

'제4회 농촌혁명 전국대회' 후 옛 중앙청 앞을 시가행진하는 유석창 박사(1963년 10월)

만한 인물을 발굴·선정하여 공훈을 기리고자 시행한 사업에서, 안창호(1899년 점진학교)·이승훈(1907년 오산학교)·남궁억(1919년 모곡학교) 등과 함께 '사학설립자 13인'의 한 사람으로 선정되었다. 또 2015년 8월 농림축산식품부가 주관하는 '광복 70년, 농림업 70년' 행사에서 농림업 발전에 기여한 인물을 선정해서 주요 공적과 사진을 전시하는 '한국 농업의 별' 13명 중의 한 사람으로 선정되었다.

이렇게 유석창은 후대에서 교육자이자 농업인으로 높게 평가받고 있지만, 그의 본래 모습은 독립을 위해 투쟁한 독립운동가이자 민중병원을 운영하며 가난한 민중을 치료하던 의사였다. 도대체 그에게 독립운동과 의료활동·교육·농업은 무슨 상관이 있을까? 그의 생애에서 가장 중요한 네 가지 콘텐츠를 연결하는 키워드가 '대한민국 건국'이었고, 건국에 이바지할 인재양성을 목적으로 건국대학교를 개교하였다.

독립운동가의 가정에서 성장하다

유석창은 1900년 3월 17일 함경남도 단천군에서 유승균(劉勝均)과 홍숙경(洪淑卿)의 둘째로 태어났다. 그의 아버지 유승균은 일찍이 기독교에 입교하고 근대화와 구국을 위한 방편으로 돌산소학교를 설립했으나, 조선총독부의 '사립학교 설치령'으로 좌절을 맛보았다. 이에 이름을 승균(勝均)에서 일우(一憂)로 개명하고 국외로 망명하여 독립운동에 투신하겠다고 결심하였다. '대한제국 붕괴와 함께 유승균은 죽었고, 조국 광복을 위해 유일우로 다시 태어난다'는 의미로 일제에 빼앗긴 국권을 되찾는 일이 '가장 큰 걱정거리(一憂)'가 된 것이다.

이렇게 유일우는 1912년 10월 20일 가족을 이끌고 망명길에 올라

부친 유승균, 모친 홍숙경과 함께한 13세의 유석창(1912년)

함경도 사람이 많이 이주한 길림성 장백현의 신흥덕촌에 정착하였다. 이곳에서 한교동사회라는 단체를 결성하여 한인들의 안전과 권익 보호에 노력하였고, 태흥학교와 정몽학교 등을 설립하여 민족 교육을 실시하면서 장백현 한인사회의 지도자로 자리했다. 그는 또 대한독립단과 대한독립군비단에서 활동하면서 동향 출신 독립운동가 이동휘와 교유하였고, 1920년대는 장백독립군지단과 대한독립총지단을 이끌면서 장백현의 독립운동을 주도했다. 일제가 파악한 장백현 일대 독립운동 주모자 86명 중 '재외 불량선인 갑호(在外不良鮮人甲號)'로 분류된 인물은 유일우가 유일하였다.

부친 유일우를 따라 장백에서 자란 유석창에게 그곳에서의 8년은 망국민으로서의 피눈물나는 수련의 시기였다. 그러던 중 1919년 3월 국내에서 일어난 3·1운동 소식을 듣고 장백현에서도 3월 16일 만세운동이 일어났는데 유석창도 가담하였다. 이때 대한독립단 장백현 지단장으로 활약하던 유일우는 소년광복대 대장으로 활동하는 아들의 장래에 대해 고민하다가, 유석창을 귀국시켜 공부를 하도록 하는 것이 아들의 장래를 위한 길이라는 결론에 이르렀다.

무장투쟁과 인술의 사이에서 갈등하다

유일우는 아들에게 귀국하여 서울에서 공부할 것을 권유하였고, 1921년 봄 귀국한 유석창은 상경하여 YMCA에서 활동하였으며, 이듬해 경신학교 3학년에 편입했다. 1924년 경성의전에 입학했는데,

2학년 때부터 함남장학회로부터 장학금을 받게 되어 학업에만 전념할 수 있었다. 그러나 얼마 후 '박열 사건'을 둘러싼 일본인 학생들과 갈등이 야기되었고, 3학년 때는 6·10만세운동에 참여할 수 없던 상황으로 인해 경성의전에서의 공부에 대한 회의에 사로잡혔다. 이에 휴학하고 만주로 건너가 1년간 독립운동에 참가하던 중에, 의사가 되어 일제 아래에서 신음하는 겨레를 위해 봉사할 것을 결심하고 서울로 돌아왔다. 이 같은 생각은 기독동우회를 통해 더욱 깊어졌다. 1927년 가을 이대위와 YMCA 학생부 간사인 최봉측의 주도로 설립된 기독동우회는 경성제국대학과 각 전문학교에 재학중인 기독학생으로 구성되었으며, YMCA 산하 종교단체를 표방했으나 실제로는 독립운동을 위한 비밀결사였다.

1928년 3월 경성의전을 졸업한 유석창은 함경남도 장진에서 공의로 근무한 후, 캐나다장로교선교부가 함경북도 성진(城津)에 설립한 제동병원(濟東病院)으로 옮겼다. 이곳에서 구례선(Robert Grierson) 원장으로부터 '환자를 위해 봉사하는 인술'을 베풀어야 한다는 깨우침을 얻게 되었다. 1929년말 신혼 1년 만에 폐병에 걸린 24세의 아내 한동죽이 세상을 떠나자, 비통한 마음으로 지내던 유석창은 이듬해 12월 헐벗은 겨레와 가난한 민중을 위한 무료 실비의료기관을 설립하겠다는 결심으로 서울에 올라왔다.

민중병원을 설립하고 인술제민(仁術濟民)의 길로 들어서다

유석창(의사)의 제동병원 송별기념 사진(1930년 12월)
- 앞줄 좌6 유석창, 좌7 구례선 선교사

1931년 1월초 상경한 유석창은 "더 많은 환자를 병마로부터 건져 내고, 가난한 대중의 병고를 구하기 위해 대규모 민중구료사업을 일으킨다"는 결심으로 중앙실비진료원 설립을 구상했다. 넉넉한 사람에게는 제대로 받고, 어려운 사람들은 실비만 받고, 아주 가난한 사람은 무료로 치료해 주는 성진의 제동병원과 유사한 형태를 상정한 것이었다. 그는 뜻을 함께하는 6명의 의료진을 규합한 후에 사회 저명인사들에게 동참을 호소한 결과, 3월 27일 YMCA회관에서 '경성실비진료소 설립기성회' 발기총회를 거행했다. 권동진·오하영·최린·한용운 등

3·1운동 때 민족대표 33인 중에 생존자들을 비롯해서 김병로·이대위·이선근·이광수·안재홍·주요한·최규동·함태영·김미리사 등 각계 인사 45명이 참여하여 실비병원설립추진발기회를 발족시켰다. 이날 "헐벗고 굶주리고 병고에 허덕이는 동포의 가난은 곧 나의 가난이며, 이들의 아픔은 곧 나의 아픔이다"는 유석창의 강연은 참석자들에게 큰 감동을 안겨 주었다.

마침내 5월 12일 '사회영(社會營) 중앙실비진료원(中央實費診療院)'을 개원하였다. 유석창이 32세 때의 일로서 민중의 생명을 구하고 독립의 희망을 이어가고자 했던 그의 집념과 노력의 산물이었다. 중앙실비진료원은 개원 1년 만에 환자수가 5만 명을 넘었지만 적자가 발생했다. 당시 쌀 한 가마니가 15원, 성냥 한 통이 1전인데 비해, 대수술 5-20원, 진료비 20전 이하, 시술료 20전 등으로 진료비가 파격적이었기 때문이다. 게다가 1932년 7월에 발생한 화재로 건물이 전소되

경성실비진료소 발기회 광경(〈동아일보〉, 1931년 3월 29일)

는 불의의 사고를 당해 병원을 계속 운영하기 힘든 지경에 이르렀다.

이에 중앙실비진료원은 개원 3년째 되는 1934년 5월 병원명을 '사회영 민중의원'으로 고치고 유석창이 원장을 맡았다. 그는 구료제민(救療濟民)을 내걸고 가난한 환자들을 치료하는 일에 헌신하였는데, 〈동아일보〉는 이렇게 보도했다.

의사 유석창 씨는 원래 인격이 출중하고 성격이 인자하여 공덕심이 많은 관계로, 단천에서 개업했을 때도 일반 환자에게 많은 편리를 주었고, 경성에 왔어도 무산계급 환자를 위하여 사회의 후원을 얻어 종로에 민중의원을 설립하고 무산자들에게 반가운 '실비 치료'란 표방 밑에서 무료 치료도 많이 하여, 무산계급에 재한 남녀 환자를 무수히 구제하는, 무산자들에게는 실로 '활인불(活人佛)'이라 한다.("무산자에 활인불, 민중병원장 유석창 씨", 〈東亞日報〉, 1936년 4월 2일)

한편 1932년부터는 〈보건신문〉을 창간하는 등 일제 치하에서 어려운 민중들을 위한 시료와 보건 교육에 심혈을 기울였다. 1939년 조선보건협회 회장에 선출되었으나 민중병원 원장직을 사임하면서까지 고사하였다. 일제의 대륙 침략과 '황국신민화' 정책이 기승을 부리던 시대적 상황을 주시하며 자신의 길을 헤쳐 나가려는 의지의 표현이었다. 대신 1940년 조선과학협회를 조직하여 회장에 취임하고, 민중병원을 낙원동 서북학회 건물로 옮겨 '과학입국'의 선봉으로 삼겠다고 구상하였지만, 건물이 '전시 징발'되면서 그의 계획은 무산되고 말았다.

해방 공간에서 건국사업을 위해 헌신하다

유석창은 1945년 8월 한국국민당 창당발기인으로 참여했다. 9월 6일 대한민주당과 통합하여 한국민주당 합동발기회를 갖자 재정부 간부로 선임되었다. 한국민주당은 창당선언에서 '조선인민공화국 타도'와 '충칭 대한민국 임시정부 절대 지지'를 천명한 우파 정당이었다. 유석창이 국가의 장래를 염려하며 정치에 깊은 관심을 가졌던 것은 한국민주당 창당에 참여한 사실과 함께 '건국의숙'을 설립한 데서도 짐작할 수 있다.

1948년 8월 광복을 맞아서 '조국의 밤' 축하 행사가 열렸을 때, 유석창은 몇몇 동지들과 '대학설립준비위원회'를 결성하였다. 의사인 그가 대학 교육에 관심을 갖게 된 것은 "병원을 세워 민중을 구료하는 것은 일시적인 치료에 지나지 않지만, 민중의 무지를 영원히 고칠 수 있는 길은 교육에 있다"는 생각에서다. '사설 학술강습소 설치에 관한 법률'에 따라 우선 강습소로 시작키로 하고 이름을 짓기 위해 고심하는데 어린 시절 선친을 따라서 만주 벌판을 헤맬 때 겪은 망국의 슬픔과 해방의 혼란 속에 나라를 세우기 위해 애쓰는 모습이 떠올라 '건국의숙(建國義塾)'으로 귀결되었고, 그해 10월에 설립 인가를 받았다.

'독립국가 건설'이라는 해방정국의 시대적 과제를 놓고 '건국의 일

꾼'들을 양성하기 위해서 설립한 취지를 실천하는 과정에서 교명이 '조선정치학관' '조선정치대학관' '정치대학'을 거쳐 '건국대학교'로 종결되었다. 주목할 사실은 유석창이 교명으로 '건국'과 '정치'를 두고 고심한 대목이다. 우선 그는 대학의 이름을 정치대학이라고 지은 이유를 이렇게 설명한다.

"정치는 모든 사회현상의 집중적 표현인 것인 만큼 이 표현을 그 이름에 나타낸 것이며, 정치현상을 중심으로 모든 사회현상을 연구 파악하여 '새 인간' '새 사회' '새 학문'을 발견하여 보자는 데 의의가 있다. 그러므로 우리 대학은 조국과 인류를 위해 봉사하기에 적응한 자질을 배양하는 데 필요한 모든 지식을 공급하는 한편, 다시 나아가 우리 대학에 부과된 시대적 사명에 대하여 또한 연구와 노력을 쌓고 있는 것이다."(유석창, '정치대학의 역사적 사명', 《政大》 1호, 1952년, 9쪽)

이처럼 유석창은 사회적으로 일어나는 모든 현상을 정치라는 프리즘으로 이해했다. 독립운동과 해방과 동족상잔의 비극을 체험하면서 국가의 소중함을 뼈저리게 느꼈기 때문에 "국가의 권력을 획득하고 유지하며 행하는 활동으로 국민이 인간다운 삶을 영위하게 하고 사회질서를 바로잡는 정치"보다 소중한 것은 없었다. 더욱이 정치대학으로 승격하던 시기가 6·25전쟁의 와중이었으므로 그가 말하는 시대적 사명은 대한민국을 전쟁에서 구하고 국가를 굳게 세우는 건국의 완성이었다.

조선정치학관 개교 3주년 기념식에서 축사하는
백범 김구(좌), 개교 2주년 및 대학 승격 기념식(우)

건국 일꾼 양성에 나서다

6·25전쟁이 끝나고 서울로 환원한 정치대학은 성동구 장안동에 캠
퍼스를 마련하였고, 1959년 2월 26일 문리대·정치대·축산대의 3개
단과대학을 편제한 종합대학으로 승격되었다. 특기할 점은 우리나라
대학 편제상 최초로 축산대학이 단과대학으로 설치된 것이다. 축산
업과 농업을 접목시켜 교육입국을 이루려는 뜻이 담겨 있었다. 그는
전쟁의 폐허 속에서 가난에 시달리는 민중을 구원하기 위해서는 덴마
크처럼 농·축산업을 진흥시켜 먹거리 문제를 해결하고, 나아가 국가
발전의 초석을 마련한다는 생각이었다. 따라서 국가 건설에는 유능한

정치와 농촌혁명이 필요한데, 그 사명을 감당할 지도자 양성을 위해서 정치대학과 축산대학이 우선시되었다.

1961년 5·16군사정변 후 군사정부의 '사립대학 정비안' 및 '교육에 관한 임시특례법'에 의해 모든 교육자의 정년이 65세에서 60세로 단축되면서 건국대학교 총장직에서 물러난 유석창은 본격적으로 농촌개발운동에 뛰어들었다. "여생을 농·축산 발전과 농촌 개발을 위한 농민운동에 바치다가 논두렁을 베고 죽는 죽음을 택하겠다"는 각오를 총장 이임식에서 밝힌 후에 그는 농민이 잘사는 복지문화국가 건설에 발벗고 나섰다.

농업지도자로 새마을운동의 기초를 놓다

유석창은 인구의 80% 이상을 차지하고 있는 농촌이 부강해지고 잘살아야 된다는 흥농부강(興農富强)의 논리를 제시했다. 그는 《조용한

1960년대 건국대 장안동 캠퍼스(좌)와 기공식에서 첫삽을 뜨는 유석창(우)

혁명, 선도 농가를 위하여》《한국 농업의 미래상 – 서기 2000년대를 바라보며》를 펴내 낙후된 농촌 발전을 위한 기초자료로 활용했다. 1962년 지역사회개발초급대학과 농업협동조합초급대학을 설립하고, 이듬해 건국대학교에 농림대학을 설치하였다. 이렇게 농업 발전과 농촌 부흥을 위한 구심점 역할을 할 조직 기반을 마련한 후에 10월 10일 제4회 전국농업기술자대회에서 전국농업기술자협회를 설립하고 회장에 취임했다.

〈농업기술회보〉를 창간하여 농업기술 보급에 앞장서는 한편 부설 연수기관으로 건국대학교 캠퍼스에 농업기술연수원을 마련하고, 도지부 간부를 위시하여 군·면단위로 매회 3,4일씩 농한기를 이용하여 연간 20여 회의 단기강습을 통해 농업기술 교육을 시켰다. 이 같은 활동은 1970년대 정부 주도로 전개된 새마을운동의 이념 기반과 이론적 토대를 제공했다.

1960년대초부터 농민교육기관을 설치 운영하고 농촌개혁의 필요성을 강하게 역설하던 그는 '새마을'이니 '새로운 마을 5개년 계획' '잘살기 대회' 등의 용어를 사용하면서 농촌사회의 의식주를 개선하고, 전통적 사회에서 자본가적 사회로의 전환을 주도하여, 농촌 사회의 생활 모습이 도시의 문화생활과 동일하게 될 수 있게 바꿔나가야 한다고 주장했다. 농민 스스로가 자생력을 키우는 일이 '새마을' '새로운 마을 5개년 계획' '잘살기'라고 강조하던 것이 바로 1970년대 "우리도 한번 잘살아 보자고" 전국적으로 요원의 불길처럼 타올랐던 새마을운동의 배경의 일단이었다. 박정희 대통령의 최측근

전국농업기술자협회 관계자들과 양계장에 거적을 치고 식사하는 유석창 일행
(경남 김해, 1965년)

으로 중앙정보부장을 지낸 김재춘은 새마을운동에 끼친 유석창의 영
향을 이렇게 증언한다.

"5·16 이후, 박정희 대통령이 유석창 박사를 모시고 자주 이 나라
장래 문제에 대해서 많은 자문을 받았다. 특히 농촌 근대화를 위해서
오늘의 새마을운동이 농촌으로부터 확산되어 도시로 번져 가야 한다
는 주장에 박 대통령은 깊은 감명을 받았고, 오늘날의 새마을지도자
양성도 건국대학교가 최초로 도맡아서 하였다."

유석창은 1972년 72세를 일기로 세상을 떠났다. 그가 살다간 세
월은 반만년 한국사에서 가장 격변의 시기였다. 이로 인해 그의 삶은

일제식민지 통치에 맞선 중국으로의 망명생활과 독립투쟁, 귀국 후 의사로서의 인술제민과 인술보국, 해방 이후 건국사업으로서의 교육 활동, 한국전쟁 이후의 농촌운동 등 다양한 영역에서 큰 자취를 남겼다. 유석창이 평생토록 건국사업을 위해 봉사하는 삶을 살게 된 것은 부모로부터 받은 기독교 신앙에 기초한 사랑과 희생정신이 있었기에 가능한 일이었다. 그는 축복의 의미를 이렇게 설명한다.

"복(福)은 하나님으로부터 내리는 은혜입니다. 우리 인간은 복을 주십사 하고 하나님께 기원하는 것입니다. 그러나 하나님의 입장에서는 복은 만인에게 공평하게 내리는 것입니다. 마치 우로(雨露)와 같이 온 천하에 골고루 나리는 것입니다. 그 복을 많이 받고 적게 받는 것은 그 복을 받고자 하는 사람이 준비한 그릇의 대소에 달려 있습니다. 작은 그릇을 준비한 사람은 복을 적게 받고, 큰 그릇을 준비한 사람은 복을 많이 받게 됩니다."(전국농업기술자협회, 1965년 2월 1일)

제9화
음악으로 세계평화를 꿈꾸던 안익태

안익태는 1906년 12월 5일 평양 계리에서 아버지 안덕훈과 어머니 김정옥 사이의 7형제 중에 셋째로 태어났다. 그의 부모는 안주에서 농사를 짓다가 평양으로 옮겨와서 여관을 경영했는데 장사가 비교적 잘 되었고, 살림살이는 윤택한 편이었다. 당시 평양은 한반도에서 개화가 가장 빠르게 진행된 도시로서 기독교를 통한 서양문화의 보급이 활발했다. 안익태가 살던 '닭골(계리)'에는 산정현교회가 있었는데, 음악에 관심이 많았던 안익태는 6세 때부터 예배 시간에 흘러나오는 찬송 소리에 끌려 교회를 다니면서 음악을 배우기 시작했다.

당시 동경 유학생이던 맏형 안익삼은 이 소식을 듣고 귀국하는 길에 바이올린을 사다 주었는데 7세짜리 어린이가 바이올린을 혼자 연습해서 6개월 후에는 예배 시간에 찬송가를 연주했으며, 코넷도 배워 학예회에서 발표하자 바이올린과 코넷을 자유자재로 연주하는 '음악 신동'으로 널리 알려졌다. 1918년 4월 숭실중학교에 입학하자 그의 뛰어난 음악 재능을 인정한 모우리(E. M. Mowry) 교장은 숭실대학 밴드부에 입단시키고, 방학 때는 서울에 가서 영국인 선교사 조지 그레 그(George Gregg)에게 첼로를 배우도록 연결해 주었다. 그러나 안익태가 이듬해 3·1운동에 가담하였다가 퇴교 처분을 당하자, 이를 안타깝게 여긴 모우리는 일본의 북장로교 선교부를 통해 동경 유학을 주선해 주었다.

일본 유학 시절의 안익태

1919년 10월 유학길에 오른 안익태는 1년 동안 동경에서 사설학원을 다니며 일본어와 첼로를 공부한 후, 1921년 4월 세이소쿠중학교에 음악 특기생으로 입학하였고, 1926년 4월에는 국립동경고등음악학원에 진학하여 '첼로 전문 연주가'의 길을 걸었다. 1930년 4월 30일 안익태는 은사인 첼리스트 헨드릭 베르마이스터(Hendrick Wermeister)의 추천으로 동경 청년회관에서 콘서트 가이드(Concert Guide)사가 주최한 '1인 졸업 독주회'를 가진 후에 귀국길에 올랐다. 이때 〈조선일보〉는 '동경고등음악학원을 우수한 성적으로 졸업한 천재 첼리스트 안익태' '조선이 낳은 오직 하나인 첼리스트 안익태' 등으로 소개했다.

안익태는 세계적인 음악가가 되고픈 꿈을 이루기 위해 그해 여름에 미국 유학길에 올랐는데, 어머니는 남은 논과 밭을 모두 팔아 여비를 마련해 주었다. 안익태는 동경음악학원 재학중에 신시내티음악원과 접촉하여 입학 허가를 받고, 졸업 후 귀국하여 조선총독부에서 여권을 발급받았다. 1930년대 한국인이 조선총독부에서 받은 여권은 모두 98매에 불과했는데, 안익태가 그 중에 하나를 받을 수 있었던

1930년 3월 동경고등음악학원 졸업을 앞두고(앞줄 왼쪽부터 김원복, 홍성유, 안익태)

것은 맏형 안익삼이 일본 상지대학을 졸업한 후에 조선총독부 외사과에 근무하면서 여권 업무를 담당했기 때문이었다.

8월 17일 고베항을 출발한 안익태는 9월 3일 샌프란시스코에 도착하자 곧장 상항한인교회를 찾아갔다. 숭실학교 선배인 황사선 목사의 영접을 받은 안익태는 여장을 풀고 쉴 겨를도 없이 찾아온 20명의 청중 앞에서 연주회를 가졌는데, 이때 교회 강단 위에 걸려 있는 태극기를 보고 교인들과 어울려 난생 처음으로 애국가를 부르는 감격을 맛보았다. 그러나 그날 부른 애국가 곡조는 스코틀랜드 민요 〈올드 랭 사인(Ald lang syne)〉이었다. 그는 애국가 곡조가 외국의 술집에서 부르는 노래라는 사실에 수치심을 느끼며 새로운 애국가를 작곡하기로 결심하였다. 그가 새로운 애국가를 작곡하겠다는 말에 교인들의 관심도 지대했다. 다음날 샌프란시스코를 떠날 때 애국가 작곡에 사용해 달라는 당부와 함께 만년필을 선물했다.

1930년 9월 17일 안익태는 신시내티에 도착했다. 신시내티음악원에 등록을 마치고 첼리스트 칼 커크스미스(Karl Kirksmith)에게 사사했는데, 공황이 휩쓸던 때여서 책값이며 레슨비·악보 등을 마련하기가 무척 어려웠다. 이 때문에 유태인 식당에서 트리오 멤버로 연주하며 3달러를 받는 아르바이트를 계속한 것이 이민국에서 불법체류자로 조사를 받게 되었다. 따라서 안익태가 부수입을 얻을 수 있는 곳은 교회뿐이었다. 주말마다 신시내티에서 북쪽으로 250킬로미터나 떨어진 핀드레이(Findlay)의 교회를 순회하며 연주회를 가진 것이 지역 언론의 주목을 받게 되었다. 대한인국민회가 발행하는 〈신한민보〉는 이 기사를 번역하여 안익태의 동정을 자세히 보도했다.

그러던 중 1933년 필라델피아의 템플대학교로 전학하게 되면서 추방 위기에서 벗어나 학업과 연주활동에 전념할 수 있게 되었다. 7월 13일 시카고 인터내셔널하우스의 독주회를 시작으로, 11월 23일 뉴욕 인터내셔널하우스 독주회를 통해 미국 무대에서 공식 데뷔했다.

안익태의 미국 유학 시절에서 가장 주목되는 사건은 〈애국가〉를 작곡한 것이다. 그는 1930년 9월 상항한인교회에서 애국가를 작곡하기로 결심한 후로 잠시도 그 생각을 잊은 적이 없었다. 마침내 1935년 11월 극적으로 〈애국가〉를 완성하고, 12월 28일 시카고한인교회에서 발표했다.

"(그날) 이래 항상 애국가 작곡에 고심하였습니다마는 그렇게 빨리 완성하지는 못하였습니다. 실로 4천여 년의 장구한 역사를 가진 아시아주의 동반도의 도덕국인 대한국 애국가이니만큼 그렇게 경솔하게 작곡되는 것이 결코 아니었습니다. 과거 5년간 간절한 마음으로 작곡에 매진하여 약 2년 전에 처음 절은 마쳤습니다만, 후렴은 완성하지 못하고 지나던 중에 지난 11월 하순 어느 날 이른 아침에 실로 하나님의 암시로 후렴부를 완성하였습니다."(안익태, '대한국 애국가', 〈신한민보〉, 1936년 3월 26일)

1936년 1월 대한인국민회의 이름으로 〈애국가〉를 출판했으나, 조선총독부에서는 〈신한민보〉가 기사로 보도하기 전인 3월 4일에 이미 '발금(發禁) 도서'로 낙인찍었다. 한편 안익태는 5년 전 〈애국가〉를 작곡하라고 만년필을 선물해 주었던 상항한인교회 교인들에게 〈애국가〉 악보와 함께 감사 인사를 전했다. 1955년 안익태가 〈신태양〉에 기고한 〈만년필과 '코리아 환상곡'〉이라는 글에 등장하는 내용이다.

"나에게는 지금도 소중하게 간직하고 있는 만년필이 하나 있다. 이 만년필은 이제 낡은 옛날 만년필에 불과하지만, 나로서는 나의 전 생애를 통해서 소중히 간직해야 할 만년필인 것이다. 1930년 미국에 도착했을 때 우리 동포들은 돈을 모아서 나에게 10불짜리 파카 만년필을 사주었는데, 그때 동포들은 이 만년필을 나에게 주면서 이걸 가지고 애국가도 작곡하고 좋은 곡을 많이 쓰라고 격려해 주었다. 나는 그후 동

안익태가 〈애국가〉를 작곡한 파카 만년필(국립중앙박물관 소장)

포들의 기대에 어긋나지 않게 이 만년필로 정성들여 〈애국가〉와 〈코리
아 환상곡〉을 작곡하고, ……나는 지금도 이 만년필을 서반아에 있는
나의 집에 잘 보존하고 있지만 만일에 한국에 음악박물관이라도 생긴
다면, 나는 이 만년필을 영구히 보존하도록 기증할 생각으로 있다.”

유럽에서의 연주활동

안익태는 1937년 6월 템플대학교 음악대학원을 졸업하고 유럽으로
활동 무대를 옮길 준비에 착수했다. 그해 7월에 6천 명의 군중이 모인
가운데 ‘벌링턴 시립 군악 밴드(Burlington City Military Band)’를 지휘한
것이 미국에서의 마지막 무대이었다. 그리고 1937년 11월 4일 그는
미국생활을 청산하고 유럽으로 떠났다.

유럽에 도착한 안익태는 첫 일정으로 1938년 2월 20일 아일랜드
의 수도 더블린에서 역사적인 〈한국 환상곡〉의 초연을 갖게 되었다.
아일랜드 라디오교향악단의 초청으로 게이어티극장에서 열린 연주
회는 복도까지 가득 메운 청중들이 그의 정열적인 지휘에 환호를 보
냈으며, 〈한국 환상곡〉은 동양적 분위기로 인해 찬탄을 받았다. 안익

유럽으로 향하는 선상에서(1936년 6월) - 출처: 〈사진으로 보는 안익태〉

태는 2월 15일 〈아이리시 타임스〉와의 인터뷰에서 한국의 독립의지를 강하게 천명하였다. 〈한국 환상곡〉 초연을 앞두고 한 사람의 연주자이기 이전에 민족주의자로서의 모습을 강하게 어필한 것이다.

"나는 특히 아일랜드인에 관심이 많다. 조선이 지금 일본 치하에서 겪고 있는 것과 똑같이 비극적인 정치적 조건을 당신네 나라 국민들이 견뎌 왔다는 점에 특히 관심이 간다. 우리 2천만 동포들이 비록 일본 치하에 있지만 독립을 위한 정치투쟁이 매일 일어나고 있고, 모든 조선인들이 가장 열망하듯이 나 역시 나의 조국이 곧 지금의 당신네 나라처럼 독립국이 되기를 바라고 있다."

더블린 공연을 마친 안익태는 부다페스트 리스트음악원에서 헝가리 정부 장학금으로 유학하며 졸탄 코다이(Zoltan Kodaly)로부터 작곡, 쉬페르 아돌프(Schiffer Ádolf)로부터 첼로, 바이너 레오(Weiner Leo)로부터 실내악, 웅게르 에르뇌(Unger Ernő)에게서 합창지휘를 사사했다. 그리고 5월에는 프라하와 부다페스트에서, 10월에는 베를린에서, 1940년 4월에는 벨그라드와 로마에서 연주회를 가졌다. 특히 부다페스트 첼로연주회는 바르토크(Béla Bartok)의 수제자로 최고의 피아니스트로 꼽히던 코샤 죄르지(Kosa György)의 반주로 열렸는데, 자작곡인 〈백합(Lily)〉과 〈전원(Pastorale)〉을 비롯해 헨델과 바흐, 리하르트 슈트라우스의 곡을 연주하였다.

1942년 3월 12일 안익태는 일본-독일협회 빈 지부가 주최한 연주회에서 리하르트 슈트라우스(R. Strauss, 1864-1949)를 만나게 되었다. 안익태가 지휘자이고, 리스트(Franz Liszt, 1811-1886)의 마지막 제자인 피아니스트 자우어(Emil von Sauer, 1862-1942)를 협연자로 하여, 슈트라우스의 〈일본 축전곡〉을 공연했는데, 연주회를 관람한 슈트라우스는 소감을 두 마디의 멜로디와 함께 서명해 주었다.

"〈일본 축전곡〉의 뛰어난 지휘자를 깨끗이 인정함. 에키타이 안이 기억하길 바라며 - 리하르트 슈트라우스 1942년 3월 12일 빈"

이 사건이 있은 후부터 안익태는 슈트라우스의 제자로 인정받게 되었다.

1944년 4월 하순에 베토벤축제 지휘를 마치고 파리에 머무르던

'20C 전반 독일의 최고 작곡가'로 불리는 리하르트 슈트라우스와 안익태

안익태는 6월이 되자 파리를 떠나야 했다. 노르망디 상륙작전이 가까워 오자 파리에서도 레지스탕스에 의한 시가전이 본격화되고 있었기 때문이다. 안익태는 프랑스 서부 해안을 따라 스페인으로 입국했는데, 이때가 6월 12일이었다. 안익태가 스페인으로 피난한 것은 스페인이 중립국인데다가, 그의 주요 활동 무대가 스페인이기 때문이었다.

제2차 세계대전이 끝나자 안익태는 국제적인 미아가 되었다. 패전국 일본은 스페인과 국교가 단절되어 일본 여권은 무용지물이었고, 대한민국은 정부가 수립되지 않아 여권조차 없었다. 갈 곳을 잃은 그는 1946년 7월 5일 스페인 여성 로리타 탈라베라와 결혼한 후에 마

요르카에 정착했다. 이어 마요르카교향악단을 설립하고 최초의 상임
지휘자로 취임하여 지휘와 작곡에 몰두하면서 한국과 미국을 방문할
수 있는 길을 모색했다.

  그러던 중 1949년 7월 6일 프랑스공사관이 설립되었고, 스페인공
사를 겸하였다. 1950년 3월 7일 주불공사관이 발급한 제1호 여권의
주인공이 바로 안익태였다. 여권의 첫면에는 영어로 Proceeding to
The United of America, 마지막 면은 한글로 "음악 순회연주의 목적
으로 미국에 입국한다"고 적혀 있었다. 이렇게 난생 처음으로 대한민
국 여권을 갖게 된 안익태는 6월 6일 바르셀로나 주재 미국영사관에
서 비자를 발급받고 미국으로 향했다.

안익태의 대한민국 여권(1950년 발행) - 국립중앙박물관 소장

6월 27일 바르셀로나를 출항한 배는 7월 6일 뉴욕에 도착했는데, 그는 배 안에서 한국전쟁이 발발한 소식을 들었다. 방문 목적은 미국에서의 활동 가능성을 타진하기 위해서였지만, 7월이 휴가철인데다 연주회 시즌도 끝난 후여서 아무런 성과 없이 3주 만에 끝났다. 안익태가 학수고대하던 미국 공연은 1953년 12월 18일 세번째 방문 때 이루어졌다. 안익태는 12월 31일 신시내티교향악단과의 공연에서 〈한국 환상곡〉을 지휘했는데 지휘자로는 미국 데뷔 무대였다. 그런데 그가 신시내티에서 공연을 위해 미국에 체류하는 동안에 '서울시와 인디애나폴리스의 교환 연주회'가 성사되어, 1954년 1월 27일 인디애나폴리스에서 두번째 미국 공연을 가졌다.

'서울–인디애나폴리스 교환연주회'는 민간 차원의 교류이지만 실제로는 한국전쟁이 종전된 후 미국 정부가 주도하여 마련한 친선음악회였다. 이런 점에서 음악회가 기획될 무렵 안익태가 미국에 체류 중이라는 사실은 연방정부 공보부에 희소식이었다. 언론에서 '한국인 지휘자'라는 제목을 달아 관심을 고조시킬 수 있었기 때문이다. 따라서 기사에 서울시와 인디애나폴리스가 직접 아이디어를 낸 것처럼 각색하였고, 음악회에 한국전 참전용사와 양유찬 주미 한국대사, 그리고 한국인 유학생이 무대에 올랐으며, 연주회의 마지막 순서는 〈공화국 전투가(Battle Hymn of the Republic)〉를 청중과 함께 노래했다.

언론들은 지휘자 안익태와 〈한국 환상곡〉에 주목했다. 〈인디애나폴리스 뉴스〉는 1월 28일자 기사에서 〈한국 환상곡〉에 대해 "이 곡이 그 동기가 무엇이든지간에 분명한 것은 안익태는 조국에 대한 애정을 갖고 있었다"고 평했다. '인디애나폴리스−서울 친선음악회'는 한국전쟁이 끝난 지 1년여 지난 시점에 열렸던 만큼 정치적 요소가 곳곳에 포함되었다. 〈인디애나폴리스 스타〉의 기사 제목이 "서울에 경의를 포함. 음악회는 빨갱이들이 틀렸음을 보여주었다"라는 것만으로도 음악회를 기획한 목적을 알 수가 있다. 그럼에도 불구하고 〈한국 환상곡〉을 통해 미국인들에게 '미지의 세계'이던 한국문화의 우수성을 알리고 우호적인 분위기를 조성했다는 점에서 성공적이었다. 언론의 평가처럼 안익태는 '서울−인디애나폴리스 교환연주회'를 통해서 대한민국을 대표하는 음악인으로 민간 외교사절의 역할을 성공리에 감당한 셈이었다.

조국을 위한 마지막 사명

1955년 3월 19일 안익태는 그달 26일에 열리는 '이승만 대통령 제80회 탄신 축하음악회'의 지휘자로 초청받아 고국을 떠난 지 25년 만에 귀국했는데, 〈애국가〉를 작곡한 공로로 제1호 문화포장을 받았다. 축하음악회는 5만여 인파가 운집한 가운데 경무대 앞에서 진행되었다. 그가 2백 명으로 구성된 오케스트라를 지휘하여 〈애국가〉를 연주한 후 관중을 향해 돌아서서 지휘봉을 높이 들자, 5만여 시민이 그의 지휘에 따라 〈애국가〉를 부르는 장관이 연출되었다. 29일 스페인으로 출국하면서 안익태는 10일간의 짧은 체류 기간 동안의 소회를 이렇게 피력했다.

"말할 수 없이 섭섭하다. 그러나 전후의 우리나라가 구라파 제국에 비하여 이렇게 속히 복구된 데 대해서는 놀랍고 기쁘다. 내가 말하고 싶은 점은 우리들이 서로 돕고, 서로 사랑하여 있는 재질을 충분히 발휘한다면, 세계 어느 문화민족에도 뒤떨어지지 않을 것이라는 점이다."(〈동아일보〉, 1955년 4월 30일)

고국에서 감격적인 시간을 보내고 스페인으로 돌아온 안익태에게는 새로운 사명이 기다리고 있었다. 1956년 9월 아이젠하워 대통령은 다양한 국가와 문화 간에 교류를 통해 상호 이해와 우호를 증진시킬 목적으로 '사람 대 사람 프로그램('PtoP')'을 창설했다. 이로 인해 미

경무대를 방문하여 이승만 대통령 부부와 함께(1955년 4월 18일)

국 순회연주를 위해 8월 15일 바르셀로나를 떠난 그는 8월 26일 뉴욕에 도착했다. 그리고 11월 12일 'PtoP' 본부가 있는 웨스트버지니아 주의 찰스턴교향악단과의 공연을 시작으로, 이듬해 3월 28일 호놀룰루 음악회까지 대륙을 횡단하는 순회연주를 통해 성과를 거두었다. 한국전쟁으로 폐허가 된 대한민국은 경제 재건을 위해 해외 원조에 의존할 수밖에 없는 상황이어서 우방인 미국에 한국을 알리는 일이 중요했는데, 안익태가 그 역할을 훌륭하게 수행한 것이다.

일반적으로 〈애국가〉 작곡가로만 알려진 안익태는 이후에도 외국에서 많은 활동을 펼치면서 '대한민국을 대표한 민간 외교관'의 역할을 감당하였다. 지구촌에 대한민국이 제대로 알려지지 않았던 1950-60년대 안익태는 아프리카를 제외한 모든 대륙을 순회하면서 〈한국 환상곡〉을 지휘했다. 이 중에는 순수한 음악회도 있지만, 대부분이 미국 공연처럼 외교적 행사 성격을 띤 음악회가 많았다. 그는 어디를 가도 〈애국가〉 작곡가로 소개하고, 〈한국 환상곡〉을 지휘했다. 비록 조국에서는 환영받지 못했지만, 그 조국을 알리는 것이 그의 마지막 사명이었다.

다음의 일정표에서 보듯 안익태의 중남미 공연은 1959년부터 3년 동안 집중되었고, 그의 공연을 전후하여 중남미 국가들과 연쇄적으로 국교를 수립하였다. 이것은 결코 우연한 일이 아니다. 5·16이 일어난 후 대한민국 정부는 새 질서의 구축과 국제적으로 제3세계 중립세력의 등장으로 인한 정세 변화에 능동적으로 대처하기 위해 다변외교를 전개했다. 1961년 7월부터 5개 친선사절단을 구성하고, 62

안익태의 중남미 공연 일정표

공연 일정	국 가	공연 악단	국교 수교
1952. 7. 20	멕시코	멕시코국립대학 오케스트라	
1959. 9–10	멕시코	구아나후아토대학 교향악단	1962. 1.
1959. 12. 11	코스타리카	코스타리카 국립교향악단	1962. 8.
1960. 8–10	아르헨티나	부에노스아이레스 LRA라디오교향악단	1962. 2.
		투쿠만국립대학 오케스트라	
1960. 10. 5	브라질	바이아국립대학 교향악단	1959. 10.
1961. 10. 27	코스타리카	코스타리카 국립교향악단	1962. 8.
1961. 11. 10	과테말라	과테말라 국립교향악단	1962. 10.
1961. 11. 29	엘살바도르	엘살바도르 국립교향악단	1962. 8.
1962. 10. 26	코스타리카	코스타리카 국립교향악단	
1962. 11. 9	과테말라	과테말라 국립교향악단	

개국과 접촉을 시도했다. ①제1반(미주지역 13개국) ②제2반(동남아지역 15개국) ③제3반(중근동 12개국) ④제4반(유럽지역 7개국) ⑤제5반(아프리카지역 19개국)으로 제3세계 국가 또는 비동맹 국가에 대해 우호관계 증진을 통한 국교 수교를 도모했다. 이 같은 상황에서 한국 정부는 세계적인 지휘자 안익태의 역할이 필요했던 것이다.

일본과의 관계도 마찬가지였다. 한일 수교는 제3공화국의 외교정책에서 대미관계 다음으로 중요한 문제였지만 양국 국민 감정이 가장 큰 장애물이었다. 이때 안익태는 일본을 방문하여 1960년 2월부터 3월까지 관서교향악단과 오사카·교토 등지를 순회연주한 데 이어서 4월 4일 도쿄에서 ABC교향악단과 〈한국 환상곡〉을 공연했다. 1962년 2월 1일 도쿄 ABC교향악단과의 두번째 공연에 이어 12월 8일에는 모교인 구니다치음악대학 오케스트라와 공연한 후에 초빙교수로 채용되었다. 1964년 도쿄올림픽 때는 피날레 행사로 10월 26일과 27일 이틀에 걸쳐서 신동경교향악단과 〈베토벤의 밤〉을 지휘했다. 아시아에서 처음 개최된 올림픽의 문화행사에서 주연을 담당한 것이다. 그리고 1965년 4월 10일 NHK TV가 전국으로 실황 중계하는 가운데 동경필하모니교향악단과 〈논개〉를 공연했다. 그로부터 두 달이 지난 뒤인 6월 22일 한일 국교 정상화가 이뤄졌다. 비록 안익태가 한일 국교 정상화 과정에 공식 역할을 수행한 것은 없지만, 수교를 위한 분위기 조성 차원에서 민간 외교를 훌륭하게 감당했음을 알 수 있다.

1960년대 초반 척박한 대한민국의 외교 지형에서 세계적인 지휘자의 명성과 다양한 외국어 실력을 갖춘 안익태만큼 유용한 친선사절은 없었다. 대한민국 정부는 1965년 9월에 김활란 이화여대 총장을 순회대사로 임명하여 국제사회에서 민간 외교를 시도하였다. 안익태는

안익태의 인터뷰 기사 – '음악을 통한 한국과 일본의 화해'

그보다 앞서 문화사절로서 민간 외교를 자발적으로 수행한 '최초의 순회대사'이자 '진정한 의미의 음악외교관'이었다. 안익태로서는 음악으로 세계가 하나되고 평화로운 세상을 건설할 수 있다는 평소의 음악관을 실천하는 무대였다.

1960년 3월 9일 안익태는 두번째로 고국을 방문했다. 3월 22일부터 '이승만 대통령 제85회 탄신 기념 연주회'를 지휘하기 위해서였다. 필리핀·대만·일본등의 동남아 순회연주중이던 그는 귀국하여 세 번에 걸친 공연을 가진 후 출국했다. 그러나 5년 전의 첫번째 귀국 공연 때 보여준 열광적인 분위기는 사라지고 한 사람의 음악인으로 냉정한 평론의 대상이 되었다. 안익태에 대한 호기심이 사라진 탓도 있지만, '건국의 아버지'에서 '무능한 독재자'로 전락해 버린 이승만 대통령의 실정에 대한 거부감이 더 큰 요인이었다.

이후에도 안익태는 여러 차례 한국 방문을 계획했으나 실행에 옮기지 못하다가 1961년 12월 26일 세계 순회연주 여행중에 한국을 방문할 수 있었다. 이때는 이승만 대통령이 하야하고 5·16을 통해 집권한 박정희 국가재건최고회의 의장이 국가를 통치하던 시절이었다. 안익태는 박정희 의장과의 면담을 통해 서울국제음악제를 추진하였으며, 1962년의 제1회부터 3회까지 서울국제음악제를 실질적으로 주관하였다. 국제음악제 개최 외에도 국립교향악단 창설과 국립음악학교 설립 계획을 가지고 음악 발전을 위해 노력하였으나, 국내 일부 음악인들과의 갈등의 골이 점점 깊어지고 심한 과로로 건강에 이상 징후가 발생했다.

육영수 여사를 예방한 안익태(1961년 1월 5일)

1965년 4월로 예정된 제4회 서울국제음악제가 무산되면서 강한 심적 충격을 받고 스페인으로 돌아갔지만 이미 병세가 뚜렷하게 진행되었다. 7월 4일 안익태의 생애에서 마지막 무대가 된 런던뉴필하모니 오케스트라 공연을 지휘하던 중에 심한 고열과 통증에 시달린 그는 간경화증 진단을 받고 9월 16일 바르셀로나에서 사망했다. 그해 4월 "곧 돌아오겠다"는 말을 남기고 잠시 한국을 떠났던 그의 갑작스런 죽음에 많은 사람이 애석해했다. 정부에서는 그의 공로를 인정하여 문화훈장을 추서했다. 이후 안익태기념사업회가 발족되어 유해봉환사업을 펼쳤으며, 그가 사망한 지 12년 만인 1977년 7월 8일 서울현충원 제2유공자묘역에 안장되었다.

안익태의 행적은 친일인가, 극일인가?

1942년 9월 18일 안익태가 대형 일장기와 만주국 국기 아래에서 베를린교향악단을 지휘하며 〈만주국〉을 초연하는 모습이 2020년 8월 15일 국내 언론에 보도되었다. 해당 언론은 〈애국가〉 작곡가 안익태가 "친일파라는 결정적 증거를 발굴했다"고 소개했고, 이 모습을 본 시청자들은 씁쓸한 심정을 가눌 수가 없었다. 그러나 역사의 이면에는 우리가 모르는 사건이 존재한다. 베를린 공연으로부터 18년이 지난 1960년 2월 안익태는 관서교향악단과 교토·오사카·고베 등 관서지방을 순회하면서 〈한국 환상곡〉을 공연했다. 이때 4장에서 〈애국가〉를 연주할 때마다 일본인 합창단원들이 한국말로 "동해물과 백두산이……"를 부르는 사건이 일어났다.

이어 4월 4일에는 도쿄에서 ABC교향악단과 〈한국 환상곡〉을 공연했다. 대한민국이 독립한 지 15년이 지나도록 일본과의 국교가 수립되지도 않고 양국 국민들 사이에는 감정의 골이 깊게 패여 있던 때였는데, 일본의 심장인 도쿄에서 일본인 합창단원들이 부르는 〈애국가〉가 울려퍼진 것이다. 3개월 동안의 동아시아 순회연주회를 마치고 스페인으로 돌아갔을 때, 안익태는 감격에 겨운 감정으로 부인 로리타(탈라베라)에게 매우 의미 있는 얘기를 들려주었다.

"여보. 나는 살아 있다는 사실에 정말 고마움을 느꼈소. 산다는 것은 정말로 기쁜 일이고, 언제나 고생을 참고 견디면 이에 대한 보상이 있기 마련이거든. 당신도 내가 한국에서 〈한국 환상곡〉을 지휘했다는 사실이 어떤 의미인지 짐작할 수 있겠지. 여하튼 이 행복감을 좀더 실감 있게 맛보기 위해서라면 전에 고생을 좀더 해도 나쁘지 않았다고 생각했을 정도요. 가슴을 뿌듯하게 메우는 감격을 나로서도 어떻게 주체할 수가 없었으니까 말이요. 그런데 내가 도쿄에서 〈한국 환상곡〉을 지휘하면서 일본인 합창단원들이 〈애국가〉를 한국말로 부르는 것을 들었을 때의 만족감이란 한국에서 느꼈던 것하고는 비교가 안 될 정도로 그야말로 최고의 감격적인 만족이었소."(탈라베라, 《나의 남편 안익태》 중에서)

일본 교토 공연 음악회 전단 - 출처: 〈사진으로 보는 안익태〉

만약 안익태가 그때 지휘봉을 꺾고 베를린 필오케스트라의 지휘를 거부했더라면 결코 일어날 수가 없는 일이었다. 일본의 요구로 〈만주국축전곡〉을 작곡하고 대형 일장기 밑에서 지휘할 수밖에 없었던 식민지 청년의 입장이 반전되어, 일본인 음악가들이 그의 지휘봉이 움직이는 대로 연주하고 한국말로 〈애국가〉를 합창하는 장면을 상상하면 그야말로 '극일의 사례'이다. 또한 일제의 '우민화정책'에도 불구하고 민족의 문화적 역량을 축적하여 국민의 민족의식을 고양하고, 독립국가 건설에 이바지하려던 '문화적 민족운동'의 성공적인 사례이기도 하다.

그런데 상황은 또다시 반전된다. 안익태의 얘기를 계속 들어 보자.

"음악이란 사람들의 뜻을 합치게 함으로써 모두가 한 형제인 것처럼 서로 사랑하게 하는 힘을 가지고 있구나 하는 것 말이요. 내가 그들 머리 앞에서 군도(軍刀)를 휘둘렀더라면 아무도 노래를 부르지 않았을 것이오. 지휘봉을 드니까 두말없이 노래를 불렀거든. 그것도 아주 열성과 애정과 성실성을 가지고 말이요. 결국 두 나라는 음악을 통해 형제국이 된 거요. 이 점이 나를 가장 기쁘게 한 것이오."(탈라베라, 《나의 남편 안익태》 중에서)

이건 또 무슨 말인가? '음악은 세계인을 하나로 묶을 수 있는 도구'라는 안익태의 음악철학을 알게 하는 동시에 "동양 3국이 서로 화합하고 개화·진보하면서 동양평화와 세계평화를 위해 진력하자"고 외치던 안중근의 동양평화론을 마주하는 것 같은 느낌이다. 여기서 보통 사람은 생각할 수 없는 '평화주의자 안익태'의 모습을 발견하게 된다. 안익태에게 '음악'은 친일이나 극일을 뛰어넘어 음악을 통한 세계평화를 이루는 데 가장 중요한 수단인 동시에 목적이었다. 이것이 '항일'과 '친일'이라는 이분법적인 잣대로는 안익태를 재단할 수 없는 이유인 동시에 그의 음악 세계를 새로운 패러다임으로 이해해야 하는 이유이다.

제10화

백선엽, 6·25의 영웅인가?
친일반민족행위자인가?

2020년 7월 10일, '한국전쟁의 영웅'으로 불리는 백선엽 장군이 100세를 일기로 사망하면서 그의 주검을 앞에 두고 뜨거운 논쟁이 일었다. 한편에서는 "구국의 영웅인데 왜, 정부가 나서서 국가장과 서울현충원에 안장을 거행하지 않느냐"고 불만을 토로하고, 다른 편에서는 "친일반민족행위자의 현충원 안장을 절대 반대한다"고 반발했다. 결국 정부가 절충안으로 5일간의 육군장을 치른 후에 국립 대전 현충원에 안장하는 방안을 제시하여 일단락되었지만, 그후에도 갈등은 계속되었다. 더불어민주당의 국회의원 일부가 〈국립묘지 관리에 관한 법〉을 개정하여 《친일인명사전》에 수록된 68명의 묘를 파묘할 것을 주장하였기 때문이다. 만약 이 법이 제정, 시행된다면 백선엽 장군을 둘러싼 논쟁은 또다시 점화될 것이 불을 보듯 뻔한 일이다.

고인의 장례가 진행중이던 12일 미국 국가안보회의(NSC)는 "백선엽 장군 같은 영웅 덕분에 한국은 번영한 민주공화국이 됐다"는 애도의 성명을 발표했다. 그러나 대한민국 정부의 공식 성명은 끝내 없었

2013년 8월 '백선엽 장군 미8군 명예사령관 임명식'에서의 백선엽 ©연합뉴스

다. 일부 사회단체들이 나서서 대전현충원 안장을 취소할 것을 주장했으며, '군인권센터'라는 진보 성향의 단체는 "친일파 백선엽이 갈 곳은 야스쿠니 신사"라는 성명서를 발표했다. 그러면 백선엽은 한국전쟁의 영웅인가, 아니면 친일반민족행위자인가? 그 진상을 살펴보고자 한다.

한국전쟁의 영웅

백선엽은 1920년 11월 23일 평안남도 강서군에서 아버지 백윤상과 어머니 방효열의 장남으로 출생했다. 7세 때 아버지를 여의고 홀어머니 밑에서 가난하게 자라났다. 어려서부터 군인이 되고 싶었으나

가정환경 때문에 약송소학교를 나온 후 평양사범학교로 진학했다. 1939년 3월 사범학교를 졸업하자 군인의 꿈을 버리지 못하고, 만주국 봉천군관학교를 거쳐 만주국군 소위로 임관했다. 1943년 2월 간도특설대로 전속되어 3년간 근무했으며, 1945년 8월 헌병 중위로 복무하던 중 연길현 명월구에서 소련군에게 무장해제를 당했다.

제2차 대전이 종전되자 귀국하였으며, 고당 조만식을 찾아가 비서로 활동하던 중 북한에 공산정권이 성립되는 것을 피해 1945년 12월 24일 월남하였다. 군사영어학교 1기생으로 입학하여 1946년 2월 임관했는데, 국방경비대가 창설되자 제5연대장으로 부산항에 도착한 미군 물자를 관리·감독하는 업무를 담당했다. 1948년 8월 15일 대한민국 정부가 수립되고 국방경비대가 국군으로 재편성되자 육군본부 정보국장으로 근무하던 중, 이때 발생한 여수·순천의 제14연대 반란사건 및 숙군사업을 지휘하였다. 이 공로로 1948년 12월 15일 대령으로 특진했으며, 1950년 4월에 개성을 관할하는 제1사단장으로 부임하여 1951년까지 지휘하였다.

6·25가 발발하자 낙동강 전선까지 후퇴한 1사단은 한국군 부대 중에서 유일하게 미 1군단에 배속되어 지원 나온 미군 2개 연대와 함께 경북 칠곡군 다부동에서 전투를 치렀다. 백선엽은 밤낮없이 계속되는 격전으로 지친데다 이틀째 물 한 모금 못 마신 상태로 후퇴하는 병사들을 가로막고 "내가 선두에 서겠다. 내가 물러서면 너희들이 나를 쏴라" 하고 명령을 내린 후에 전선을 향했다. 그 결과 다부동전투에서 상당한 전력을 소진하고도 낙동강 전선을 돌파하는 데 실패한

북한군은 남침작전에 큰 차질을 빚게 되었으며, 이에 반해 유엔군은 인천상륙작전을 준비할 수 있는 전기를 마련하였다. 후일 백선엽은 다부동전투에 관하여 이렇게 회고하였다.

"대구 방어의 핵심인 다부동전투는 절대 잊을 수 없어요. 한적한 촌락인 다부동은 민가가 30호도 채 되지 않는 곳이었어요. 하지만 상주와 안동에서 대구로 향하는 교통의 요지로 방어선이 뚫리면 대구 전체가 백척간두의 위기에 봉착하게 되는 탓에 목숨을 걸지 않을 수 없었어요. 대구를 내주면 제주로 향해야 하는데, '결국 미군이 대한민국을 버리지 않을까'라는 두려움도 컸던 게 사실입니다. 반드시 다부동을 지켜야 했던 이유였어요."

다부동전투 당시의 백선엽

이후 1사단은 미군 제1기병사단, 제24보병사단과 함께 평양 점령 경쟁을 벌이면서 가장 먼저 평양에 입성하는 기록을 세웠다. 그후 1사단은 계속하여 평북 운산까지 진출했으나 중공군의 반격에 밀려 38도선 이남으로 후퇴했다. 백선엽은 휴전협상이 시작될 때 한국군 회담 대표로 참석했다가, 회담 도중에 동부전선의 상황이 악화되자 다시금 군단장으로 부임했다. 1951년 겨울 지리산의 빨치산 소탕을 위한 '백(白) 야전사령부'를 구성하였는데, 1952년 4월에는 이 사령부를 모태로 한국군 최초로 현대화된 부대인 2군단이 창설되었다.

1952년 7월 육군 참모총장에 임명되었는데, 그의 나이 겨우 32세였다. 이때 미8군 사령관 밴 플리트(James Alward Van Fleet) 장군과 함께 한국군 증강 계획을 추진했다. 1953년 1월 육군 대장으로 진급하였으며, 1954년 2월에는 동양 최초로 제1야전군을 창설하고 사령관에 임명되었다. 이때 그는 미 8군으로부터 155마일 휴전선 방어 책임을 받고 초대 1군사령관으로 야전군의 기틀을 다졌으며, 1957년 5월 다시 육군참모총장을 역임했다. 1959년에는 연합참모본부 의장으로 취임, 최신식 무기 도입 등 한국군의 근대화에 공헌했으나, 5·16이 일어난 후 퇴역했다.

백선엽은 친일반민족행위자인가?

그를 친일행위자로 규정한 2009년에 발간된 《친일반민족행위진상규명 보고서》(이하 《보고서》)에는 백선엽에 대해 "1941년부터 45년 일본 패전시까지 일제의 실질적 식민지였던 만주국군 장교로서 침략전쟁에 협력하고, 특히 항일세력을 무력탄압하는 조선인 특수부대인 간도특설대 장교로서 일제의 침략전쟁에 적극 협력함"이라고 기술했다. 이 《보고서》가 백선엽을 친일반민족행위자로 단정한 결정적인 근거는 2000년 일본에서 출간된 그의 자서전 《젊은 장군의 한국전쟁》이다. 백선엽이 이 책에서 간도특설대에 복무했던 사실을 밝힌 것에 근거해 친일반민족행위자로 판단한 것이다.

그런데 이상한 점이 발견된다. 백선엽은 1983년에 출간된 《대게릴라전》부터 《군과 나》(1990), 《실록 지리산》(1992) 등에 빠짐없이 간도특설대 복무 경력을 소개했다. 만약 백선엽이 간도특설대에서 반민족적 행위를 저질렀다면 숨기려고 했을 터인데, 몇 번씩이나 거리낌없이 공개한 것은 나름으로 떳떳하다는 자신감에서 비롯된 행동일 것이다. 그럼에도 불구하고 그를 비판하는 이들은 "백선엽은 같은 동포를 토벌하고 죽이면서 일말의 죄책감을 느끼지 않았고, 후회도 사죄하지도 않았다. 오히려 '칼을 쥐고 있는 자의 사명'이라며 자신의 친일행각이 정당하다고 외쳤다"라고 비난한다.(박래용, "백선엽 만세! KBS 만세!", 〈경향신문〉, 2011년 6월 28일)

정말 그럴까? 백선엽이 친일반민족행위자라는 주장에 반드시 등장하는 핵심 근거는 백선엽의 《대게릴라전》(일어판)에 나오는 〈간도특설대의 비밀〉 부분이다.

"1943년 2월에 간도성 연길현 명월구에 주둔하고 있었던 간도특설대로 전임되었다. 여기서 처음으로 게릴라(동북항일연군 등 항일무장 독립군을 표현)를 봤고, 토벌이란 무엇인가를 알게 되었다. (중략) 내가 간도특설대에 착임했던 무렵에는 게릴라 활동도 미약해져 있었고, 순찰은 자주 나갔지만 게릴라들과 교전하는 일이 별로 없었고…… 우리들이 좇은 게릴라 중에는 많은 조선인이 섞여 있었다. 주의·주장이 다르다고 해도 한국인이 독립을 위해 싸우고 있었던 한국인을 토벌한 것이기 때문에 일본의 이이제이(以夷制夷) 책략에 완전히 빠져든 형국이었다.”(《보고서》의 원문 인용)

하지만 이 글의 원문을 살펴보면 그 의미가 다르다. 이 문장에서 말하는 ‘우리’는 ‘우리 부대’ 즉 간도특설대를 가리키는 말이지, 백선엽을 가리키는 말이 아니다. 전체적인 의미 또한 간도특설대가 원래 조선인 게릴라를 토벌하던 부대였지만, 그가 부임했을 때는 조선인 게릴라가 철수한 뒤여서 순찰을 나가도 교전하는 일이 거의 없었다. 생전의 백선엽도 이 문제에 대해서 “간도특설대 초기의 동족간 전투와 희생에 대한 가슴 아픈 소회를 밝힌 것이고, 당시는 전투행위가 전무했다. 명월구로 이동해 주로 홍군 소속 게릴라를 상대했는데 나타나지를 않아서 우리는 정보 수집이나 선무공작을 벌였다”고 회고했다.

실제로 간도특설대와 관련하여 백선엽이 조선인 독립군과 싸웠다는 기록은 찾아볼 수가 없다. 그가 간도특설대에 복무하던 시절에 조선인 172명을 토벌했다는 등의 근거를 확인하면 모두 간도특설대의 만행을 고발한 것이지, 백선엽이 간여되었다는 기록은 없다. 심지어는 백선엽의 친일반민족행위를 고발하는 근거로 인용된 조선족 사가 차상훈의 〈악명 높은 간도조선인특설부대〉(《결전-중국조선족역사족적》, 민족출판사, 1991)나 류연산의 《일송정 푸른 솔에 선구자는 없었다》(아이필드, 2004)를 살펴보더라도 백선엽에 관한 기록은 없다. 김효순의 《간도특설대》(서해문집, 2014)와 마츠노(松野誠也) 편 《만주국군》(동경: 불이출판, 2003) 등도 마찬가지다.

이상의 자료를 인용하여 백선엽을 친일반민족행위자로 주장하는 글들의 공통점은 "①백선엽은 간도특설대 장교였다. ②간도특설대는 조선인 독립투사와 항일부대를 토벌했다. ③그러므로 백선엽은 친일반민족행위자다"라는 3단논법적 추론이다. 이 중에 핵심 자료인 ②에 해당하는 논거는 조선족 향토사학자나 작가가 쓴 자료를 근거로 주장하는데, 조선족 작가 류연산이 쓴 《일송정 푸른 솔에 선구자는

백선엽의 《대게릴라전》(1993)과 《젊은 장군의 한국전쟁》(2000)

없었다》가 대표적인 작품이다. 내용이 구술이나 전언에 의존하여 서술된 것으로 객관적인 신뢰성을 담보하기가 어렵다. 사실관계 파악을 위해 철저한 고증이 필요한 이유이다. 더욱이 이들 자료에는 백선엽의 이름이 등장한 적이 없다.

따라서 백선엽에 대한 친일 시비를 역사적 진실보다는 이념적 잣대로 해석하는 경향이 있다. 초기 간도특설대의 주된 토벌 대상은 동북항일연군이었는데, 김일성·김책·최용건 등 동북항일연군 출신들은 1945년 해방 후 북한정권 수립 과정에서 당과 군의 요직을 차지하며 중요한 역할을 수행했다.

"여기서 활동한 게릴라는 중국 공산당의 지도에 의해 조직되어 나중에 소련의 지원을 받았다고 한다. 중핵이 되었던 부대는 항일연군 1로군이라 칭하였고, 중국인인 양정우(楊靖宇)를 총사령관으로 하고 있었다. 그 밑에는 김일성·최용건·최현·오진우 등 나중에 북조선 수뇌가 되는 인물들도 있었다고 한다."(《보고서》의 원문 인용)

이에 반해 간도특설부대 출신들은 해방 후 국군의 주축을 이루었고, 여순사건과 제주 4·3사건 때는 중국에서의 '대게릴라전' 경험을 토대로 토벌부대 지휘관으로 맹활약했다. 여순사건 때 백야전사령부를 창설하여 지리산 빨치산을 토벌하고 육군 참모총장이 된 백선엽이 대표적인 인물이다. 물론 이 같은 해석에도 문제점은 있다. 백선엽이 간도특설대에 초임 장교로 부임한 것은 1943년이지만, 김일성

부대는 1937년 보천보전투를 치른 후부터 이곳에서 활동하다가 1940년에 소련으로 도피한 탓으로 직접적인 교전의 대상은 아니었기 때문이다.

한편 백선엽이 가장 자부심을 느끼던 일은 사회사업이었다. 1952년 지리산 토벌작전이 끝난 뒤에 고아들을 수용해서 생활하도록 돕는 백선유아원을 광주 송정리에 설립했다. 전쟁이 끝난 후 백선엽은 손을 뗐지만 1983년 백선사회봉사원으로 이름을 변경했다가, 1988년 성바오로 수녀회 대구 관구에 넘겨져 운영되었다. 현재는 보건복지부와 광주광역시의 요청에 따라 정신지체인 아동시설로 운영되고 있다. 원래의 명칭은 설립자인 백선엽을 기리는 '백선'이었으나, 여기에 사도 바오로의 영성을 뜻하는 '바오로'를 담아 '백선 바오로의 집'으로 바뀌었다.(〈중앙일보〉, 2010년 5월 10일)

노년이 된 백선유아원생들이 어버이날을 맞아 백선엽 장군을 축하하고 있다.
ⓒ중앙일보

우리나라에서의 정치적 논란과 달리 미국은 백선엽을 '한국전쟁의 영웅'으로 높이 평가한다. 미국 정부가 외국인에게 주는 최고 훈장인 은성무공훈장을 수여하였으며, 주한미군은 2013년 '명예 미 8군 사령관'으로 임명하였다. 2018년 11월 22일 미 8군이 주최한 그의 백수(白壽, 99세) 축하연에서는 해리 해리스 주한 미국대사가 무릎을 꿇은 채 인사를 올렸다. 백선엽의 6·25전쟁 경험담을 담은 육성 녹음은 미국 국립보병박물관에 전시되어 있고, 6·25전쟁 회고록 《군과 나》는 미군의 주요 군사학교에서 교재로 사용되고 있다.

친일청산은 우리 사회의 중요한 과제이다. 그러나 분단과 결부되어 이념적인 성격을 띠면서 청산 작업은 실패하고 사회적 갈등의 원인이 되었다. 친일파라는 이름만 붙으면 우리 사회에서 배척당하는 것은 시간 문제다. 유달리 가문을 중요시하는 관행 탓에 조상이 친일파로 낙인찍힌 후손이 겪어야 하는 고통은 상상을 초월한다. 그러하기에 친일반민족행위자 판정은 독립운동가 선정보다 훨씬 더 숙고해야 한다. 한국전쟁의 영웅 백선엽 장군은 친일파라는 불명예를 쓰고 별세했다. 그에게 붙여진 친일반민족행위자란 주홍글씨가 타당한 것인지에 대해 우리 사회가 진지하게 성찰할 필요가 있다.

과연 그는 친일반민족행위자일까? 아니면 간도특설대에 근무한 사실만으로 진실을 오해한 것일까? 이에 대한 역사적 검증이 요구된다. 설령 그에게 '친일의 과오'가 발견되더라도 그것으로 인해 '구국의 공적'마저 지울 수는 없다. '구국'의 가치는 '독립'의 가치와 비교해도 결코 적지않기 때문이다. 따라서 관련학계에서 재검증이 이루어지기까지는 친일반민족행위자로 단죄하는 데 신중을 기해야 한다. 이것이 6·25전쟁의 와중에서 대한민국을 공산화로부터 구해 낸 '구국의 영웅'에 대한 최소한의 도리이기 때문이다.

찾아보기

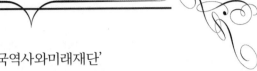

'대한민국역사와미래재단'

　새천년을 맞으며 희망에 부풀던 세계는 미국과 중국의 패권전쟁에 이은 러시아의 우크라이나 침공으로 국제정세는 극도로 불안정해지고, 4차 산업혁명과 코로나 팬데믹으로 경제환경이 급변해지면서 국가의 흥망성쇠를 놓고 치열한 경쟁을 벌이고 있다. 이에 대한민국은 한반도를 둘러싼 미·일·중·소 4강의 이해가 첨예하게 부딪치는 지정학적 요인과 수출 위주의 경제구조를 가진 탓으로 대외적으로는 새로운 국제질서에 부응하고, 대내적으로는 극단적인 국민 갈등을 치유하면서 심각한 사회문제들을 해결해야 할 과제를 안고 있다.

　18세기 후반 영국은 노예거래, 매춘, 알코올중독 등의 사회문제로 극심한 혼란을 겪었고, 칼 마르크스는 자본주의가 고도로 발달하면 패망할 첫번째 국가로 영국을 꼽을 정도였다. 이때 윌리엄 윌버포스(1759-1833)를 비롯한 정치인과 종교인들이 한자리에 모여 영국의 장래를 위해 고민하며 토론하던 '클래팜 공동체'는 19세기 영국을 세계를 선도하는 국가로 변화시키고, 세계 최초의 노예해방과 사회보장제도 시행 등 현대 사회의 틀을 닦는 반전을 일구었다.

　'대한민국역사와미래재단'은 사회 각계에서 활동하는 전문인들이 모여 대한민국의 역사적 정체성을 정립하고, 국가의 밝은 장래를 위해 수행해야 할 세 가지 과제를 설정하여 구체적인 노력을 경주하고 있다.

'지혜의 숲 100인 포럼'

사회 각 영역의 전문인들이 모여서 '지혜의 숲 100인 포럼'을 결성하고, 분야별 문제점을 분석, 대안을 찾는 세미나와 격월로 한국프레스센터에서 열리는 공개 포럼을 개최하고 있다. 양대 정당의 정책연구소인 여의도연구원(국민의힘), 민주연구원(더불어민주당)과 MOU를 체결하고, 국가 현안에 대한 정책 대안을 토론하는 공개 심포지엄도 진행하고 있다. 앞으로 세계적으로 유명한 전문 연구기관들과의 협력도 계획중이다.

'대한민국 역사문화연구회'

지금 대한민국은 극단적인 진영 논리에 따른 갈등을 겪고 있다. 특히 건국과 친일청산을 둘러싼 논쟁은 국가 정체성의 심각한 혼란을 야기한다. 이에 한국 현대사에 대한 학문적 성찰을 통해 대한민국의 역사와 문화를 연구하는 모임이다. 도서출판 동문선에서 '역사미래총서'를 펴내는 한편 무크지 〈역사와 미래〉의 발간을 준비하고 있다.

'정치 꿈 아카데미'

현대 사회가 요구하는 역량 있는 국가지도자를 양성하기 위해 미국 Deep Springs College, 일본 마쓰시다정경숙, 프랑스 ENA와 같은 고도의 전문성을 가진 '정치 꿈 아카데미'(가칭) 설립을 준비하고 있다.

재단법인 대한민국역사와미래 http://www.kohif.or.kr/
주소: 서울시 영등포구 국회대로 62길 5, 신태진빌딩 5층
Tel.02-785-3451 Fax.02-785-3452 E-mail: kohif@naver.com